Dedicado a

Fecha

Un año con Dios *al amanecer*

365 devocionales para vivir el Padre Nuestro

Craig Smith

Título original: *Awake in the Dawn*
Primera edición: febrero del 2025

8950 SW 74th Court, Suite 2010
Miami, FL 33156

Un año con Dios al amanecer: 365 devocionales para vivir el Padre nuestro

Traductora: Ana M. Romo Blas

Impreso en Colombia / Printed in Colombia

ISBN: 979-8-89098-167-7

25 26 27 28 29 10 9 8 7 6 5 4 3 2 1

Introducción

Mañana tras mañana [el Señor] me despierta
y me abre el entendimiento a su voluntad.
Isaías 50:4

En la mañana justo antes de comenzar a escribir esta introducción, miré por la ventana del frente de mi casa. Había apenas suficiente luz para ver una niebla que se cernía sobre el campo entre la casa y la ladera boscosa, y pude ver ciervos buscando comida graciosamente entre la hierba verde.

Abrí la puerta con sigilo, salí al porche e, inmediatamente, oí el relajante canto de los chotacabras, el croar de las ranas de árbol y el chirrido de los grillos. Después de unos momentos de contemplar los suaves sonidos de la madrugada, regresé adentro y me dirigí a uno de mis lugares favoritos para leer, hacer oración y meditar en silencio.

Me encantan las madrugadas y, desde hace mucho tiempo, han sido muy preciadas, casi sagradas para mí. Las mañanas tempranas son casi siempre calladas, tranquilas, despejadas, y son un buen momento de preparación espiritual para el día. Comencé esta costumbre hace años, cuando nuestros hijos eran aún pequeños. A menudo, las primeras horas de la mañana —esas horas antes de que la luz del día se aliste para aparecer en el horizonte— eran los únicos momentos apacibles en aquellos primeros años de nuestra familia.

Sin embargo, parece que no soy el único que disfruta de las madrugadas para la preparación espiritual. El profeta Isaías parece haberlas preferido (Isaías 50:4), y el salmista David las favorecía al decir: "¡Despiértate, corazón mío! ¡Despiértense, lira y arpa! Con mi canto despertaré al amanecer" (Salmos 57:8). Más importante aún, Jesucristo, cuyo ejemplo debemos seguir en nuestras vidas, también valoraba las primeras horas de la mañana: "A la mañana siguiente, antes del amanecer, Jesús se levantó y fue a un lugar aislado para orar" (Marcos 1:35).

Ya sea que te guste levantarte a las cuatro o a las nueve de la mañana, *Un año con Dios al amanecer* es una sencilla y breve ofrenda diaria de ánimo por parte de un compañero peregrino y hermano en Cristo, y está diseñada para darte un tiempo para la reflexión espiritual, ayudándote a empezar tu día en actitud de oración. Al leer estas ofrendas, mi esperanza es que cada día te enamores un poco más profundamente de Cristo, el amante de nuestras almas.

Los textos de cada día siguen uno de los temas principales del padrenuestro. En un año, habrás tenido la oportunidad de orar y de poner en práctica el modelo del padrenuestro *cincuenta y dos* veces. Mi deseo es que, al profundizar en los temas principales de la Oración del Señor a través del año, tu relación con Dios crezca y se fortalezca. Cada devocional diario en *Un año con Dios al amanecer* provee un pasaje bíblico, una reflexión escrita sobre este pasaje y una oración sugerida para concluir, pero, por favor, siéntete libre de hacer tuyo este tiempo sagrado de oración.

Bendiciones, Craig

Cómo utilizar este devocional

Un año con Dios al amanecer incluye 365 devocionales individuales, uno para cada día del año, y cada uno sigue uno de los siete temas principales del padrenuestro. Comencemos analizando la Oración del Señor juntos. Jesús nos enseña a rezar de esta manera en Mateo 6:9-13:

> *Padre nuestro que estás en el cielo,*
> *que sea siempre santo tu nombre.*
> *Que tu reino venga pronto.*
> *Que se cumpla tu voluntad en la tierra*
> *como se cumple en el cielo.*
> *Danos hoy el alimento que necesitamos,*
> *y perdónanos nuestros pecados,*
> *así como hemos perdonado a los que pecan contra nosotros.*
> *No permitas que cedamos ante la tentación,*
> *sino rescátanos del maligno.*

Si observamos atentamente, podemos ver que hay seis temas principales encontrados en esta oración, y cuando incorporamos lo que se conoce como la "doxología de la Oración del Señor", contamos siete:

Un momento de alabanza y oración: *Padre nuestro que estás en el cielo, que sea siempre santo tu nombre*

Una súplica para que Dios reine y cumpla su voluntad en la tierra: *Que tu reino venga pronto. Que se cumpla tu voluntad en la tierra como se cumple en el cielo.*

Una petición para la provisión de nuestras necesidades: *Danos hoy el alimento que necesitamos.*

Una petición para la redención nuestra y la de los demás: *Perdónanos nuestros pecados, así como hemos perdonado a los que pecan contra nosotros.*

Una petición para recibir convicción y protección divinas: *No permitas que cedamos ante la tentación.*

Una petición para el rescate de las garras del enemigo y para la protección en contra de él: *y Rescátanos del maligno.*

Un momento final de oración y alabanza dentro de la doxología de la Oración del Señor: *Tuyos son el reino y el poder y la gloria por siempre. Amén.*

Cada semana, las devociones se centran en esos temas y en ese orden. Para cada día, hay tres secciones individuales: *Palabra de Dios*, un pasaje bíblico para la meditación; *Reflexión*, un pensamiento o reflexión sobre el pasaje bíblico o el tema del día; y *Oración*, una oración escrita ofrecida para iniciar tu tiempo de devoción.

Siéntete libre de considerar este libro devocional como una herramienta para estimular tu tiempo matutino de reflexión con el Señor, permitiéndote profundizar en las Escrituras y en tu relación personal con Jesús. Espero que *Un año con Dios al amanecer* te proporcione una fuente genuina para fortalecer tu vida de oración, y te ayude a crecer en tu amor y compresión del Señor mientras lo acompañas en su maravillosa e incomparable aventura espiritual para ti.

1 DE ENERO

Creados para la adoración

Luego el diablo lo llevó a la cima de una montaña muy alta y le mostró todos los reinos del mundo y la gloria que hay en ellos.
—Te daré todo esto —dijo— si te arrodillas y me adoras.
—Vete de aquí, Satanás —le dijo Jesús—, porque las Escrituras dicen: "Adora al Señor tu Dios y sírvele únicamente a él".
Mateo 4:8-10

Casi al final de su experiencia de cuarenta días en el desierto, Jesús reveló el designio divino para toda la humanidad: *Al Señor tu Dios adorarás, y a Él solo servirás.* Esta fue la respuesta que dio a una oferta del maligno para alejarlo de la voluntad de Dios y conducirlo por un camino que, al final, llevaría la desesperanza a toda la humanidad, pero Jesús se negó. Con una rápida respuesta, el Hijo de Dios brindó propósito y privilegio a toda la humanidad. No incluyó ninguna defensa teológica de la existencia de Dios, su superioridad o el hecho de que gobierne sobre todas las cosas. Solamente indicó con claridad el propósito y la justificación de nuestra existencia: no hay llamado, deber u honor más grande que la adoración de Dios.

En una cultura moderna saturada de materialismo y gratificación personal, la noción de que toda la humanidad existe con la única finalidad de adorar a Dios puede no parecer lógica o atractiva. Sin embargo, generaciones y generaciones dan testimonio de lo contrario. La vida genuina, abundante y eterna se experimenta a través de Jesucristo, en adoración y servicio a Dios Padre.

Solo tú eres Jehová Dios, el Padre de toda vida,
y solo tú eres digno de adoración.
Alabo tu nombre; no hay nadie como tú, Señor.
Eres exaltado sobre todas las cosas,
y todas las cosas existen para tu gloria. Amén.

Padre nuestro que estás en el cielo, que sea siempre santo tu nombre.

2 DE ENERO

Hechos para la voluntad de Dios

Que tu reino venga pronto. Que se cumpla tu voluntad en la tierra como se cumple en el cielo.
Mateo 6:10

Cuando los discípulos le pidieron a Jesús que les enseñara a orar, les respondió con una oración que comenzaba reconociendo a Dios como nuestro Padre celestial, cuyo nombre es santo y que debe ser honrado por sobre todas las cosas. Las palabras subsiguientes de Jesús revelaron que el reino y la voluntad de Dios son nuestra máxima prioridad y nuestro propósito aquí en la Tierra.

Dios creó la humanidad y los humanos neciamente desobedecimos y sufrimos las consecuencias, Dios proveyó la redención. Nuestro pecado nos aparta de Dios. Sin embargo, gracias a la provisión de Cristo, que pagó por nuestros pecados, y gracias al poder del Espíritu Santo que obra en nosotros, quedamos libres de la mancha, redimidos, e incorporados a la familia de Dios. A cambio, nosotros tenemos el privilegio de llegar a formar parte del plan del Padre: traer el cielo a la tierra y restaurar las cosas a su intención original.

Él pagó nuestra imposible e incalculable deuda de pecado. Nos da vida abundante y nos invita a honrarle con el privilegio de servir a su glorioso e infalible plan para la creación.

Para el creyente en Cristo, amar a Dios y hacer su voluntad es el llamado más importante y el más grande honor.

Me has dado vida. Has llenado mi corazón de gozo y propósito. Continúa mostrándome el camino hacia tu reino para que yo pueda orar diariamente con sabiduría y discernimiento. Revélame los detalles de tu voluntad hoy y en los días venideros. A tu nombre sea dada la gloria. Amén.

Que tu reino venga pronto. Que se cumpla tu voluntad en la tierra como se cumple en el cielo.

3 DE ENERO

NO HAY AMOR MÁS PROFUNDO

Pues Dios amó tanto al mundo que dio a su único Hijo, para que todo el que crea en él no se pierda, sino que tenga vida eterna.
JUAN 3:16

Blaise Pascal nació en Francia, en junio de 1623. Fue bendecido con una mente brillante. Fue inventor, matemático, físico y escritor de tratados de teología. Su madre falleció cuando él era pequeño y fue criado por su padre hasta que un accidente limitó su capacidad para cuidar de la familia. Entonces, se acercaron a Cristo a través de un grupo de jansenistas que les ayudaron durante el malestar de su padre. Blaise Pascal se convirtió en una persona devotamente religiosa.[1]

Aunque a Pascal se le recuerda sobre todo por sus contribuciones a las matemáticas, una cita de sus escritos ofrece una perspectiva sobre la inexplicable profundidad del amor de Dios por la humanidad, un amor que desafía los límites de la razón y que llevó a Jesucristo al acto más extravagante de sacrificio, por el alma humana: "El amor tiene razones que la razón no entiende". Así como es imposible comprender a Dios, es igualmente imposible entender las ilimitadas dimensiones de su amor. Él no es solo la esencia del amor, sino el amor en su forma más pura. *Dios es amor* (1 Juan 4:8). Todos sus actos están motivados por amor, porque es amor. Él no divide, no deja de lado ni disminuye la calidad y la cantidad de su amor en ningún momento ni en ninguna de sus decisiones o acciones. Dios y el amor auténtico son una y la misma cosa. Dios es amor y el amor es Dios.

Padre, no entiendo la profundidad de tu amor y ciertamente no lo merezco. Solamente puedo ser un humilde y agradecido receptor de esta incomprensible provisión. Gracias, Señor, por amarme y salvarme, y ayúdame a buscar sabiamente los caminos de tu reino en este día y en cada uno de los días que me quedan de vida. Amén.

DANOS HOY EL ALIMENTO QUE NECESITAMOS.

4 DE ENERO

LIBERTAD VERDADERA

Él dio su vida para comprarles la libertad a todos.
1 TIMOTEO 2:6

El final de la guerra de independencia de Estados Unidos del Imperio Británico estuvo marcado por la firma del Tratado de París (1783). El documento era una declaración que contenía la promesa de paz, esperanza, y el camino para alcanzar libertad continua. El tratado entre los dos antiguos enemigos contenía el compromiso de "olvidar todos malentendidos y diferencias del pasado que tristemente han interrumpido la buena correspondencia y amistad que ambas partes mutuamente desean restaurar".[2]

En aquel momento se sacrificaron vidas para comprar la libertad que ahora disfrutan los estadounidenses. Sin embargo, una batalla anterior en la historia llevó consigo un sacrificio aún mayor por una libertad aún mayor. La batalla se libró por las almas de la humanidad, y fue una lucha entre las tinieblas del maligno y la luz de Cristo. Jesús sacrificó voluntariamente su vida para crear un camino que liberase a la humanidad del cautiverio del pecado. Su estrategia y su victoria final trajeron libertad y redención al plan original de Dios, que consistía en experimentar la cúspide de las relaciones. Dios y la humanidad fueron restaurados, y aún con más poder, profundidad y permanencia que la reconciliación entre reinos terrenales, nuestros pecados son perdonados y olvidados —*para siempre.*

Señor, gracias por perdonar y olvidar el pecado que me tenía prisionero y me separaba de ti. Gracias por la restauración. Gracias por la profundidad de tu misericordia y la libertad de tu gracia. Amén.

PERDÓNANOS NUESTROS PECADOS,
ASÍ COMO HEMOS PERDONADO A LOS QUE PECAN CONTRA NOSOTROS.

5 DE ENERO

Paz

Todos los que me escuchan vivirán en paz,
tranquilos y sin temor del mal.
Proverbios 1:33

El objetivo de Proverbios se revela en los primeros versículos: "Enseñarles a vivir una vida disciplinada y exitosa, y ayudarles a hacer lo que es correcto, justo e imparcial" (Proverbios 1:3). Luego, Proverbios 1:33 devela la promesa que conlleva seguir la sabiduría y la orientación del libro, que es "vivir en paz".

Oh, ¡lo que sería ser un pueblo que vive en verdadera paz! Jesús dijo que su paz no era la como las versiones anémicas y temporales de origen mundano[3]: las promesas vacías de los políticos, las treguas a medias entre familias enemistadas o la paz efímera de las ganancias económicas. Su paz está respaldada por las promesas del reino de su Padre; es una paz *anclada*: no puede ser robada, una paz en la que podemos encontrar descanso.

Aunque en Dios tenemos una paz confiable, esto no elimina el peligro en esta vida terrenal. Sin embargo, la paz que recibimos al estar en Cristo nos permite vivir libres del temor al daño. ¿Qué otra cosa sino la paz divina de Dios podría haber llevado a Pablo a escribir "Oh muerte, ¿dónde está tu victoria? Oh muerte, ¿dónde está tu aguijón?" (1 Corintios 15:55). La paz de Dios está más allá de nuestra capacidad de comprensión, pero aun así estamos invitados a permanecer en el Señor y a vivir en ella. En Cristo, ni siquiera la muerte puede vencernos —una verdad que nos libera para vivir una vida abundante y radical de obediencia al llamado de Dios y a la obra del Reino.

Señor Jesús, sin ti, toda apariencia de paz es mera sombra. Pero puedo descansar sabiendo que siempre proveerás un nivel de paz a la altura de la tarea que me encomiendes. Guíame hacia tu voluntad, y dame la fe para vivir una vida de devota obediencia a lo que me pidas. Amén.

No permitas que cedamos ante la tentación.

6 DE ENERO

SEGURIDAD

Tú eres mi roca y mi fortaleza; por el honor de tu nombre, sácame de este peligro. Rescátame de la trampa que me tendieron mis enemigos, porque solo en ti encuentro protección. Encomiendo mi espíritu en tu mano; rescátame, Señor, porque tú eres un Dios fiel.
SALMOS 31:3-5

Sin duda, los retos vendrán cuando nos propongamos amar y servir a Cristo de todo corazón. Sin embargo, al final, tendremos el privilegio de saber cómo Dios nos utilizó en medio de las dificultades: cómo nos guio, nos protegió y produjo fruto para su reino a través de nuestras vidas.

Escrito por Martín Lutero entre 1527 y 1529, el himno "Fortaleza poderosa es nuestro Dios" ha servido como testamento del amor protector de Dios. Esta canción ha sido atesorada por generaciones como una proclamación del poder de Dios.

Sin importar los retos que enfrentes en esta vida, debes saber que el Señor es tu fortaleza fiel. Que las palabras del poderoso himno de Lutero te den ánimo esta mañana:

Fortaleza poderosa es nuestro Dios, baluarte que nunca falla:
nuestro ayudante, en medio de la inundación
de males mortales que prevalecen.
Porque aún nuestro antiguo enemigo busca obrar su aflicción;
su arte y su poder son grandes,
y armado con un odio cruel, en la tierra no hay igual.
Y aunque este mundo, lleno de demonios,
debería amenazar con deshacernos, no temeremos,
porque Dios ha querido que su verdad
triunfe a través de nosotros.
El príncipe de las tinieblas, sombrío, no temblamos por él;
su rabia podemos soportar, porque ¡he aquí!,
su condenación es segura, una pequeña palabra lo derribará.[4]
Eres mi fortaleza, mi Señor, mi Dios. ¡Amén!

RESCÁTANOS DEL MALIGNO.

7 DE ENERO

ALABADO SEA EL SEÑOR

¡Alabado sea el Señor!
SALMOS 149:1

Para hacer una declaración o una orden enfática, usamos un signo de exclamación al final de una frase u oración.

La frase inicial del Salmos 149 concluye con uno de estos signos. La humanidad fue creada por Dios y existe para sus propósitos y deseos. Alabarle es nuestro mayor llamamiento. Honrarle es nuestro mayor objetivo. Ciertamente, adorarle es un privilegio —pero es también un mandamiento que debemos obedecer. Es un mandato, sin embargo, que trae luz, vida y liberación, no un legalismo irrazonable.

"Canten al Señor una nueva canción. Canten sus alabanzas en la asamblea de los fieles". El versículo 1 revela el amor y admiración inconmensurables del salmista por Dios. Aunque sencilla, esta línea de apertura del Salmo 149 está llena de fuertes emociones de convicción, gozo, pasión y plenitud interior. No se trata de una introducción tranquila que desemboca en un crescendo final. No, este canto irrumpe inmediatamente con fuerza y energía para declarar la alabanza de Dios —y así debería ser también la respuesta de nuestros corazones a la bondad de Dios.

Señor, eres el centro de todas las cosas y el centro de mi vida. Me has diseñado para que encuentre mi identidad, mi propósito, mi mérito y mi valor en ti. Mi corazón encuentra un consuelo profundo al saber que fui creado para ti. He sido apartado para alabarte en todo. ¡Eres la fuente de la vida y esta mañana mi corazón estalla en alabanzas a ti! Amén.

TUYOS SON EL REINO Y EL PODER Y LA GLORIA POR SIEMPRE.

8 DE ENERO

Dios del asombro

[El Señor] cuenta las estrellas y llama a cada una por su nombre.
Salmos 147:4

Una mañana, salí a la puerta de nuestra casa y me adentré en la oscura quietud de la madrugada. Mis ojos rápidamente se vieron atraídos por una impresionante variedad de estrellas; el cielo estaba inusualmente claro, y la vista era asombrosa.

Seguramente, el salmista David recordaba experiencias matutinas como esta del tiempo en que cuidaba ovejas. Podía cerrar sus ojos e imaginar la quietud y el primer atisbo de luz matinal en las praderas y las laderas donde una vez cuidó de sus rebaños. Sabía lo que era mirar al cielo y estar deslumbrado por los firmamentos llenos de estrellas de Dios. Dios, por medio de su palabra, las había creado, conocía su número y le había dado a cada una un nombre. Podía recordar los sonidos de los pájaros en las primeras luces de la mañana, lo que anunciaba el nacimiento de un nuevo día. David conocía las mañanas de Dios, sus maravillas y, a su vez, elevaba sus alabanzas a Dios.

Toda la creación es una maravilla, una muestra del magnífico y absoluto poder creador de Dios. Aunque no podamos comprender plenamente la inmensidad de Dios, podemos deleitarnos y encontrar paz en Él. Y, así como sabe el nombre de cada estrella, Él sabe nuestros nombres y se preocupa por los detalles de nuestras vidas.

Me siento humilde en tu presencia esta mañana, mi Señor, Rey y Salvador. ¿Quién es como tú? ¡Nadie! Eres magnífico y todo lo que has hecho es una maravilla. Eres exaltado y digno de toda alabanza. Gracias por tu amor, tu misericordia, tu gracia y por la oportunidad de adorarte y gozar de ti para siempre. Amén.

Padre nuestro que estás en el cielo,
que sea siempre santo tu nombre.

9 DE ENERO

Regocijo, la voluntad del Señor

Estén siempre alegres. Nunca dejen de orar. Sean agradecidos en toda circunstancia, pues esta es la voluntad de Dios para ustedes, los que pertenecen a Cristo Jesús.
1 Tesalonicenses 5:16-18

¿Debo ser maestro, pastor o misionero en algún lugar remoto? ¿A qué profesión o carrera debo dedicarme? ¿Debo trabajar entre los pobres o ayudar a quienes sufren injusticias? A menudo nos hacemos estas preguntas sobre la voluntad divina, pero Dios nos pondrá donde elija y donde sea más adecuado para nosotros.

Nos preocupan los puestos, los títulos y las labores; dónde debemos estar y qué debemos hacer para cumplir con la voluntad del Señor. Sin importar cuál sea nuestro puesto, título o labor actual, como cristianos, hay cualidades que se espera que manifestemos. Estas cualidades reflejan a Cristo y nos distinguen de las actitudes ordinarias del mundo. *Estén siempre alegres.* Las Escrituras se refieren aquí al despliegue de una alegría profunda que brota de nuestra confianza y obediencia a Dios y a la Palabra, un gozo dado y mantenido en nosotros por Cristo.

Y, como nos lo recuerda Pablo en 1 Tesalonicenses 5:16-18, nunca dejemos de orar. La oración es el vehículo para escuchar y hablar con el Padre que nos ama. Pablo había aprendido a estar alegre en cualquier situación en la que se encontrara, incluso mientras estaba encarcelado por su fe. Como Pablo, nosotros debemos también estar agradecidos y contentos en todas nuestras circunstancias.

Padre, puedo tener comunión contigo a través de la oración por tu gracia y tu poder en mi vida. Te pido que el Espíritu Santo me guíe para vivir y exhibir tu carácter en todas mis circunstancias, porque esta es tu voluntad. Amén.

Que tu reino venga pronto. Que se cumpla tu voluntad en la tierra como se cumple en el cielo.

10 de enero

El Señor nos ha mostrado lo que es bueno

¿Qué podemos presentar al Señor?
¿Debemos traerle ofrendas quemadas?
¿Debemos inclinarnos ante el Dios Altísimo
con ofrendas de becerros de solo un año?
¿Debemos ofrecerle miles de carneros
y diez mil ríos de aceite de oliva?
¿Debemos sacrificar a nuestros hijos mayores
para pagar por nuestros pecados?
¡No! Oh pueblo, el Señor te ha dicho lo que es bueno,
y lo que él exige de ti:
que hagas lo que es correcto, que ames la compasión
y que camines humildemente con tu Dios.
Miqueas 6:6-8

Más que sacrificios suntuosos, vistosos o dramáticos, Dios desea que sus hijos hagan lo correcto a lo largo del día —viviendo de acuerdo con los principios, las normas y la vida liberadora revelados en la Palabra de Dios. Él desea que amemos la misericordia y que vivamos una vida de humildad ante el Padre, como lo hizo Jesucristo.

El Señor nos ha mostrado claramente lo que es bueno. A veces, vivir según sus mandamientos puede parecernos una tarea demasiado pesada para ser completada por nuestra cuenta, pero Dios nos ha provisto de su Santo Espíritu para guiarnos a lo largo del camino.

Padre, mi deseo es alabarte a lo largo de este día. Tu palabra explica con detalle lo que te honra. Guíame hacia las decisiones correctas para cada opción que se me presente. Que pueda yo acoger tu corazón misericordioso en todo lo que haga hoy, y que me encuentre caminando en verdadera humildad según tú lo has indicado. Amén.

Danos hoy el alimento que necesitamos.

11 DE ENERO

El don de la paz

Les dejo un regalo: paz en la mente y en el corazón.
Y la paz que yo doy es un regalo que el mundo no puede dar.
Así que no se angustien ni tengan miedo.
Juan 14:27

Una noche llegué a casa después de un día difícil en el trabajo. Mientras caminaba hacia la casa, noté un paquete inesperado que estaba en la puerta. Lo llevé adentro, lo abrí y descubrí que eran manzanas de un conocido huerto que nos habían enviado como regalo unos amigos muy atentos. Aunque parezca extraño, su regalo cambió el tono del día —se convirtió de un tono de inquietud en uno de paz.

Los regalos atentos, las palabras de ánimo y la valoración por parte de los amigos son cosas que siempre son bienvenidas, porque pueden cambiar poderosamente las actitudes y la dirección de nuestros días. Por muy maravillosos y apreciados que sean los regalos de los amigos, estos no se comparan a los regalos de Jesús, nuestro amigo perfecto, capaces de alterarnos la vida. Su regalo posibilita la resolución de uno de los problemas más complejos de la humanidad: el desasosiego en nuestros corazones.

Los tesoros del mundo, la fama y el poder no proporcionan paz duradera. Incluso el más amable de los regalos de un amigo bien intencionado solo proporciona una solución temporal. La paz duradera proviene de una fuente única: Jesucristo. Y no solamente nos la da, sino que Jesús permanece para siempre como su guardián. Es ahí donde reside el inexplicable descanso del alma.

Señor, haz que mis ojos se fijen firmemente en ti, en tus provisiones y tus promesas. Tus promesas no dejan lugar a la necesidad si simplemente obedezco y confío en lo que has dicho. Gracias por tu regalo de paz a través del poder del perdón. Amén.

Perdónanos nuestros pecados, así como hemos perdonado a los que pecan contra nosotros.

12 DE ENERO

El gran protector

Toda palabra de Dios demuestra ser verdadera.
Él es un escudo para todos los que buscan su protección.
Proverbios 30:5

¡Qué asombroso sería si cada promesa hecha por una figura de autoridad estuviera llena de verdad y motivos puros! Si una persona con autoridad nos falla, podemos perdonar los imprevistos e inevitables desafíos y los retrasos inesperados si sabemos que su honestidad y su integridad se han mantenido intactas. Sin embargo, cuando un líder usa maquinaciones sin fundamento y hace promesas huecas o tiene motivaciones turbias y abusa su autoridad, eso no está bien.

Muchos de nosotros hemos experimentado los efectos del abuso de autoridad; a menudo esto nos deja lastimados, desconfiados y enojados. Pero ten por seguro que toda palabra de Dios es verdadera, independientemente de lo difícil o imposibles que parezcan esas promesas. He oído decir que "nadie dice toda la verdad". Sí, hay uno: ¡Jehová Dios! Sus palabras permanecen sin vacilar en pureza y promesa, a pesar de nuestros defectos o fracasos. Sabios son los que escuchan y obedecen las palabras verdaderas de Dios.

Sin Dios y su Palabra, nos encontramos perdidos, sin esperanza y a la deriva, desde individuos hasta naciones enteras. Ten presente que Efesios 6:17 nos recuerda que la Palabra del Señor es una espada —poderosa, protectora, fiable, penetrante. Dejemos que las promesas de su Palabra penetren lo más profundo de nuestros corazones, gobiernen nuestros pasos y nos protejan mientras procuramos su reino.

Sin la verdad de tu Palabra, Señor, carezco de esperanza. Guíame hoy por la verdad, la certeza y la eficacia de tu Palabra. Amén.

No permitas que cedamos ante la tentación.

13 DE ENERO

Libertador

Los que viven al amparo del Altísimo
encontrarán descanso a la sombra del Todopoderoso.
Declaro lo siguiente acerca del Señor:
Solo él es mi refugio, mi lugar seguro; él es mi Dios y en él confío.
Te rescatará de toda trampa y te protegerá de enfermedades mortales.
Con sus plumas te cubrirá y con sus alas te dará refugio.
Sus fieles promesas son tu armadura y tu protección.
Salmos 91:1-4

En la tarde del 20 de mayo de 2013, un severo tornado con vientos máximos calculados en doscientas diez millas por hora azotó la ciudad de Moore en Oklahoma, matando a veinticuatro personas e hiriendo a otras doscientas doce. El tornado tocó tierra y permaneció en el suelo cerca de cuarenta minutos, creando una trayectoria de diecisiete millas de largo y más de una milla de ancho en su punto máximo.[5,6] Luego de la tragedia, las ventas de refugios contra tormentas en la región de Moore aumentaron considerablemente. Tras las secuelas de una tormenta, la gente se da cuenta de su propia vulnerabilidad.

Incluso con lo terribles y violentas que puedan ser las tormentas, la humanidad tiene un peligro, más perjudicial que la fuerza más grande de la naturaleza. Este enemigo es Satanás, y él desea nuestra completa destrucción. Un tornado tiene poder, pero no la habilidad de albergar mala voluntad. El maligno tiene un absoluto odio y desprecio por sus víctimas y busca su ruina.

Sin embargo, ¡hay buenas noticias! ¡El enemigo de nuestras almas no es rival para el Señor! Hay alivio para los que moran al abrigo del Altísimo. Él es su protector, su refugio fuerte y su seguridad. Nuestro Dios nos libra del maligno.

Mi confianza y esperanza están puestas en ti, Dios de mi salvación y el guardián de mi alma. Amén.

Rescátanos del maligno.

14 DE ENERO

EL QUE ES SANTO

¿Quién no te temerá, Señor, y glorificará tu nombre? Pues solo tú eres santo. Todas las naciones vendrán y adorarán delante de ti, porque tus obras de justicia han sido reveladas.

APOCALIPSIS 15:4

Hace algún tiempo, mis amigos y yo escalamos una escarpada montaña en la costa sur de Australia. Empezábamos a preguntarnos si las vistas en la cima de la montaña merecerían la escalada. Una vez que llegamos a la cima, descubrimos que sí la merecían. La cumbre ofrecía una vista panorámica de hermosas olas bravas y una suntuosa playa dorada. Era tan impactante que nos quedamos en silencio.

Al igual que el estado de asombro que experimentamos ante una vista imponente, no hay mejor manera de empezar un día que en reverencia ante el que es Santo. Cuando estudiamos sus promesas, descansamos en su presencia y comulgamos con Dios a través de la oración, es inevitable experimentar una sensación de asombro ante su gloria. Él ya existía antes que nosotros, nos creó para sus fines, y permanecerá cuando ya nos hayamos ido. Él es el Altísimo, el más puro y el más noble. Su carácter es intachable; sus actos están justificados. Él es, verdaderamente, *el único* digno de nuestra adoración.

Es imposible entender siquiera una parte de todo lo que es, de lo que ha hecho y hará. El corazón agradecido y humilde se queda asombrado y sin palabras ante este Anciano de Días.

Señor, hay muchas cosas por las que podría orar hoy, pero elijo quedarme quieto ante la gloria de tu belleza y tu poder en honor y adoración a ti. ¡Porque solo tú eres Dios —solo tú eres Santo y digno de toda gloria!

TUYOS SON EL REINO Y EL PODER Y LA GLORIA POR SIEMPRE.

15 DE ENERO

Como ningún otro

"¿Con quién me compararán?
¿Quién es igual a mí?", pregunta el Santo.
Levanten la mirada a los cielos. ¿Quién creó todas las estrellas?
Él las hace salir como un ejército, una tras otra,
y llama a cada una por su nombre.
A causa de su gran poder y su incomparable fuerza,
no se pierde ni una de ellas.
¿Acaso nunca han oído? ¿Nunca han entendido?
El Señor es el Dios eterno, el Creador de toda la tierra.
Él nunca se debilita ni se cansa;
nadie puede medir la profundidad de su entendimiento.
Isaías 40:25-26, 28

Nosotros, a diferencia de nuestro Padre celestial, estamos llenos de limitaciones. Nos quedamos débiles y fatigados ante las dificultades. Experimentamos sed, hambre y cansancio. Somos incapaces de acercarnos a Dios por nuestras propias fuerzas, y somos incapaces de hacer penitencia por nuestros propios pecados. Es aleccionador darnos cuenta de que no merecemos nada y de que Dios ha elegido amarnos y proveyó un camino para que experimentemos su buena gracia y favor a través de Cristo. Solo Él nos da los recursos para hacer su voluntad.

Es imposible acercarnos a Dios por nuestros propios medios, debido a nuestro propio pecado, pero el amor, la misericordia y la gracia que recibimos a través del revestimiento del sacrificio de Cristo nos brindan un lugar a la mesa de nuestro Padre celestial. Su amor es ilimitado y nos da fuerza. No hay nadie como Él.

Señor, tú le das fuerza al débil y desvalido. Quienes confían en ti encontrarán nuevas fuerzas. Se elevarán con alas de águila. Correrán y no se cansarán, caminarán y no desmayarán. Tú, Señor, no tienes igual. Eres el Señor de todo. Amén.

Padre nuestro que estás en el cielo, que sea siempre santo tu nombre.

16 de enero

Para cada uno, una aventura

El Señor le había dicho a Abram: "Deja tu patria y a tus parientes y a la familia de tu padre, y vete a la tierra que yo te mostraré. Haré de ti una gran nación; te bendeciré y te haré famoso, y serás una bendición para otros".

Génesis 12:1-2

Seamos pastores, líderes religiosos, doctores, plomeros, maestros de escuela, padres en casa, obreros o agricultores, una vez que decidimos vivir como Cristo, entramos al ministerio de tiempo completo. Somos embajadores de Cristo.

Las instrucciones de Dios a Abraham tenían un gran peso. La obediencia de Abraham requería que dejara casi todo lo que le era familiar y se enfrentara a lo desconocido. La seguridad y el futuro de Abraham residirían en su confianza en Dios. De manera sabia, él siguió a Dios a través de un camino no siempre fácil, pero correcto porque era el designio de Dios para Abraham. Esto mismo es cierto sobre la voluntad de Dios para cada uno de nosotros.

A menudo nos sentimos atraídos por estas palabras de la promesa de Dios a Abraham: *Te bendeciré y te haré famoso.* La bendición de Dios, aunque siempre es recta y enriquecedora, también requiere de confianza, aun en la incertidumbre. Es posible que las bendiciones que Dios ha diseñado no siempre sean como esperamos, pero son siempre lo que necesitamos.

En mi corazón, Señor, conozco tu voluntad, y tu camino para mí es mejor que cualquier cosa que yo pudiera diseñar por mí mismo. Tú me guías; dame sabiduría y fuerza para seguirte. Me has llamado a usar mi vida para tus propósitos, para adorarte y honrarte. Te ruego que yo pueda hacer exactamente eso. Amén.

Que tu reino venga pronto. Que se cumpla tu voluntad en la tierra como se cumple en el cielo.

17 DE ENERO

LA PROVISIÓN SUPREMA

El Señor es mi pastor; tengo todo lo que necesito.
SALMOS 23:1

Un frío día de invierno en enero concluyó con lluvia congelada y varias pulgadas de nieve en mi ciudad, en Arkansas. Decenas de miles de personas en la región estaban sin suministro eléctrico. Yo sabía que nuestro carro no podría subir por nuestra estrecha carretera rural debido al hielo. Empecé a preguntarme cuánto tiempo estaríamos sin electricidad en esas temperaturas bajo cero y si las tuberías de agua se congelarían pronto, causando mayores preocupaciones.

Fue entonces que miré hacia nuestro jardín y noté un gorrión que extraía semillas de un comedero de pájaros y se retraía a la cubierta de la rama de un árbol de cedro. Repitió este proceso varias veces. El pájaro no parecía tener frío, y, desde luego, tenía suficiente comida. No parecía inquieto. Creo que no le preocupaba nuestro apagón eléctrico.

Nosotros tenemos a Dios como nuestro protector, proveedor y guía. No existe ningún otro poder con capacidad ilimitada para cuidar a los que están bajo su atenta mirada. El Señor es nuestro Pastor. Él conoce nuestras necesidades reales y nada impide que las satisfaga —excepto quizás nuestra propia insensatez de rechazar su bondadosa oferta de ser nuestro Pastor. Él es nuestro sustentador supremo, independientemente de la situación. Su oferta como Pastor de nuestras vidas es la promesa de una provisión perfecta.

Dentro de tu designio divino, Señor, esta mi provisión diaria para todo lo que me has llamado a hacer. Para lo que me has llamado a hacer hoy, ya has provisto una manera para completarlo, y agradezco esa provisión. Eres mi fuente mientras sigo tu voluntad; eres todo lo que necesito. Eres el Señor, mi Pastor. Amén.

DANOS HOY EL ALIMENTO QUE NECESITAMOS.

18 de enero

Rescatados

Con paciencia esperé que el Señor me ayudara, y él se fijó en mí y oyó mi clamor. Me sacó del foso de desesperación, del lodo y del fango. Puso mis pies sobre suelo firme y a medida que yo caminaba, me estabilizó. Me dio un canto nuevo para entonar, un himno de alabanza a nuestro Dios. Muchos verán lo que él hizo y quedarán asombrados; pondrán su confianza en el Señor.

Salmos 40:1-3

Hace algún tiempo, oí el caso de una mujer en Los Ángeles que intentó saltar desde una azotea a otra, separadas por dieciocho pulgadas de distancia, tras lo cual cayó entre los dos edificios. Solo tenía algunas heridas leves, pero estaba atrapada de pie entre los dos edificios sin esperanza de poder salir por sí misma. Todo lo que podía hacer era pedir ayuda a gritos. Fue rescatada por un bombero. Ella expresó un sincero agradecimiento por su rescate mientras que los espectadores aplaudían.

De manera muy similar a cómo la mujer estaba desesperadamente atrapada, sin Cristo, nosotros estamos desesperadamente atrapados en nuestros pecados y sin la capacidad de cambiar la situación por nuestra cuenta. Dios escuchó nuestras llamadas de auxilio y, a través de Cristo, nos sacó de la desesperación.

No solo somos los dichosos receptores de un rescate divino, sino que las buenas noticias de nuestro escape del peligro inminente se convierten también en evidencia y catalizador para otros en peligro.

Por mi propia cuenta, Señor, yo no tenía la manera de escapar del cautiverio del pecado, pero tú en tu amor y misericordia, me concediste la libertad. Hoy, guíame para compartir con otros cómo una vez estuve desesperado, pero tú me rescataste. Gracias por tu gracia salvadora. Amén.

Perdónanos nuestros pecados, así como hemos perdonado a los que pecan contra nosotros.

19 de enero

El guía perfecto

Bendeciré al Señor, quien me guía;
aun de noche mi corazón me enseña.
Sé que el Señor siempre está conmigo.
No seré sacudido, porque él está aquí a mi lado.
Salmos 16:7-8

En 2013, un grupo de rehenes argelinos planeó y logró escapar de los terroristas que los tenían secuestrados. Huyeron a través de un desierto peligroso y en circunstancias aparentemente imposibles, usando como guía solo la aplicación de brújula integrada en sus teléfonos móviles. Afortunadamente, la aplicación funcionó a pesar de no tener cobertura celular.[7] Solo puedo imaginar su temor, su hambre, su resolución y el grado de su cansancio mental y físico.

Las Escrituras nos recuerdan que, aun en momentos de desesperación o incertidumbre, el Señor ha prometido estar siempre con sus hijos. Él, nos guía y nos protege. Él nunca nos llama a llevar a cabo una tarea o misión sin proveer lo necesario para cumplir esa misión a la que nos ha llamado.

Más fuerte y fiable que cualquier brújula, Dios ha prometido guiar y dar instrucción a quienes se han entregado a su seguimiento y cuidar de sus hijos que anhelan cumplir los deseos de su corazón. Las suyas no son promesas ofrecidas solo en los tiempos buenos; son promesas seguras en las que podemos confiar durante cualquier circunstancia difícil.

Bendigo tu nombre, Padre Dios, porque tú eres el verdadero norte de mi alma. Me guías impecablemente —siempre que te lo permito. Espíritu Santo, trae tu santa convicción a mi vida cuando no permita que el Señor dirija mis pasos. Eres el Dios de mi destino; guíame este día únicamente en tu sendero por el poder de tu verdad y de tu perfecto proceder. Amén.

No permitas que cedamos ante la tentación.

20 de enero

El Señor nuestro protector

Te amo, Señor; tú eres mi fuerza. El Señor es mi roca, mi fortaleza y mi salvador; mi Dios es mi roca, en quien encuentro protección. Él es mi escudo, el poder que me salva y mi lugar seguro. Clamé al Señor, quien es digno de alabanza, y me salvó de mis enemigos.

Salmos 18:1-3

El pronóstico para nuestra región era de un clima "severo y peligrosamente frío". Se produciría un evento procedente del Ártico, algo inusual en nuestro estado sureño de Arkansas. A la mañana siguiente, desde la ventana de nuestra sala, vi cómo el viento empujaba la nieve vigorosamente sobre un campo blanco. La temperatura era de un solo dígito y la exposición a las inclemencias del tiempo, sin la protección adecuada, habría sido devastadora para el cuerpo humano. Pero yo, estaba acurrucado cerca del calor de la leña y protegido de las condiciones exteriores.

Existe un peligro mucho mayor para nosotros que la más cruel de las inclemencias climáticas: el mal en sí. Cruelmente engañoso, Satanás, el enemigo de nuestras almas, busca alejarnos del amor de nuestro Señor y de su voluntad. Sin Cristo, nuestro futuro espiritual es angustiosamente oscuro.

Sin embargo, en Cristo estamos protegidos del daño que puede llevar a la muerte eterna; en Él, tenemos la vida eterna. Cristo es nuestro escondite —Él nos da seguridad en medio de las traiciones, el peligro y el engaño. ¡Él es nuestro protector y Rey vencedor!

Padre, mi corazón se regocija de amor por ti esta mañana. Te alabo por tu protección contra el que es capaz de dañarme. Gracias por guiarme y mantenerme a salvo. Eres mi Dios, mi Roca, mi fortaleza y mi Salvador. Amén.

Rescátanos del maligno.

21 DE ENERO

MÁS DE LO QUE PODEMOS IMAGINAR

Oh Señor mi Dios, has realizado muchas maravillas a nuestro favor. Son tantos tus planes para nosotros que resulta imposible enumerarlos. No hay nadie como tú. Si tratara de mencionar todas tus obras maravillosas, no terminaría jamás.
SALMOS 40:5

Una tarde de verano, yo estaba parado en una playa aislada en la Florida mirando hacia el Golfo de México. Hay algo en el océano que invita a la reflexión, ¿verdad? Después de una larga mirada, dirigí mis ojos hacia las olas que rompían en la orilla. Una tormenta había pasado por esa área, pero ahora el cielo era excepcionalmente claro.

Las estrellas se asomaron. La vista era impresionante, y ese momento era para recordar. Un profundo sentido de admiración surgió dentro de mí: estaba tan lleno de agradecimiento por ese momento que alabé a Dios por su grandeza. Momentos reverentes como este se atesoran para toda la vida.

La inmensidad de todo lo que Dios ha hecho —y que aún continúa haciendo— supera mucho nuestra capacidad de asimilarlo todo. En mi propia vida, hay momentos de reflexión en los que estoy maravillado, sobrecogido y asombrado por toda su obra y por lo mucho que me ama, *aun* en mis propios fracasos y *aun* en las dificultades. Como sus hijos, estamos invitados a responder a su grandeza reconociéndolo, siguiéndolo mientras nos guía, adorándolo de todo corazón y honrándolo con todo en nuestras vidas. ¡Solo Él es el Dios de los prodigios!

Señor, haz hecho por mí mucho más de lo que estoy consciente, más de lo que puedo imaginar. Me has incluido en tus magníficos planes, y me siento humilde y agradecido. Guíame para que les diga a los que encuentro en mi camino sobre la grandeza de tu gloria, y dame las palabras para compartir tus buenas nuevas con los demás. Amén.

TUYOS SON EL REINO Y EL PODER Y LA GLORIA POR SIEMPRE.

22 de enero

Él es exaltado

¡Que todo el honor y toda la gloria sean para Dios por siempre y para siempre! Él es el Rey eterno, el invisible que nunca muere; solamente él es Dios. Amén.

1 Timoteo 1:17

En mi opinión, no hay mejor momento del día para experimentar el ánimo y el poder de versículos bíblicos como este que una mañana nítida, fresca y tranquila. Comenzar el día con esta exclamación de alabanza sin duda marca la pauta y la oportunidad para tener un día bien vivido.

Es algo poderoso que nuestros corazones y nuestras mentes sean lavados por esta verdad de las Escrituras de que nuestro Dios, a quien se le debe todo honor, quien permanece para siempre, quien gobierna de manera absoluta, quien nunca renunciará a su autoridad y quien permanecerá para siempre como la única fuente de vida, se preocupa entrañablemente por nosotros. Somos amados y vistos por el excelso Rey eterno.

No solo se preocupa por nosotros a pesar de nuestras deficiencias, fracasos e imperfecciones, sino que también tiene planes perfectos y nobles para cada uno de sus hijos. ¡Fuimos creados para sus designios! De hecho, este día ya había estado planeado para ti desde antes del comienzo de los tiempos. Sigue adelante sabiendo que eres profundamente amado por el que es merecedor de toda gloria y alabanza. ¡Qué gran honor adorar a alguien como Dios, qué increíble oportunidad de servir a alguien como Dios, qué maravillosa experiencia de permanecer en Dios!

Que tú, Señor, seas honrado y glorificado en las actividades de este día. Reconozco tu dominio perfecto y poderoso sobre toda la tierra y sobre mi vida. Solo tú eres Dios, el Señor de toda la vida, el Señor de mi vida. Tú cumplirás lo que has planificado. Amén.

Padre nuestro que estás en el cielo, que sea siempre santo tu nombre.

23 de enero

Apartados para ser como Jesús

Sé santo porque yo, el Señor, soy santo.
Te he separado de las demás naciones para que seas mío.
Levítico 20:26

Cristo es justo. Cristo es equitativo. Cristo es recto en todo su proceder. Estos son algunos de sus atributos divinos y, por la gracia y su Espíritu Santo, estas son las características que deben ser exhibidas en nosotros y a través de nosotros también.

Para impulsar el desarrollo de estas cualidades con profundidad y madurez, debemos poner en práctica disciplinas como buscar a Dios en las Escrituras continuamente, hacer oración y fomentar la fraternidad colectiva con otros creyentes. Estas acciones no implican mandatos legales o el severo cumplimiento de la ley para poder recibir la bondadosa gracia de Dios. No, estos son dones del cielo y formas de alabanza. La búsqueda constante del Señor, tanto individual como colectivamente, es la fuente de un alimento espiritual completo y abundante.

Este es el afán del cristiano: ser como Jesús y reflejar su carácter y sus cualidades. Profundizar y aumentar nuestro conocimiento de Él, nuestro amor por Él y nuestro servicio a Él es nuestra hambre más profunda y nuestro santo anhelo.

Padre Santo, haz que viva este día conforme al discernimiento de tu Espíritu y las pautas de tu reino. Verdaderamente, deseo ser justo, imparcial, recto y bueno —como tú. Que mis acciones reflejen tu gloria y revelen la intención de tu voluntad. Te ruego que pueda llegar a ser más como tú cada día que pasa. Amén.

Que tu reino venga pronto. Que se cumpla tu voluntad en la tierra como se cumple en el cielo.

24 DE ENERO

NUESTRO MANANTIAL DE VIDA

Pues tú eres la fuente de vida, la luz con la que vemos.
SALMOS 36:9

Una mañana de primavera, mis hijos exploraban los bosques y campos que rodean nuestra casa. Regresaron después de una caminata para decirme que habían encontrado un manantial que brotaba del suelo. Se trataba de un manantial de clima húmedo. Después de unos años de mucha sequedad, hubo súbitamente una abundancia de lluvia que reabasteció las capas freáticas y saturó la superficie del suelo. El agua siguió fluyendo de ese manantial durante varios días.

La primavera y el verano de ese año fueron de los más verdes que he visto desde que vivimos en nuestra propiedad en Arkansas. Las flores silvestres florecieron hasta bien entrado el mes de agosto cuando, normalmente, los días son secos y calurosos y los campos se tornan mayormente marrones.

El salmista describe a Dios como un manantial de vida, la fuente firme que nunca se agota. El Señor es la luz que penetra la oscuridad de nuestro mundo y de nuestros corazones; Él abre un camino para que toda la humanidad lo vea y evite las cosas ocultas y peligrosas.

Jesucristo "le dio vida a todo lo creado, y su vida trajo luz a todos. La luz brilla en la oscuridad, y la oscuridad jamás podrá apagarla" (Juan 1:4-5).

Por ti, Señor Jesús, he descubierto la única fuente de vida verdadera. Tú eres la fuente inagotable del manantial de vida. Eres la luz del mundo —la fuente singular para que mis ojos se libren de la ceguera espiritual y vean los caminos de vida por los que me conduces. Confío en ti y pido que seas mi fuente de vida. Amén.

DANOS HOY EL ALIMENTO QUE NECESITAMOS.

25 DE ENERO

El poder del perdón

En ese momento, el Señor se volvió y miró a Pedro. De repente, las palabras del Señor pasaron rápidamente por la mente de Pedro: "Mañana por la mañana, antes de que cante el gallo, negarás tres veces que me conoces". Y Pedro salió del patio, llorando amargamente.

Lucas 22:61-62

Yo tenía once años cuando entré en los Boys Scouts. Admiraba y respetaba profundamente a nuestro líder. Una vez, hicimos un juego grupal que consistía en sentarse de espaldas a una mesa llena de objetos. Cada grupo tenía determinado tiempo para mirar lo que había y luego tomaba nota de todo lo que pudiera recordar. Quien recordara el mayor número de objetos, ganaba.

En un momento, yo eché un indebido segundo vistazo a los objetos. Al voltear, mis ojos se encontraron con los del líder. Sentí humillación y vergüenza, pues había traicionado su confianza. Aunque fue difícil, me acerqué a él, le confesé mi acción y pedí perdón, que me fue concedido. Si bien recibí una leve reprimenda, también pude experimentar el poder del perdón.

¡Qué terrible y vacío debió de sentirse Pedro cuando, después de negar a Cristo por tercera vez, el Señor se volvió y lo miró! A Pedro se le había dicho que esto iba a ocurrir, pero él insistió en que permanecería fiel. En cambio, fracasó, fue humillado y defraudó a quien más amaba y respetaba.

Jesús, sin embargo, no solo le dijo a Pedro de las veces que lo negaría, sino también de la provisión futura, de la restauración y el honor de proveer ánimo y ejercitar su ministerio en el nombre de Cristo. Gracias sean dadas a Dios por su perdón.

Dios Santo, no existen palabras suficientes para expresar tu gracia y tu perdón, aun así mi corazón reboza de gratitud esta mañana. Amén.

Perdónanos nuestros pecados, así como hemos perdonado a los que pecan contra nosotros.

26 DE ENERO

AGUA DE VIDA QUE ES TAN NECESARIA

Como el ciervo anhela las corrientes de las aguas, así te anhelo a ti, oh Dios. Tengo sed de Dios, el Dios viviente. ¿Cuándo podré ir para estar delante de él? ¿Por qué estoy desanimado? ¿Por qué está tan triste mi corazón? ¡Pondré mi esperanza en Dios! Nuevamente lo alabaré, ¡mi Salvador y mi Dios!

SALMOS 42:1-2, 5

Una noche, oí a lo lejos el aullido de un perro que corría por los montes y las praderas circundantes. A la mañana siguiente descubrí una sabuesa muy cansada que dormía en nuestra puerta. Acaricié su cabeza y saqué un número de teléfono de su collar. Llamé al dueño pensando que querría ir por ella inmediatamente, pero, me pidió si podía darle agua y dejarla descansar.

"Ella conoce el camino a casa; solo está cansada", me aseguró. Así que le di agua y ella se levantó, bebió y se sentó a descansar. Después de su tiempo de descanso, se fue a su casa.

Hay una razón por la que el salmista compara el anhelo humano de estar con el Señor con el de un animal sediento en busca de agua. La ausencia de la presencia de Dios deja seco el corazón, cansado, vulnerable a la tentación y espiritualmente agotado. Una vez que el cristiano experimenta la presencia de Dios, se le impregna una sed de permanecer allí para siempre. Y nosotros debemos buscarlo más ansiosamente de lo que el sabueso busca comodidad y descanso, ya que la sola presencia de Cristo provee refrigerio verdadero y completo.

Solo Cristo es el manantial de vida tan necesario para nuestras almas. Nada sacia más la sed de un cristiano que la presencia de Dios.

Llévame a tu presencia, Oh Dios, porque en ella está mi refugio, mi fuerza y mi esperanza. Tu presencia es el camino al descanso, la renovación, la claridad y la paz. Amén.

NO PERMITAS QUE CEDAMOS ANTE LA TENTACIÓN.

27 DE ENERO

JEHOVÁ: LA FORTALEZA IMPENETRABLE

El nombre del Señor es una fortaleza firme;
los justos corren a él y se quedan a salvo.
PROVERBIOS 18:10

El Fuerte Eben-Emael de Lieja (Bélgica) fue una vez considerado como la fortaleza militar más poderosa del mundo. Construido entre 1932 y 1935 y conectado por millas de túneles, era autosuficiente y contenía cuarteles, enfermerías y un centro de comunicaciones.

Sin embargo, el 10 de mayo de 1940 ocurrió lo inimaginable. El fuerte cayó bajo un ataque alemán llamado *blitzkrieg*, o "guerra relámpago". A pesar de toda su fortaleza, Eben-Emael tenía un punto débil: era vulnerable a un ataque aéreo. Los alemanes sorprendieron al ejército belga utilizando planeadores armados que llevaban tropas, y el fuerte fue tomado rápidamente con un devastador golpe para la autoconfianza de Bélgica y otras naciones europeas.[8]

De la misma manera, sin importar qué tan firmes o preparados nos sintamos contra un ataque espiritual, nuestro enemigo espiritual es muy hábil en usar la velocidad, la sorpresa y la distracción contra las débiles defensas humanas. Sin Dios, no estamos preparados para enfrentarnos al enemigo.

Aunque las más notables fortalezas humanas aún son débiles y vulnerables, hay una fortaleza segura sin ninguna vulnerabilidad: Jehová Sabaot, el Señor nuestro protector.

Señor, sin tu protección, estoy completamente expuesto al enemigo de mi alma. Sé que los esfuerzos para defenderme por mí mismo son inútiles. Tú, no obstante, eres mi refugio y fortaleza, un baluarte impenetrable en el que pongo mi confianza y mi esperanza. Sin importar cuál sea la estrategia que se alce contra mí hoy día, tú puedes mantenerme a salvo mientras confío en ti. Amén.

RESCÁTANOS DEL MALIGNO.

28 de enero

El mayor propósito de la música

Alaben al Señor, porque él es bueno;
celebren con música su precioso nombre.
Salmos 135:3

¿A quién no le gusta la música? Esta puede suscitar emociones y sensaciones profundas que no podemos articular solo con palabras. Puede ayudar a cambiar una actitud apática y de aburrimiento por otra de optimismo. Una vez vi una cita bellamente enmarcada y expuesta en una pared. Atribuida a Martín Lutero, la cita decía: "Estoy firmemente persuadido de que, después de la teología, no hay arte que pueda ponerse al mismo nivel que la música; pues aparte de la teología, la música es el único arte capaz de dar paz y alegría al corazón".

El primer capítulo de la Carta a los Colosenses nos dice que Dios creó todo lo existente por y para sí mismo: "Dios creó todo lo que existe en los lugares celestiales y en la Tierra. Hizo las cosas que podemos ver y las que no podemos ver, tales como tronos, reinos, gobernantes y autoridades del mundo invisible. Todo fue creado por medio de Él y para Él" (Colosenses 1:16). Aun con lo maravillosa y trascendental que es la música, esta encuentra su máximo valor y finalidad en la adoración a Dios.

Alabado sea Dios, de quien todas las bendiciones provienen.
Alabadle todas las criaturas aquí abajo.
Alabadle arriba, huestes celestiales.
Alabad al Padre, al Hijo y al Espíritu Santo.
—Thomas Ken, 1674

Te glorifico, Dios, por tu bondad hoy, y cantaré el canto de alabanza que has puesto en mi corazón. Amén.

Tuyos son el reino y el poder y la gloria por siempre.

29 de enero

Nuestro mayor objetivo

Pues todas las cosas provienen de él y existen por su poder y son para su gloria. ¡A él sea toda la gloria por siempre! Amén
Romanos 11:36

El antiguo Catecismo de Westminster dice: "El fin principal y el mayor propósito de la existencia del hombre es glorificar a Dios y gozar plenamente de Él para siempre"[9]. Estas antiguas palabras rebosan de una verdad eterna.

Nuestro comienzo se encuentra en Dios y nuestro continuo sustento para todas las cosas viene de Él. Dios es nuestra provisión para todas las cosas: aliento, luz solar, lluvia, alimento, esperanza, paz, libertad, descanso, amor y alegría. Él nos ha dado gratuitamente todo lo que necesitamos para que usemos su provisión —cualquiera que sea la forma que tome en nuestras vidas individuales— con el fin de promover su voluntad y declarar su gloria.

Fuimos creados para glorificarle, alabarle y honrarle en todo lo que hacemos. El propósito de cada respiro nuestro nuestro mayor objetivo— es exaltarle, decirle al mundo quién es Dios y qué ha hecho. La vida se origina de Dios y es sostenida por Dios. Toda la gloria, la exaltación y el reconocimiento se le deben a Dios para siempre. ¡Él es el asombroso, el maravilloso, el Santo, el único Dios verdadero!

Señor, reajusta hoy mi corazón para tus propósitos, porque sé que todas las cosas existen por tu poder y para tu gloria. Eres quien me ha dado aliento, y lo has hecho para que pueda ser liberado de las tinieblas y declare tu nombre y tus propósitos. Tú me hiciste y me sostienes. Úsame para honrarte mientras camino a través de este día. Amén.

Padre nuestro que estás en el cielo, que sea siempre santo tu nombre.

30 DE ENERO

COMISIONADOS PARA LA MISIÓN

Dios envió a un hombre llamado Juan el Bautista para que contara acerca de la luz, a fin de que todos creyeran por su testimonio. Juan no era la luz; era solo un testigo para hablar de la luz. Aquel que es la luz verdadera, quien da luz a todos, venía al mundo.

JUAN 1:6-9

Juan el Bautista fue comisionado por Dios para anunciar la *llegada* del Redentor de la humanidad. Después de miles de años de palabras proféticas, la voz de Juan sería la última en anunciar la *llegada* del Cristo.

Sin embargo, Dios sigue enviando a todos sus hijos al mundo y por todo el mundo para anunciar la *venida* de Cristo —que caminó entre nosotros, que nos dio su Espíritu Santo para guiarnos aún hoy día y que vendrá de nuevo. Vivimos como testigos de su luz y de la esperanza que trae a la humanidad.

Cada creyente en Cristo es "enviado", lo que significa que cada uno tiene una misión encomendada por Dios para decirle a los demás sobre su luz. Esta es la voluntad de Dios, su deseo y su mandato para que el mundo pueda conocer su misericordia, su amor y su gracia. En un mundo en declive y cada vez más oscuro, tenemos el privilegio, fortalecidos a través del Espíritu Santo, de compartir las buenas nuevas de la vida en Cristo.

Señor, haz uso de mí hoy para decirles a quienes pongas en mi camino que hay buenas nuevas para ellos a la luz de tu salvación. Hoy, haz que mis oídos escuchen tu directiva, y guíame para sembrar la semilla de tu reino. Amén.

QUE TU REINO VENGA PRONTO. QUE SE CUMPLA TU VOLUNTAD EN LA TIERRA COMO SE CUMPLE EN EL CIELO.

31 de enero

Provisión que no perece

Que toda la alabanza sea para Dios, el Padre de nuestro Señor Jesucristo. Es por su gran misericordia que hemos nacido de nuevo, porque Dios levantó a Jesucristo de los muertos. Ahora vivimos con gran expectación y tenemos una herencia que no tiene precio, una herencia que está reservada en el cielo para ustedes, pura y sin mancha, que no puede cambiar ni deteriorarse. Por la fe que tienen, Dios los protege con su poder hasta que reciban esta salvación, la cual está lista para ser revelada en el día final, a fin de que todos la vean.

1 Pedro 1:3-5

Una tarde, mi esposa y yo disfrutábamos de un largo paseo por un pequeño pueblo llamado Woodstock, en el estado de Vermont. Nos encontramos con un viejo cementerio situado junto al río Ottauquechee. Era un hermoso día soleado, y decidimos explorar un poco, pasar un momento leyendo algunas de las lápidas.

La mayoría de las inscripciones eran sencillas y se remontaban al siglo XVIII. Los años y la exposición a los elementos climáticos habían desteñido muchos nombres, fechas y epitafios, pero algunos seguían siendo legibles. Paseando lentamente y en silencio, comencé a preguntarme cómo habrían sido las vidas de algunos de esos difuntos. ¿A qué se dedicaban? ¿Cómo eran sus días?

Entonces me pregunté sobre su fe: ¿A cuántos de ellos tendría yo la oportunidad de conocer algún día por nuestra común esperanza en Cristo? Las cosas de la Tierra se desvanecerán y fallarán, ¡pero aquellos cuya fe está en Cristo viven con una esperanza que no defraudará y la promesa de una herencia imperecedera protegida por Dios eterno!

Padre Celestial, gracias por tu provisión de vida. Mantén mis ojos, mi mente y mi corazón enfocados en ti y en cosas de valor eterno. Que tu voluntad sea mi propósito y mi pan de cada día. Amén.

Danos hoy el alimento que necesitamos.

1 DE FEBRERO

La certeza del perdón

Mis ovejas escuchan mi voz; yo las conozco, y ellas me siguen. Les doy vida eterna, y nunca perecerán. Nadie puede quitármelas, porque mi Padre me las ha dado, y él es más poderoso que todos. Nadie puede quitarlas de la mano del Padre. El Padre y yo somos uno.
JUAN 10:27-30

En las distracciones de nuestra cultura acelerada y saturada de información, pasamos rápidamente de una cosa a otra, a menudo sin detenernos un momento para reflexionar sobre todo lo que se nos ha dado en Cristo. Debido a esto, a veces pasamos por alto algunas cosas obvias e importantes.

En primer lugar, nos olvidamos de lo maravillosa que verdaderamente es nuestra libertad en Jesucristo. Sin importar cómo sea nuestro día —ya sea alegre, estresante, doloroso o sencillo— hemos sido liberados de las cadenas de este mundo, y eso es algo de lo que podemos alegrarnos en cualquier circunstancia.

En segundo lugar, nos olvidamos de reconocer su fidelidad al proteger y cuidar de quienes escuchan su voz y lo siguen. ¡Qué formidable es que nuestro perdón en Cristo sea seguro! Nosotros realmente no lo merecemos, pero el Señor intercede amorosamente por nosotros.

Y en tercer lugar, nos olvidamos de que nuestra respuesta a esta certeza de perdón y libertad debe ser hablarles a los demás de su gran salvación. Su gloria, grandeza y bondad deben ser conocidas.

Señor, tú eres bueno y tu amor es imperecedero. No soy digno, pero tu gran poder me ha hecho parte del rebaño bajo tu divino cuidado. Estoy conmovido y agradecido. No permaneceré callado y, por tu poder, compartiré la grandeza de tu gracia con todos aquellos que estén dispuestos a escuchar. Amén.

PERDÓNANOS NUESTROS PECADOS, ASÍ COMO HEMOS PERDONADO A LOS QUE PECAN CONTRA NOSOTROS.

2 DE FEBRERO

Guardián divino

Él cuida las sendas de los justos y protege a los que le son fieles.
Proverbios 2:8

En una visita a Londres, pudimos presenciar la solemnidad del cambio de guardia en el Palacio de Buckingham. Aunque algunos visitantes pueden pensar erróneamente que los soldados son simples partícipes de la ceremonia, son en realidad algunos de los soldados mejor entrenados del ejército británico. Cuando están de guardia en el Palacio de Buckingham, su obligación es proteger a la realeza y al palacio, una tarea para la que están bien capacitados y preparados.

En 1 Pedro 2:9 se hace referencia a la Iglesia, el cuerpo de Cristo, como un sacerdocio real, un honor y un puesto que hemos recibido de Dios a través de su gracia como redimidos seguidores de Cristo. Además, formamos parte de una relación única y sagrada reservada para aquellos que están comprometidos con la voluntad y el camino de Dios y su reino. Nosotros nos convertimos en hijos e hijas del Altísimo. Nuestro protector es el Padre bueno y perfecto, y nadie nos cuida como él. Dios es nuestro guardián divino, y nadie es más capaz de guiarnos para evitar las trampas y las tentaciones. Nuestra Guardia Real tiene más autoridad y poder que todos los ejércitos combinados del mundo. No hay nadie que se le iguale, nadie ante quien se someta o se incline. En Cristo, estamos divinamente protegidos —nuestro protector no es otro que el invencible Señor Dios Jehová. Pedir su ayuda para que nos guie lejos de la tentación significa liberar al más poderoso defensor para que nos marque el rumbo por los senderos correctos, y nos guíe de manera exitosa por el camino estrecho.

Gracias, Señor, por ser mi protector y mi guía, el que me conduce fielmente por los senderos de este día —y de cada día, con fuerza para resistir las asechanzas del maligno— para gloria de tu nombre. Amén.

No permitas que cedamos ante la tentación.

3 DE FEBRERO

VIVIR SIN TEMOR

Pero cuando tenga miedo, en ti pondré mi confianza.
Alabo a Dios por lo que ha prometido.
En Dios confío, ¿por qué habría de tener miedo?
¿Qué pueden hacerme unos simples mortales?
SALMOS 56:3-4

Estos versículos dicen "*cuando* tenga miedo", no "*si* tengo miedo". El salmista David no oculta sus emociones; él las confiesa y luego procede a renovar su confianza en Dios. Tratar de ocultar nuestro miedo no es la repuesta más apropiada, y David revela una mejor opción. Cuando tengas la sensación de temor, admítela y acude a la Fuente que puede atenuarlo y disiparlo: ¡Jehová Dios!

Para el creyente, el tiempo dedicado a la Palabra de Dios y a la oración aumenta y reafirma la confianza, ahuyentando así al miedo. ¿Qué pueden hacernos los simples humanos en el reino de la eternidad? El apóstol Pablo en 2 Corintios 5:8 le dijo a la iglesia que, cuando estamos ausentes de nuestro cuerpo físico, estamos presentes con el Señor. Por lo tanto, aun en la muerte, el enemigo pierde. La muerte misma es derrotada en la victoria de Cristo.

En esta vida, los desánimos y las dificultades temporales son inevitables, pero para los hijos de Dios, *victoria* es la última palabra escrita en nuestra historia.

Señor, cuando David te invocó, tú lo escuchaste y lo liberaste de sus temores. Yo también te ruego que, cuando el miedo invada mi corazón, me liberes si pongo mi confianza en ti. Amén.

RESCÁTANOS DEL MALIGNO.

4 DE FEBRERO

DEDICADOS POR COMPLETO

Que todo lo que soy alabe al Señor. ¡Oh Señor mi Dios, eres grandioso! Te has vestido de honor y majestad.
SALMOS 104:1

Cuando le preguntaron a Jesús cuál era el mayor mandamiento de todos, Él nos exhortó a amar a Dios y, del mismo modo, a amar a nuestro prójimo como a nosotros mismos (Marcos 12:29-31).

Su respuesta reveló el propósito y el designio para la humanidad: todo nuestro ser debe estar dedicado a un estilo de vida de adoración, lo cual no es más que nuestra expresión de amor a Dios. Aunque nuestra salvación a través de Cristo está basada solamente en su don gratuito de la gracia, nuestra respuesta a esta gran salvación, y la manera en que lo manifestamos, es demostrar nuestra entrega total.

Debemos adorarlo con todo nuestro ser: mente, cuerpo y espíritu. Debemos vivir con nuestros corazones totalmente dedicados a su gloria, y la devoción a Cristo debe influenciar la manera en que nos amamos los unos a los otros. El culto cristiano es como una celebración que incluye canto, baile y música para su gloria. Es como una reverencia en la que hacemos oración, nos sometemos a Dios e invocamos su nombre. Es también como las obras de nuestras manos cuando servimos, ayudamos y ofrendamos en su santo nombre.

Todo nuestro ser debe estar completamente dedicado a la adoración de Dios.

Señor, que mi día esté lleno del sentido y el conocimiento de tu presencia. Que, por tu Espíritu Santo, esté cerca de ti y escuche tu voz. Ayúdame a declarar resueltamente mi adoración por ti a todos aquellos que me escuchen. Eres a ti, Dios, a quien alabo. Amén.

TUYOS SON EL REINO Y EL PODER Y LA GLORIA POR SIEMPRE.

5 DE FEBRERO

Asombrados por su grandeza

Que sean bendecidos por el Señor, quien hizo los cielos y la tierra.
Salmos 115:15

Una mañana de invierno, mientras me alojaba en una cabaña junto a un lago en las montañas de Ozark, una vez más me vino a la mente cuán vasto y diverso es el Creador de los cielos y de la tierra y, por tanto, su creación. Al despertar por la mañana, la temperatura era cinco grados bajo cero, las orillas del lago estaban cubiertas de nieve y había capas delgadas de hielo esparcidas por la superficie del lago.

A pesar de que era una mañana fría y nublada, el día estaba lleno de quietud y belleza. Miré fijamente por la ventana de la cabaña y vi cómo una ligera brisa causaba un tenue vaivén en un cedro de gran tamaño. Pensé cómo, en unas cuantas semanas, la vista desde la ventana empezaría a mostrar un paisaje totalmente distinto. La primavera llegaría, introduciendo nuevos colores y una gran variedad de fauna silvestre que surgiría de esos entornos invernales.

Cuando contemplamos la Tierra, la obra de Dios debe asombrarnos y llenar nuestros corazones de admiración y maravilla. Verdaderamente, Dios es el Autor de los cielos y de la tierra, el Creador de todo lo que existe. Nuestro mundo está lleno de su belleza y maestría. Él está por encima de todas las cosas y debe ser enérgicamente alabado y, aun así, en toda su belleza y poder, Dios es soberanamente misericordioso y nos llama hijos propios.

Alabado seas, Padre nuestro que estás en el cielo, Autor del cielo y de la tierra. ¿Quién como tú? No hay nadie como tú. Te alabo, Señor; honro y bendigo tu santo nombre. Amén.

Padre nuestro que estás en el cielo, que sea siempre santo tu nombre.

6 DE FEBRERO

VIVIR EN UN ESTADO DE GOZO

Me complace hacer tu voluntad, Dios mío,
pues tus enseñanzas están escritas en mi corazón.
SALMOS 40:8

Con cada avance tecnológico que nos permite ver más lejos en el espacio, los científicos declaran nuevos descubrimientos. Esta tendencia continuará mientras la tecnología siga avanzando, ya que la creación de Dios es inagotable. Dios diseñó la Tierra, todo lo que hay a su alrededor, y luego bendijo a sus hijos con tantos planes maravillosos que son demasiado numerosos para ser citados.

Así como la creación de Dios escapa a nuestra comprensión, sus magníficos designios también escapan nuestra capacidad de entendimiento. Por lo tanto, actuamos con sabiduría cuando nos adherirnos a *sus* planes y *no* a los nuestros. No solo su voluntad es perfecta, sino que sus recursos y sus poderes ilimitados garantizan también que sus planes se cumplan.

Al servir a Dios y cumplir su voluntad, nosotros experimentamos plenitud interior, un profundo privilegio, una vida llena de significado y asombro de su creación divina. El Señor nos ofrece oportunidades y aventuras que nunca podríamos vivir por nuestra cuenta. Su voluntad para nosotros es pura, perfecta, destinada a triunfar y diseñada para honrarlo.

Puedo encontrar alivio en tu designio para mi vida, Señor, ya que es justo y bueno. Saber lo que me has llamado a hacer en esta vida y llevar a cabo tu voluntad me traerá un gozo increíble. Me complace hacer tu voluntad, Dios mío. Guíame hoy hacia tu voluntad. Amén.

QUE TU REINO VENGA PRONTO. QUE SE CUMPLA TU VOLUNTAD EN LA TIERRA COMO SE CUMPLE EN EL CIELO.

7 DE FEBRERO

Vivir en plenitud

Que el mensaje de Cristo, con toda su riqueza, llene sus vidas. Enséñense y aconséjense unos a otros con toda la sabiduría que él da. Canten salmos e himnos y canciones espirituales a Dios con un corazón agradecido.
Colosenses 3:16

Perseguir las riquezas del mundo para alcanzar plenitud es errar. Si nuestros adornos y nuestras riquezas fueron usados para llenar nuestros corazones de gratificación, habremos corrido la engañosa carrera de la vanidad. No trajimos nada a este mundo y debemos irnos de la misma manera.

Dios, a través de su diseño divino, ha hecho a cada uno para vivir vidas vibrantes y llenas de propósito. La experiencia, sin embargo, no emana de obtener los tesoros de este mundo, sino de los tesoros en Cristo y a través de Él. Cuando el corazón se entrega a todas las cosas de Cristo, disfrutando de su gracia, el alma se llena de las arcas del Santo. Nuestras vestiduras, que antes percibíamos tejidas con hilo de oro, se revelan como harapos miserables una vez que nos damos cuenta de la belleza y la riqueza de la gracia de Dios.

Dios ha dispuesto que el seguidor de Jesús mantenga la plenitud de vida alimentándose diariamente de su Palabra, orando y participando en genuina comunión cristiana; una comunión que aliente el crecimiento en la gracia y el conocimiento de nuestro Señor y Salvador Jesucristo. Estos componentes, practicados consistentemente, proveen el alimento diario para la plenitud de vida.

Señor, gracias por hacerme comprender las riquezas genuinas para la plenitud de la vida. Mientras me alimento de ti cada día mediante la lectura de tu Palabra, la oración y la pertenencia a una comunidad de fe, que es tu Iglesia, ayúdame a honrar tu nombre y tus designios. Amén.

Danos hoy el alimento que necesitamos.

8 DE FEBRERO

VERDADERAMENTE LIBRES

Señor, si llevaras un registro de nuestros pecados, ¿quién, oh Señor, podría sobrevivir? Pero tú ofreces perdón, para que aprendamos a temerte.
SALMOS 130:3-4

Tengo buenos amigos con un pasado enredado en la delincuencia, que fueron arrestados, condenados de sus cargos y más tarde descubrieron a Cristo y se volvieron a él. Ellos lo aman, lo sirven y lo han seguido por muchos años. Sin embargo, debido al historial, algunos de ellos no pueden acompañarme en los viajes de misiones que realizo fuera de Estados Unidos. Y a muchos, les cuesta encontrar empleo o ser aceptados en sus comunidades, aunque hayan pagado justamente por sus errores.

A diferencia de este mundo que guarda un registro de nuestros pecados, Cristo elimina el registro y la sentencia contra nosotros, por completo y para siempre. En su deseo de que mantengamos una cercana y creciente relación con Él, nos rescató y nos liberó de las consecuencias de nuestro pecado.

Sin la aplicación de la gracia de Dios y su camino hacia el perdón, nuestro historial de ofensas todavía existiría y conduciría a una separación de Jesús para la eternidad. Pero dentro de su plan provisional, Dios no solo nos perdona; sino que nos llama hijos suyos. Dios, mediante la obra redentora de Jesucristo, ha borrado el registro de nuestros pecados.

Gracias por tu salvación que he recibido a través de la confesión, el arrepentimiento y la aceptación de tu Hijo Jesucristo, Señor y Salvador del mundo. Gracias por mostrarme el camino hacia la vida verdadera y plena. Te ruego que mis acciones te honren hoy y que me utilices para llevar a otros a tu camino de libertad. Amén.

PERDÓNANOS NUESTROS PECADOS, ASÍ COMO HEMOS PERDONADO A LOS QUE PECAN CONTRA NOSOTROS.

9 DE FEBRERO

Raíces profundas

Pero benditos son los que confían en el Señor y han hecho que el Señor sea su esperanza y confianza. Son como árboles plantados junto a la ribera de un río con raíces que se hunden en las aguas. A esos árboles no les afecta el calor ni temen los largos meses de sequía. Sus hojas están siempre verdes y nunca dejan de producir fruto.

Jeremías 17:7-8

La ciudad de Louisville (Kentucky), situada a orillas del Río Ohio, fue mi hogar hasta los veintiún años, cuando me mudé para asistir al Colegio Bíblico en Misuri. Mi niñez transcurrió en la parte oeste de la ciudad, a unas cuantas cuadras del río. Yo iba frecuentemente a pasear en bicicleta junto al río para disfrutar de las vistas, los sonidos y los olores.

En la ribera había álamos, robles y abedules, cuyas raíces a veces llegaban hasta las orillas del agua. Incluso en los calurosos veranos o en las ardientes sequías, estos árboles permanecían ilesos porque sus raíces recibían agua del río cuando había escasez de lluvia.

Jesús dijo que buscáramos primero el reino de Dios y su justicia. Eso significa que las provisiones y estrategias que necesitamos para llevar a cabo el plan de Dios en nuestras vidas serán proveídas mientras lo seguimos. La Biblia nos instruye a poner nuestra confianza y esperanza en Dios y a no dejarnos llevar por las circunstancias. En tiempos de prueba, nuestras raíces profundas se aferrarán firmemente a la fuente dadora de vida que es Cristo.

Señor, eres mi fuente de vida. Eres mi protector, y tu provisión me da fuerza para seguirte y honrarte según tu voluntad. Mantenme firmemente enraizado en ti y capacitado para resistir las tentaciones diseñadas por el maligno para distraerme. Amén.

No permitas que cedamos ante la tentación.

10 de febrero

Firmes

Aférrense a la palabra de vida; entonces, el día que Cristo vuelva,
me sentiré orgulloso de no haber corrido la carrera en vano
y de que mi trabajo no fue inútil.
Filipenses 2:16

Hubo una temporada en nuestra casa en la que, cada mañana, un cardenal macho volaba repetidamente hasta nuestra ventana. Los ornitólogos creen que esto ocurre cuando el macho ve su reflejo en el cristal, y por su carácter territorial, intenta desafiar al "otro macho" que está invadiendo su región. Este tenaz pajarito estaba luchando una batalla de vanidad que no podía ganar.

Otra batalla de la vanidad es el intento del maligno de alterar el plan supremo de Dios: restringir y encarcelar eternamente al príncipe de las tinieblas y a sus seguidores. Mientras tanto, el engañador continua con sus artimañas dirigidas a separar a la humanidad del amor de Dios. Quienes se han convertido en seguidores de Cristo y buscadores del reino de Dios están en una situación singular. Aunque vulnerables en la debilidad de su carne, a través de la fe en Cristo permanecen fuertes.

Jesucristo es nuestro firme protector y vencedor. Intentar luchar contra el enemigo de la humanidad por nuestra cuenta es una lucha vana, no importa lo persistente que seamos. El protector del cristiano, sin embargo, es *El Señor, fuerte y poderoso; el Señor invencible en batalla* (Salmos 24:8). Él es un guerrero invencible.

Ningún poder en las alturas ni en las profundidades, de hecho, nada en toda la creación podrá jamás separarnos del amor de Dios, que está revelado en Cristo Jesús nuestro Señor (Romanos 8:39). ¡Nada!

Ayúdame a entender, Señor, que tú eres más poderoso que
el enemigo que planea mi destrucción. ¡Confío en ti, en tu fuerza
y en tus promesas de esperanza! Amén.

Rescátanos del maligno.

11 DE FEBRERO

POR SIEMPRE EXALTADO

Todo el cielo alabará tus grandes maravillas, Señor; multitudes de Ángeles te alabarán por tu fidelidad. Pues, ¿quién se compara con el Señor en todo el cielo? ¿Qué Ángel poderosísimo se asemeja en algo al Señor? Los poderes angélicos más altos quedan en reverencia ante Dios con temor; él es mucho más imponente que todos los que rodean su trono. ¡Oh Señor Dios de los Ejércitos Celestiales! ¿Dónde hay alguien tan poderoso como tú, oh Señor? Eres completamente fiel.

SALMOS 89:5-8

Situado en la selva centroamericana, a las orillas del hermoso Río Belice, se encuentra el pequeño pueblo llamado More Tomorrow. En medio de un grupo de árboles en las afueras del pueblo hay una casa pequeñita. Y en esa casa diminuta vivía un hombre humilde, de apariencia frágil, al que yo consideraba mi amigo. Su vida era una larga y difícil batalla por mantenerse a sí mismo y a su familia.

Tuve el honor de visitar su casa en varias ocasiones. Cada vez él me saludaba con una sonrisa y me decía, "Amigo mío, has vuelto". Sentados en su sala, hablábamos de cómo le iba. Señaló lentamente con su dedo torcido y tembloroso hacia arriba y dijo, "Él siempre cuida de mí".

Me entristecí cuando supe que había fallecido; en mi próximo viaje a su aldea, yo ya no sería de nuevo bienvenido por su hermosa y amplia sonrisa.

Perder a un amigo nunca deja de ser difícil. Pero cuando perdemos un amigo en Cristo, podemos tener la esperanza de saber que este no es el final. Volveré a ver a mi amigo, cuando todos los redimidos de Dios proclamemos juntos en alabanza.

Señor Dios, Creador y Sustentador de los cielos y de la tierra, honrado seas en alabanza hoy. ¡Exaltados sean el Padre, el Hijo y el Espíritu Santo! Tú eres glorioso y fiel. Amén.

TUYOS SON EL REINO Y EL PODER Y LA GLORIA POR SIEMPRE.

12 DE FEBRERO

Grandeza sobrecogedora

Exalten al Señor nuestro Dios y adoren en su monte santo, en Jerusalén, ¡porque el Señor nuestro Dios es Santo!
Salmos 99:9

No hay nadie que se iguale a nuestro Dios, porque no hay nadie ni nada como nuestro Dios. Aunque hizo todas las cosas —galaxias, montañas, estaciones, bosques, animales, gente, océanos, *todo*— y aunque estas fueron hechas para Él, para su gloria y beneplácito, Él es distinto de todas las cosas creadas. Él es la singular forma de vida que existe por sí misma, cuya profundidad, complejidad y misterio dejan nuestras mentes inmediatamente exhaustas cuando intentamos comprender su grandeza. Él es Dios, Jehová Dios.

Aún con toda su inmensidad y poder —aunque no necesita nada ni a nadie— Él eligió permitirnos tener una relación íntima y de amistad con Él. Nos invita a acercarnos para que podamos conocerlo como nuestro Padre que está en el cielo.

Padre, has hecho por mí más de lo que tengo conocimiento y más de lo que puedo imaginar. Me has incluido en tus magníficos planes, y yo me siento humilde y agradecido. Te adoro en tu perfecta santidad. Amén.

PADRE NUESTRO QUE ESTÁS EN EL CIELO, QUE SEA SIEMPRE SANTO TU NOMBRE.

13 de febrero

Persistencia

Cierto día, Jesús les contó una historia a sus discípulos para mostrarles que sirve de bien orar y nunca darse por vencidos.
Lucas 18:1

A pesar de haber sufrido múltiples fracasos políticos y profesionales, sin mencionar sus grandes pérdidas personales, rechazo y estrés, Abraham Lincoln es reconocido como uno de los mejores presidentes en la historia de los Estados Unidos.

Se le reconoce como un gran hombre y un prestigioso orador, pero durante su vida ocupó innumerables puestos de trabajo — la mayoría de ellos físicamente arduos y extremadamente poco presidenciales.[10] Era conocido como un hombre humilde y de una fe persistente, y en lo que respecta a la oración, se le ha citado con las siguientes palabras: "Muchas veces tuve que ponerme de rodillas por la abrumadora convicción de que no tenía otro lugar a dónde acudir. Mi propia sabiduría, y la de quienes me rodeaban, parecían insuficientes ese día".[11]

Ciertamente, nosotros somos insuficientes sin el Señor. Su sabiduría, su fuerza y su poder son grandes, y debemos pedirle, con humildad, que proporcione lo que necesitamos para cumplir su voluntad. Cuando buscamos al Señor y persistentemente seguimos su llamado en nuestras vidas, es necesario que pongamos en práctica Lucas 18:1 en lo que se refiere a la necesidad de "orar siempre y de no desanimarse".

Señor, me has llamado y soy tuyo. Has dejado en claro que tu gracia es suficiente en todas las cosas. Has dado prueba de tu fidelidad y me has animado a orar y nunca darme por vencido. Acepto tu voluntad y, por tu gracia y para tu gloria, procuraré persistentemente cumplir tu voluntad para este día. Amén.

Que tu reino venga pronto. Que se cumpla tu voluntad en la tierra como se cumple en el cielo.

14 DE FEBRERO

DIOS DE BONDAD

Señor, has hecho muchas cosas buenas a mi favor
tal como lo prometiste.
Tú eres bueno y haces únicamente el bien;
enséñame tus decretos.
SALMOS 119:65, 68

Durante mi experiencia como cristiano, a menudo me he despertado durante la noche con algún pensamiento preocupante. La mayoría de las veces estos pensamientos son rápidamente desechados y me vuelvo a dormir, pero ha habido momentos en los que no he podido desecharlos fácilmente, así que me levanto, leo mi biblia y hago oración.

En una de esas ocasiones, descubrí la riqueza de las palabras de Salmos 119, porque verdaderamente Dios ha hecho muchas cosas buenas.

Dios, quien nos cuida y nos guía, hace *solamente* el bien. Ha hecho muchas cosas buenas por nosotros y, aunque no seamos merecedores, nos llena de bondad porque esa es su *naturaleza* y su *deseo.*

En la verdad y la luz de la palabra de Dios, obtendremos un cambio de perspectiva. Cuando nos damos cuenta de que Dios solo hace el bien, podemos tener la esperanza de saber que las dificultades que experimentamos en esta vida son vigiladas y mandadas por el Señor mismo, con el objetivo final de que demos fruto para su reino. Lo que podríamos considerar como una prueba difícil desde nuestro punto de vista puede un día revelársenos como una bondadosa provisión de la mano de Dios para que demos fruto para sus buenos propósitos.

Verdaderamente, Señor, me has provisto de bondad, y mi corazón lo sabe bien. Guíame a través de este día con un corazón agradecido. Has hecho muchas cosas buenas por mí. Amén.

DANOS HOY EL ALIMENTO QUE NECESITAMOS.

15 de febrero

Perdón para todos

Qué poderosa alabanza, oh Dios, te pertenece en Sion. Cumpliremos los votos que te hemos hecho porque tú respondes a nuestras oraciones. Todos nosotros tenemos que acudir a ti. Aunque nuestros pecados nos abruman, tú los perdonas todos. ¡Cuánta alegría para los que escoges y acercas a ti, aquellos que viven en tus Santos atrios! ¡Qué festejos nos esperan dentro de tu Santo templo!

Salmos 65:1-4

Un hombre me dijo una vez que no podía compararse espiritualmente con otros cristianos. Su vida estaba más allá del perdón. Sin mencionar nombres, compartí con él historias de personas de la iglesia a la que yo asistía, quienes, en algún momento, se habían sentido de la misma manera y que ahora experimentaban la libertad del perdón.

Observé el poder y la belleza de la misericordia de Dios en este hombre al descubrir la gracia de Cristo y el poder de su perdón. Este hombre se convirtió en un buen amigo y, desde entonces, ha ayudado a reorientar a otros que pensaban como él.

El enemigo quiere que pensemos que estamos demasiado perdidos como para que Dios nos perdone. El amor, la gracia y la salvación de Dios son para quienes aceptan el sacrificio de redención del Hijo único del Padre, Jesucristo, y se arrepienten de sus pecados. No hay excepciones.

El perdón de Dios es la vía de acceso a la libertad y al gozo, y se ofrece a todos por igual. Dios no muestra favoritismos.

Separados de ti, Señor, no tenemos esperanza de perdón y estamos encerrados en un lugar del que solo tú puedes liberarnos. No hay pecado que no puedas perdonar. En tu perdón, encuentro gran alegría y un motivo de celebración para siempre. Amén.

Perdónanos nuestros pecados, así como hemos perdonado a los que pecan contra nosotros.

16 DE FEBRERO

AMOR INAGOTABLE

Hazme oír cada mañana acerca de tu amor inagotable.
Porque en ti confío. Muéstrame por dónde debo andar, porque
a ti me entrego. Rescátame de mis enemigos, Señor;
corro a ti para que me escondas.
SALMOS 143:8-9

Grandes hombres y mujeres cristianos del pasado han subrayado la importancia de buscar al Señor en las Escrituras y en la oración a primera hora de la mañana. Vemos a otros a través de la Biblia, como el salmista lo hace aquí, proclamando las horas tempranas del día como la primera opción para buscar nuevos dictámenes del Señor.

Buscar al Señor al principio del día le permite a *Dios* establecer el tono para el resto del día, en lugar de que nuestras circunstancias, emociones o actitudes nos dirijan. Pasar tiempo al principio del día en las Escrituras y en la oración nos recuerda el amor inagotable de Dios, su cuidado y su protección frente al enemigo.

En esta atmósfera obtenemos la sabiduría, la fuerza y el discernimiento para evitar la persecución de vanas ambiciones, gratificación personal y otras trampas de este mundo.

En esta vida terrenal, enfrentaremos muchos desafíos para caminar de acuerdo con la voluntad de Dios. Recordar el amor, el poder, la misericordia y la verdad inagotables de Cristo a primera hora de la mañana nos preparará para cualquier cosa que nos depare el día.

Padre, tu gran don de gracia me libró de un destino de tinieblas. Eres mi Salvador y mi Señor, y estoy agradecido por tu amor inquebrantable que me sostiene. Confío en ti para que me guíes en este día y me libres de los planes del maligno que me harían caer. Muéstrame el camino; me entrego completamente a ti. Amén.

NO PERMITAS QUE CEDAMOS ANTE LA TENTACIÓN.

17 DE FEBRERO

Envía tu lluvia

A ti levanto mis manos en oración; tengo sed de ti como la tierra reseca tiene sed de lluvia.
Salmos 143:6

Una vez leí un artículo sobre un largo período de grave sequía en el oeste de Estados Unidos. El reportaje tenía dos imágenes: una mostraba a varias personas reunidas en una pequeña iglesia rezando por el alivio de la larga sequía. La segunda mostraba un letrero escrito a mano puesto en una porción de una cerca de alambre de púas que decía "Oremos para que llueva". La falta de lluvia era tan preocupante que la oficina estatal de agricultura le pidió al público que se uniera en oración y ayuno para aliviar la sequía.

Por tres veranos consecutivos, mi región fue muy calurosa y seca, con un intervalo de temperaturas que subían diariamente arriba de los cien grados. Hubo muchas repercusiones y varios árboles hermosos y grandes de nuestra propiedad se secaron. La sequía trae consigo una concientización (y un sentido de desesperación) sobre nuestra dependencia de la lluvia para que haya vida.

¿Y tú? ¿Has experimentado alguna vez una temporada de sequía espiritual o la estás experimentando ahora? Estas son las épocas en las que el maligno intenta aprovecharse de nuestra debilidad. Respóndele como lo hizo Cristo en su experiencia de cuarenta días en el desierto: "La gente no vive solo de pan, sino de cada palabra que sale de la boca de Dios" (Mateo 4:4). Busca la presencia de Dios, la liberación que Dios da, la lluvia santa de Dios.

Padre, mi espíritu se alimenta solamente del refrigerio de tu presencia. Sin ti soy un alma desesperanzada, reseca y fatigada. Tengo sed de tu presencia y de la vida que ella contiene para mí. Amén.

Rescátanos del maligno.

18 DE FEBRERO

Más allá de los límites

"¿Con quién me compararán? ¿Quién es igual a mí?", pregunta el Santo. Levanten la mirada a los cielos. ¿Quién creó todas las estrellas? Él las hace salir como un Ejército una tras otra, y llama a cada una por su nombre. A causa de su gran poder y su incomparable fuerza no se pierde ni una de ellas. ¿Acaso nunca han oído? ¿Nunca han entendido? El Señor es el Dios eterno, el creador de toda la tierra. Él nunca se debilita ni se cansa; nadie puede medir la profundidad de su entendimiento.

Isaías 40:25-26, 28

La grandeza de Dios y sus capacidades ilimitadas llevan al adorador de Jehová a un estado de admiración y exaltación gloriosas. El Señor no puede ser comparado con nada ni con nadie. La humanidad no tiene la capacidad ni es digna tampoco de acercarse a Dios en su pureza y santidad.

El poder de nuestro Padre celestial no tiene límites, y su amor es puro e inmenso. La familia nos puede fallar, los amigos pueden desalentarnos y las autoridades de la Iglesia pueden decepcionarnos, pero la fidelidad, la pureza, la grandeza y la amorosa bondad del Señor *nunca* fallan.

Nuestro Señor en su inmenso amor y gracia, hizo un camino para que la humanidad pudiera experimentar sus buenos dones, recibiera su favor y viviera en relación divina a través de Cristo Jesús. En Cristo somos fortalecidos, resguardados y dotados de lo necesario para hacer la voluntad del Señor.

Señor, eres fiable, y le das poder al débil y fuerza al desvalido. Quienes confían en ti encontrarán nuevas fuerzas. Gracias a tu poder y tu amor sin límites, puedo volar alto con alas de águila. Puedo correr y no cansarme. Puedo caminar en tu voluntad para mi vida sin desfallecer. Toda la gloria, el honor, el poder y la alabanza son tuyos. Amén. (Adaptado de Isaías 40:29-31)

Tuyos son el reino y el poder y la gloria por siempre.

19 de febrero

Admiración y asombro

En el principio la Palabra ya existía. La Palabra estaba con Dios, y la Palabra era Dios. El que es la Palabra existía en el principio con Dios. Dios creó todas las cosas por medio de él, y nada fue creado sin él. La Palabra le dio vida a todo lo creado, y su vida trajo luz a todos. La luz brilla en la oscuridad, y la oscuridad jamás podrá apagarla.
Juan 1:1-5

Este es uno de los pasajes más conocidos de las Escrituras. Aunque a veces no se le preste atención debido a su familiaridad, estas palabras están llenas de preciosas e invaluables joyas. Nos beneficiamos cuando hacemos una pausa, calladamente ante nuestro Padre celestial, y *nos deleitamos* en la belleza y la vida contenidas en su Palabra.

Sé bienvenido a la singularidad y el misterio del *otro mundo* de Dios, tal como se observa en el pasaje bíblico de hoy. Aunque podemos vislumbrarlo, nunca abarcaremos del todo el infinito paisaje que es la misteriosa verdad de Cristo.

En el hermoso mar de absolutos contenidos en las primeras cinco líneas de Juan se encuentra la solución para la grave situación de la humanidad: La Palabra, Jesucristo, la luz para nuestro mundo en tinieblas. Quienes son sabios lo acogerán en adoración y servicio.

Señor, esta mañana estoy maravillado al contemplar tu poder inagotable, tu sabiduría infinita y tus caminos misteriosos. ¿Qué más puede hacer mi mente limitada que maravillarse en reverencia ante tu grandeza? ¿Qué más puede hacer mi corazón que inclinarse humildemente ante ti en agradecimiento por la abundancia y generosidad de tu amor perfecto? Es a ti a quien alabo y adoro, Dios poderoso. Amén.

Padre nuestro que estás en el cielo, que sea siempre santo tu nombre.

20 DE FEBRERO

Pulidos para lo mejor

¡Mis dones son mejores que el oro, aun el oro más puro;
mi paga es mejor que la plata refinada!
Proverbios 8:19

El refinado del oro, según la Enciclopedia Británica, suele hacerse de dos maneras: ya sea por calentamiento a alta temperatura o introduciendo fuertes productos químicos. Ambos métodos funcionan para la purificación de este metal noble. Sin embargo, los expertos nos dicen que incluso el oro de 24 quilates, que alcanza una pureza del 99,999%, contiene imperfecciones.[12]

Solamente Dios puede purificar hasta la perfección, ya sea un metal precioso como el oro o nuestros propios corazones humanos. Aunque hagamos un gran esfuerzo por alcanzar el autoperfeccionamiento, este es un trabajo en vano. Es posible que podamos casi llegar a sentirnos purificados al tomar decisiones moralmente rectas, cumpliendo con todos los requisitos de membresía en una iglesia y cumpliendo nuestras promesas. Sin embargo, aparte de Cristo y de la obra de su reino en nuestros corazones, somos ineficaces en nuestros propios intentos de obtener la rectitud que solo puede ser alcanzada al entregarnos por completo a Él.

La voluntad de Dios debe ser buscada por aquellos que lo aman y lo sirven por encima de fortunas, riquezas, reputación y honores terrenales. Solo el Señor es capaz de refinar verdaderamente nuestros corazones y darnos los dones buenos y perfectos que vienen con la redención completa y llena de gracia.

Señor Dios, te busco a ti y al tesoro de tu reino por encima de todo. Gracias por forjar un camino por medio de Cristo para que yo pueda disfrutar de todos tus dones buenos y perfectos que no puedo ganar por mí mismo. Eres generoso y amoroso, y te doy toda la gloria y la alabanza. Amén.

QUE TU REINO VENGA PRONTO. QUE SE CUMPLA TU VOLUNTAD EN LA TIERRA COMO SE CUMPLE EN EL CIELO.

21 DE FEBRERO

Confianza en su provisión y su paz

Pues la palabra del Señor es verdadera y podemos confiar en todo lo que él hace.
Salmos 33:4

En nuestra cultura, el enemigo se esfuerza por sembrar la duda de que la verdad, en su forma pura, acertada y absoluta, realmente exista en Dios. Sin embargo, Dios y las promesas de su Palabra son absolutos, aun cuando la palabra misma *absoluto* es a menudo problemática para la incrédula mente académica secular. La adhesión a este valor por parte de los cristianos puede producir a veces una reacción agresiva por parte de los escépticos.

Para los hijos y las hijas de Dios, sin embargo, el Salmo 33:4 y otros pasajes similares son tesoros para sus corazones y producen gran consuelo y paz. Saber que todo lo que nuestro Padre celestial dice y hace es impecable en su diseño, y que está destinado a suceder en su tiempo perfecto, es un pozo profundo donde fluye ánimo refrescante para el alma.

En su verdad perfecta reside la promesa duradera de facilitar su voluntad para nosotros. Si el Señor nos pide que hagamos una tarea que parece abrumadora o intimidante, gracias a su verdad inquebrantable sabemos que ya tiene planeado proveernos todo lo necesario para cumplir su voluntad. Podemos encontrar sosiego y seguridad en el hecho de que su voluntad es buena y de que sus promesas son verdaderas.

Gracias, Señor Dios, por recordarme esta mañana que todas las cosas fueron creadas para tus propósitos y que sucederán según lo has planeado. No hay ninguna razón para cuestionar nada de lo que haces, ya que todo es correcto. Pero en esos momentos cuando tengo preguntas y dudas, gracias por el consuelo de saber que eres mi proveedor y que me amas entrañablemente. Permanezco en tu refugio, y tú cumplirás tu voluntad a la perfección hasta el fin de mis días. Amén.

Danos hoy el alimento que necesitamos.

22 DE FEBRERO

VER A TRAVÉS DE LOS OJOS DEL PERDÓN

Cuando se perdona una falta, el amor florece, pero mantenerla presente separa a los amigos íntimos.
PROVERBIOS 17:9

El amor de Dios es intachable: nunca disminuye y no tiene prejuicios. El amor —en su forma más pura— es Dios, porque Dios es amor. De hecho, se nos dice que solo conoceremos a Dios cuando amemos como el Señor nos ama. Según 1 Juan 4:7-8, "Todo el que ama es un hijo de Dios y conoce a Dios; pero el que no ama no conoce a Dios, porque Dios es amor". No se necesita tener un título en teología, ya que esta verdad es clara y sencilla.

¿Has experimentado la verdad del pasaje de hoy en tu propia vida? He observado a buenas amistades sufrir a manos de un espíritu señalador de fallas y yo mismo he sido víctima de las acciones de personas con un espíritu crítico y acusador. Para mi consternación, también he sido culpable de lo mismo; he causado heridas, y he experimentado la vergüenza que esto le causó a mi corazón. Estoy muy agradecido de que el Señor me vea a través de los ojos del perdón.

Afortunadamente, también he visto y experimentado el poder del perdón en las relaciones cuando ofrecemos a los demás la misma gracia y misericordia que Cristo nos extiende. El perdón es, en primer lugar, un acto de obediencia: Dios espera de nosotros exactamente lo mismo que nos ha ofrecido a cada uno. Los efectos del perdón extendido en obediencia a Dios sanan las heridas más profundas, reestablecen la confianza y restauran la vida.

Dios, agradezco que me veas a través de los ojos del perdón por la gracia de tu Hijo, Jesucristo. Ayúdame a caminar en tu espíritu de perdón y extenderlo a otros según lo has indicado, ya que te agrada y te honra cuando camino en obediencia. Amén.

PERDÓNANOS NUESTROS PECADOS, ASÍ COMO HEMOS PERDONADO A LOS QUE PECAN CONTRA NOSOTROS.

23 DE FEBRERO

Vidas disciplinadas y exitosas

Estos son los proverbios de Salomón, hijo de David, rey de Israel. El propósito de los proverbios es enseñar sabiduría y disciplina, y ayudar a las personas a comprender la inteligencia de los sabios. Su propósito es enseñarles a vivir una vida disciplinada y exitosa, y ayudarles a hacer lo que es correcto, justo e imparcial.

Proverbios 1:1-3

Dios es inmensamente misterioso, y las profundidades de su conocimiento son inagotables. Él exige honor, adoración y obediencia, pero también desea tener una relación personal, confraternización y una amistad íntima.

Los cristianos, por su parte, encuentran seguridad y ánimo en el conocimiento de que Dios es a la vez complejo e incomprensible, pero también sencillo y asequible para quienes tienen una fe como la de un niño. ¿Cómo es posible yuxtaponer palabras como *sencillo* y *complejo* para describir a la misma persona? No es fácil, a menos que el tema de discusión sea Dios.

Si el Señor es tan vasto y grande, ¿cómo es posible complacerlo? ¿Cómo podemos traerle honor y gloria en nuestras vidas, aun cuando lo mejor que tenemos que ofrecerle no sea más que trapos de inmundicia?

Podemos acudir a su Palabra para ver qué es lo que Dios ama y considera honorable. En una cultura moderna confundida sobre los valores y la forma en que debemos tratarnos unos a otros, Proverbios es claro al revelar "lo que es correcto, justo e imparcial". Al final de nuestros días, nuestro éxito en este mundo no tendrá ningún valor; en cambio, seremos medidos por lo bien que hayamos representado a Cristo y amado a nuestros semejantes.

*Condúceme en tus caminos por medio de tu Palabra,
Señor Jesús. Amén.*

No permitas que cedamos ante la tentación.

24 DE FEBRERO

Permanecer valerosamente en Cristo

Así que humíllense delante de Dios. Resistan al diablo,
y él huirá de ustedes.
Santiago 4:7

Yo caminaba por el campo que está frente a nuestra casa, cerca de un grupo de árboles, cuando de repente oí un chirrido. Sobresaltado, levanté la vista. En dirección de una área boscosa estaba un gran halcón de cola roja. Rápida y desesperadamente, volaba para evitar el ataque de otra ave. Este otro pájaro no era un depredador más grande sino un solitario, graznador, exasperado y persistente cenzontle. Hiciera lo que hiciera el halcón para invadir o amenazar el territorio del cenzontle, este ahuyentaba, con tenacidad y eficacia, al mayor y más peligroso enemigo fuera de su territorio.

Nosotros tenemos un peligroso y hábil enemigo que conocemos como Satanás. Su objetivo, como Jesús nos lo dijo, es "robar y matar y destruir" (Juan 10:10). Sin embargo, nuestro protector y fortaleza es el Señor Dios Todopoderoso, y nuestro escudo es confiar y tener fe en quién es Él y en lo que ha dicho que hará.

¿Estás en una batalla en la que sientes luchar solo? Recuerda: mantente firme en Cristo, sabiendo que la batalla es suya. Él es nuestro frente protector y nuestra retaguardia. Cuando el enemigo intenta meterse en el territorio que Dios ha dado a sus fieles quienes confían en el Señor Dios Todopoderoso salen vencedores. Somos como el cenzontle: pequeños, pero poderosos debido a nuestra identidad en Cristo y a la posición de Dios en la batalla.

Tú, Señor, eres Dios y eres poderoso en la batalla contra tus enemigos. Gracias porque la batalla es tuya, y vas ante mí como mi rey y protector. En tu nombre y por tu poder, Santo Espíritu, resistiré los ardides del enemigo, y al hacerlo, tengo tu promesa de que el enemigo huirá. Amén.

Rescátanos del maligno.

25 DE FEBRERO

SANTÍSIMO

Sí, alábenle, oh siervos del Señor, ¡alaben el nombre del Señor!
Bendito sea el nombre del Señor ahora y para siempre.
En todas partes —del oriente al occidente—,
alaben el nombre del Señor.
Él está por encima de las naciones; su gloria
es más alta que los cielos.
¿Quién puede compararse con el Señor nuestro Dios,
quién está entronizado en las alturas?
SALMOS 113:1-5

Todo aquel que invoca el nombre del Señor para su redención tiene la tarea, el privilegio y honor de alabar al Señor ahora y por toda la eternidad. La adoración es algo que haremos tanto en esta vida terrenal como en la vida eterna.

Como sus hijos e hijas, debemos resplandecer con el amor completo y pleno de Cristo. La proclamación de su gloria y su bondad debe ser una parte de nuestro ser natural de tal manera que salga de nuestros labios con la misma facilidad con la que recitamos nuestros propios nombres y domicilios. ¿Cuándo fue la última vez que, privada o públicamente, levantaste las manos en señal de adoración? ¿Recuerdas la última vez que te arrodillaste para dar gracias en oración y con profunda y humilde gratitud?

Él se merece todo el honor. ¡No existe nadie más grande que Jehová Dios! Adorémosle hoy.

Tú estás por encima de todas las cosas. ¡Nada ni nadie se compara a ti, mi Señor, mi Dios y mi Rey! Permíteme llevar mis pensamientos de alabanza hacia ti a lo largo del día y hasta el anochecer de hoy, de cada día después y hasta la eternidad. ¡Alabado sea tu nombre, Altísimo! Amén.

TUYOS SON EL REINO Y EL PODER Y LA GLORIA POR SIEMPRE.

26 de febrero

Nuevos cantos de alabanza

Que los justos canten de alegría al Señor;
les corresponde a los puros alabarlo.
Alaben al Señor con melodías de la lira;
toquen música para él en el arpa de diez cuerdas.
Entónenle un cántico nuevo de alabanza;
toquen el arpa con destreza y canten con alegría.
Pues la palabra del Señor es verdadera
y podemos confiar en todo lo que él hace.
Él ama lo que es justo y bueno;
el amor inagotable del Señor llena la tierra.
Salmos 33:1-5

¡A la gente le encanta la música! Esta puede cambiar el estado de ánimo de una o de miles de personas. La música se presenta en una infinidad de estilos y formas, pero su experiencia cenital es la alabanza a Dios. Dios creó la música y la humanidad para que ambas lo glorificaran. Cuando alabamos a Dios a través de la música, experimentamos el misterio de la plenitud interior a través del ritmo, la letra y la melodía. Martín Lutero escribió que "después de la Palabra de Dios, la música merece el mayor elogio".[13]

Para quienes hemos descubierto una vida auténtica en relación con Cristo, los primeros versículos del Salmo 33 nos llaman a exaltarlo jubilosamente con múltiples instrumentos en un nuevo canto de alabanza. Lo alabamos porque solo el Señor es digno de adoración, porque su verdad es intachable para siempre. Solo Dios ofrece alivio y plenitud al alma humana. ¡Que los redimidos canten con alegría, con confianza y frecuentemente!

Alabado seas, Señor, con la melodía de un corazón que ha sido liberado para adorarte. Eres mi fuente de esperanza, de alegría y el Señor de mi vida; ¡eres mi canción! Amén.

Padre nuestro que estás en el cielo, que sea siempre santo tu nombre.

27 DE FEBRERO

UNA MISIÓN DE HONOR

¡Qué hermosos son los pies de los mensajeros que traen buenas noticias!
ROMANOS 10:15

Muy pocas cosas tienen la capacidad de aliviar instantáneamente sentimientos de desánimo como la llegada de alguien que trae buenas noticias. Aunque todos reaccionamos a los retos y las dificultades de manera distinta, recibir buenas noticias normalmente trae un cierto nivel de alegría, aun a la situación más negativa. Si bien *recibir* noticias buenas es una bendición, cualquiera que haya tenido la experiencia de *traer* buenas noticias sabe la alegría que esto conlleva.

Los cristianos no solo somos receptores de buenas noticias, sino que también tenemos el mayor honor y la tarea más gloriosa de este mundo: tenemos el privilegio de llevar las buenas nuevas a los quebrantados, a los heridos y los desposeídos. Para cada marginado o vagabundo, para cada persona desalentada o abrumada, estas noticias ofrecen una esperanza genuina y duradera. Este es el Evangelio de Cristo, y a nosotros se nos ha concedido el honor y la alegría de compartirlo con el mundo —desde la aldea rural más remota hasta nuestros vecinos.

Padre, me has dado libertad y un gran propósito para esta vida. Me honra ser tu mensajero, llevar esperanza a los desalentados con el mensaje de tu gran amor, misericordia y gracia. Permíteme hoy estar atento a la orientación de tu Espíritu Santo; guía mis pasos hacia alguien que esté esperando el anuncio de tus buenas nuevas. Amén.

QUE TU REINO VENGA PRONTO. QUE SE CUMPLA TU VOLUNTAD EN LA TIERRA COMO SE CUMPLE EN EL CIELO.

28 de febrero

Más allá de nuestra imaginación

Y ahora, que toda la gloria sea para Dios, quien puede lograr mucho más de lo que pudiéramos pedir o incluso imaginar mediante su gran poder, que actúa en nosotros. ¡Gloria a él en la iglesia y en Cristo Jesús por todas las generaciones desde hoy y para siempre! Amén.

Efesios 3:20-21

¿Sabías que el cerebro es el órgano más complejo del cuerpo humano? Por increíble que parezca, este contiene más de cien mil millones de células nerviosas y genera un millón de nuevas conexiones entre las células cada segundo de nuestra vida.[14]

Según el físico Sir Roger Penrose, "si observamos a todo el universo físico, nuestros cerebros son una parte pequeñísima de este, pero son la parte que está más perfectamente organizada. Comparada con la complejidad de un cerebro, una galaxia es solo una masa inerte".[15]

Dios es el creador de este complejo órgano y de los pensamientos que es capaz de producir. Aun así, cuando se trata del poder de Dios obrando en nosotros para lograr sus propósitos, nuestras mentes no tienen comparación con la suya. Sus pensamientos superan a nuestros pensamientos más profundos, complejos y creativos.

Quienes son sabios reconocerán esta verdad. Nuestra máxima capacidad de imaginación no se compara con la suya.

Cuando Cristo nos anima a orar a nuestro Dios infinito para que nos provea de lo necesario, debemos descansar en su capacidad ilimitada para hacerlo.

Señor, mi deseo es poder hacer grandes cosas significativas para tu gloria y tu reino. He imaginado mucho todo lo que podría lograr; sin embargo, quiero entregarte mis deseos, ya que tu visión para mi vida excede cualquier cosa que yo pueda imaginar. Amén.

Danos hoy el alimento que necesitamos.

1 DE MARZO

LIBERACIÓN DIVINA

Que alaben al Señor por su gran amor y por las obras maravillosas que ha hecho a favor de ellos.
SALMOS 107:15

El Salmo 107 da gracias y reflexiona a la vez sobre la historia de la relación de Dios con su pueblo, Israel. El versículo que leímos arriba aparece *cuatro* veces en este salmo. Exhorta al agradecimiento a todos aquellos a quienes el Señor ha rescatado, liberado y favorecido. Esto se repite en la historia de Israel. En situaciones precarias, acuden a Dios pidiendo ayuda.

Cada una de las cuatro veces en que aparece escrito este versículo, se documenta la respuesta del Señor: Él los rescató de su angustia y los llevó a un lugar seguro (Salmos 107:6-7); "¡Socorro, Señor!", ellos gimieron en su dificultad y los salvó de su desesperación. Los sacó de la oscuridad y de su tristeza profunda; rompió sus cadenas (Salmos 107:13-14); los sanó con su palabra, salvándolos de la muerte (Salmos 107:20); y calmó la tormenta (Salmos 107:29). A lo largo del Salmo 107 se encuentran numerosas proclamaciones de las amorosas y redentoras obras del Señor por Israel, su pueblo.

La parte final del Salmo 107 concluye reconociendo la capacidad de Dios para convertir situaciones sombrías en algo bueno. Él es bueno y desea liberarnos de las garras del pecado. Él redime y restaura a través de su divina liberación.

Señor, tú transformas los desiertos en depósitos de agua. No hay ninguna situación oscura que esté fuera de tu alcance y de tu capacidad para redimir. Tú has sido fiel aun cuando yo no lo he sido. Gracias por escuchar mi ruego cuando dije "¡Socorro, Señor!". Gracias por tu rescate, tu liberación y la luz de tu salvación. Gracias por tu perdón. ¡Grande eres, Señor! Amén.

PERDÓNANOS NUESTROS PECADOS, ASÍ COMO HEMOS PERDONADO A LOS QUE PECAN CONTRA NOSOTROS.

2 DE MARZO

Hacedor de caminos

Pues el Señor cuida el sendero de los justos, pero la senda de los malos lleva a la destrucción.
Salmos 1:6

Si te gusta el senderismo, es probable que frecuentes varios senderos favoritos. Yo tengo algunas rutas conocidas que disfruto habitualmente y, como las frecuento a menudo, sé lo que me espera: pendientes pronunciadas, raíces de árboles que han crecido atravesando el sendero, un acantilado que puede causar peligros y lugares donde se anidan las serpientes.

Aunque podemos estar familiarizados con lo que se aproxima en nuestros senderos habituales, desafortunadamente esto no es así en la vida de uno. Pero Dios conoce nuestros caminos. Él conoce cada paso. Es nuestro guía divino. Podemos estar tranquilos sabiendo que Dios es el creador del camino por el que nos guía y que conoce cada detalle.

Nosotros estamos limitados en cuanto a nuestra capacidad de procesar y prepararnos para todo lo que pueda venir. Sin embargo, Dios conoce el camino y está preparado para ayudarnos en cada paso y en cada desafío. La Biblia enseña y anima al seguidor de Dios a confiar sin reservas por esta misma razón: nunca conoceremos nuestro camino como el Señor lo conoce. No obstante, Jesús dijo "Yo soy el camino", y así es. Síguelo. Confía en Jesús.

Señor, has hecho un sendero para que mis pies caminen. Eres el Dios de toda la creación, y conoces cada faceta y cada detalle que tengo ante mí en este día. Guíame mientras cuidas mis pasos y me alejas del maligno. Ayúdame a cumplir cada tarea que me has asignado, permíteme adorarte y honrarte mientras disfruto de la belleza de tu esplendor. Amén.

No permitas que cedamos ante la tentación.

3 DE MARZO

VIVIENDO A LA ESPERA

Me has dado más alegría que los que tienen cosechas abundantes de grano y de vino nuevo. En paz me acostaré y dormiré, porque solo tú, oh Señor, me mantendrás a salvo.

SALMOS 4:7-8

David, escritor de este salmo, revela un triple resultado de su confianza en el Señor: una alegría mayor que la abundancia de posesiones materiales, seguridad o protección de cualquier cosa que pudiera ponerlo en peligro, y paz, el tesoro más preciado del corazón y el alma.

De nada sirven las prescripciones y tácticas mundanas para conseguir paz, riqueza, poder y reputación. Solo Dios, con su sabiduría, poder y recursos ilimitados, es capaz de darnos paz verdadera. Solo Dios es capaz de ahuyentar las tretas del maligno, y solo Dios es digno de toda nuestra confianza.

Gracias a la bondad y al poder del Señor, y porque somos sus hijos, podemos vivir a la espera, sabiendo que nos sostiene, satisface nuestras necesidades y nos da una alegría que es mayor que cualquier cosa que este mundo pueda ofrecer. La confianza de David en el Señor puede ser nuestra experiencia también si nos presentamos ante Dios Todopoderoso y nos ponemos bajo su cuidado.

Padre, cuando pienso en ti y en todo lo que has hecho por mí, mi corazón se llena de alegría, porque ¿a quién tengo en el cielo sino a ti? ¿Quién sino tú, Señor Jesús, puede traer la paz, resultado de tu perfecta e infinita provisión? Cuando verdaderamente descanso, es gracias a mi confianza en ti. Hoy he decidido confiar solo en ti, porque solo tú puedes librarme del maligno. Amén.

RESCÁTANOS DEL MALIGNO.

4 DE MARZO

La creación revela la gloria de Dios

En el principio, Dios creó los cielos y la tierra.
Génesis 1:1

Hay algo especial en el acto de contemplar la creación. Cuando nos tomamos el tiempo para hacerlo, nos da una sensación de humildad y nos lleva a alabar y a adorar al Señor.

Mientras escribo esto, la vista a través de mi ventana refleja la obra del Señor, un lienzo extendido creado por un hábil artesano. Justo por encima de las colinas boscosas, las formaciones de las nubes, que se mueven lentamente y cambian de forma, reflejan los primeros rayos del alba, creando colores brillantes de tono azulado, blanco y dorado. Una niebla casi translúcida se cierne sobre el paisaje invernal amarillo y café, aunque unas cuantas manchas de color verde pálido emergen lentamente, lo que indica que la primavera ya se aproxima. Las aves cantoras que adornan los árboles parecen esforzarse por superarse unas a otras.

Toda la creación revela la gloria de Dios. Aunque es cierto que no es necesario ser creyente en Cristo para apreciar la belleza de la naturaleza, solo un creyente en Cristo puede apreciar la belleza, profundidad y majestad del Creador de la naturaleza. Sin Dios, no habría principio. Sin Dios, la luz no hubiera atravesado las tinieblas. Si no hubiera dicho "Hágase", la palabra *vacío* describiría la oscuridad, la oquedad y la ausencia de vida. Pero Dios dijo "Hágase" y el resultado es la belleza indescriptible, el resplandor y la santa presencia del esplendor creativo divino.

¡Gloria a Dios en las alturas! Eres Dios Padre, Jesucristo único hijo, y el Espíritu Santo. ¡No hay más Dios que Jehová! ¡Que todos los cielos y la tierra declaren tu gloria! Amén.

Tuyos son el reino y el poder y la gloria por siempre.

5 de marzo

Dios, padre de todo

Los cielos te pertenecen y la tierra también; todo lo que hay en el mundo es tuyo; tú lo creaste todo.

Salmos 89:11

Dios, nuestro Padre, lo hizo todo y lo sustenta todo, y todo, incluida la humanidad, existe para su complacencia y su gloria.

Hace algún tiempo, mientras estaba en un viaje misionero a Centroamérica, me llevaban a un pueblo por una carretera a través de una región montañosa. A lo largo del recorrido, podía ver pequeñas casas junto a campos despejados para el ganado o los cultivos. Aparte de estas pequeñas áreas domesticadas, la zona estaba cubierta de una selva exuberante, cautivadora y silvestre.

Por el contrario, en un viaje a una parte del mundo totalmente distinta, tuve la oportunidad de ver un inmenso glaciar de Alaska que se extendía por un valle y llegaba hasta el mar. El valle estaba enmarcado por una escarpada cadena montañosa, bajo el cielo azul más profundo que jamás había visto.

Estos lugares, tan maravillosos y diferentes entre sí, son solo *dos* de los innumerables lugares impresionantes de esta inmensa tierra. La diversidad y la suntuosidad de los cielos y la tierra son cautivantes e impresionantes. Nuestros intentos de capturar y reproducir la belleza a través de la cinematografía, la fotografía y las obras de arte son infructuosos —es demasiado maravillosa, demasiado magnífica.

La Tierra —y la humanidad, en toda su diversidad— fueron creadas para glorificar y agradar a Dios.

Señor, eres majestuoso en todo tu proceder y en todo lo que has hecho. Solo tú eres Dios, y no tienes igual. Solo tú eres digno de gloria, honor y adoración. ¡Alabo tu nombre esta mañana, oh, Altísimo! Amén.

Padre nuestro que estás en el cielo, que sea siempre santo tu nombre.

6 DE MARZO

LA LUZ DE RECTITUD

El camino de los justos es como la primera luz del amanecer, que brilla cada vez más hasta que el día alcanza todo su esplendor. Pero el camino de los perversos es como la más densa oscuridad; ni siquiera saben con qué tropiezan.
Proverbios 4:18-19

El cielo estaba despejado y lleno de estrellas sobre el valle en las afueras de la pequeña ciudad de Van Buren, Arkansas. Los únicos sonidos eran de unos cuantos grillos y ranas arbóreas que creaban un tranquilo estribillo en ese momento. Era el preludio de un hermoso amanecer. La luz que emergía lentamente empezaba a descender por la ladera. Pronto el valle entero se hizo visible revelando así una pradera densamente cubierta de rocío que, al ser tocado por el sol, creaba el efecto de miles de diminutas luces esparcidas por el suelo.

Esta escena sirve para ilustrar el deseo en el corazón del Padre de iluminar sus buenos caminos para cada persona. La belleza de su voluntad está ahí ante todos y espera ser revelada por su luz.

Algunos descubren esta luz a través de Cristo. Otros, tristemente no aceptan la luz del mundo, perdiéndose de lo que el Señor ha preparado para ellos, pues permanece oculto por las tinieblas.

Los que actúan con sabiduría aceptan, se someten y siguen la voluntad del Señor, haciendo que su camino sea tan luminoso como el más claro de los días.

La vida en Cristo es lo que el corazón del Padre tiene planeado para todos; es su diseño para que conozcamos y experimentemos el camino, la verdad y la vida.

Mi deseo, Señor, es honrarte identificando correctamente y siguiendo el camino que has diseñado para mí. Ilumina los pasos que mejor te sirvan a ti y a tu voluntad. Que tu reino venga pronto. Amén.

HÁGASE TU VOLUNTAD EN LA TIERRA COMO EN EL CIELO.

7 de marzo

Vivimos con esperanza

Señor, recuérdame lo breve que será mi tiempo sobre la tierra. Recuérdame que mis días están contados, ¡y cuán fugaz es mi vida! La vida que me has dado no es más larga que el ancho de mi mano. Toda mi vida es apenas un instante para ti; cuando mucho, cada uno de nosotros es apenas un suspiro. Entonces, Señor, ¿dónde pongo mi esperanza? Mi única esperanza está en ti.

Salmos 39:4-5, 7

En casi medio siglo de ministerio, mis visitas al cementerio para honrar a los difuntos han sido numerosas y han incluido tanto a jóvenes como a personas excepcionalmente longevas. Cada servicio funerario nos recuerda la fragilidad y la incertidumbre de la vida, así como la importancia de invertir sabiamente nuestro tiempo. La muerte es inevitable y esta vida terrenal termina para todos. Sin importar si somos ricos, pobres, poderosos, importantes o poco conocidos, todos vamos dejando atrás nuestro caparazón terrestre prestado.

Cada vida humana es valiosa porque cada uno tiene como su Creador a Jehová Dios. A cada uno se le da la oportunidad de permitir la administración óptima su tiempo al ponerlo al cuidado de Dios Padre a través de una relación con Jesús. Sin importar si los días en nuestra vida son muchos o pocos, su valor está determinado por cuán devotos fuimos en nuestro amor y servicio al Señor.

Señor, has dicho en tu Palabra: "Nuestros días sobre la tierra son como la hierba; igual que las flores silvestres, florecemos y morimos. El viento sopla, y desaparecemos como si nunca hubiéramos estado aquí" (Salmos 103:15-16). Pero agradezco que tu Palabra también nos diga que tu amor permanece para siempre con los que te temen. Confío que me guiarás y proveerás lo necesario para cumplir tu voluntad. Eres mi esperanza para todas las cosas. Amén.

Danos hoy el alimento que necesitamos.

8 DE MARZO

LA LIBERTAD QUE LA GRACIA PROVEE

Cuando la gente trabaja, el salario que recibe no es un regalo sino algo que se ha ganado; pero la gente no es considerada justa por sus acciones sino por su fe en Dios, quien perdona a los pecadores.
ROMANOS 4:4-5

No hay poder humano que hubiera podido liberar a la humanidad de las garras mortales del pecado. No ha existido ninguna armada, ningún ejército inmenso, ni armamento suficiente para librarnos de las garras del maligno. Nuestras propias obras para curarnos y purificarnos son insuficientes. Solamente la mano de Dios, solo la redención de Cristo nos permite escapar del oscuro calabozo del pecado.

La verdadera libertad no se gana ni es merecida, y es solo por la gracia de Dios que somos acogidos en ella. La verdadera libertad es el resultado del amor y la misericordia —en la inesperable figura de un hombre— del Padre celestial y Creador mismo. El perdón fue suscitado por la vida, muerte y resurrección de Jesucristo.

La verdad más maravillosa es esta: la libertad y el perdón están disponibles para todos los que reciben al Hijo de Dios como su Señor y Rey. La abundante gracia de Cristo nos recibe como hijos e hijas, y eso es sin duda un motivo para estar siempre alegres.

Tú y solo tú, Señor Jesucristo, me has dado la libertad —motivada por tu amor y lograda por medio de tu sacrificio. Cubierto por tu gracia, ya no estoy condenado a morir sino que ahora vivo en la esperanza de tu gloria. Amén.

PERDÓNANOS NUESTROS PECADOS, ASÍ COMO HEMOS PERDONADO A LOS QUE PECAN CONTRA NOSOTROS.

9 DE MARZO

UNO APROBADO POR CRISTO

Saluden a Apeles, un buen hombre aprobado por Cristo.
ROMANOS 16:10

Al final de nuestros días, cuando estemos cara a cara con Cristo mismo, solo podemos aspirar a escuchar el mismo elogio con el que el apóstol Pablo se refiriere a Apeles.

Este es verdaderamente un elogio muy honorable de Pablo concerniente al carácter de Apeles, un creyente de la iglesia romana. Pablo comienza su carta a los romanos declarándose a sí mismo esclavo de Cristo y confirma las buenas nuevas a quienes están en Roma: que son amados por Cristo y llamados a la santidad. En la última parte de la carta, Pablo envía agradecimientos y saludos personales a varias personas, y es ahí donde elogia a Apeles.

Pablo escribía con convicción, sinceridad y pasión, pero también era directo y utilizaba las palabras con economía. Podemos inferir el honor de haber sido mencionado con un tono tan positivo en una carta abierta, ya que Pablo no era dado al uso de palabras ociosas. Evidentemente, él conocía el corazón de Apeles y veía el fruto de su servicio a Jesús.

¡Qué palabras más alentadoras y afirmativas podrían decirse de cualquier humilde seguidor de Cristo que afirmar "es una buena persona aprobada por Cristo"!

Te ruego, Señor, que continues guiándome —por medio del poder de tu Espíritu Santo— y que hagas que mi vida sea honorable y aceptable para ti. Amén.

NO PERMITAS QUE CEDAMOS ANTE LA TENTACIÓN.

10 de marzo

Permanecer en su presencia

¡Qué bella es tu morada, oh Señor de los Ejércitos Celestiales! Anhelo y hasta desfallezco de deseo por entrar en los atrios del Señor. Con todo mi ser, mi cuerpo y mi alma, gritaré con alegría al Dios viviente. Hasta el gorrión encuentra un hogar y la golondrina construye su nido y cría a sus polluelos cerca de tu altar, ¡oh Señor de los Ejércitos Celestiales, mi Rey y mi Dios! ¡Qué alegría para los que pueden vivir en tu casa cantando siempre tus alabanzas!

Salmos 84:1-4

Cada primavera, un pequeño pájaro llamado papamoscas fibí visita nuestra casa y construye su nido bajo la cubierta de nuestro porche delantero. A lo largo del año, hay muchos otros tipos de actividades en nuestra casa: reuniones de grupos pequeños, citas de asesoramiento, visitas de misioneros y familiares y amigos que llegan de pasada. A pesar de que la puerta delantera está bastante ocupada con muchas idas y venidas, el papamoscas fibí todavía lo considera su hogar y cría a sus polluelos en nuestro porche.

Quizás el corazón del salmista quedó cautivado por una noción o escena similar en la casa del Señor; posiblemente, visitó el templo y notó un pájaro en su nido en uno de los lugares más sagrados. Él recuerda la belleza interior y el gozo que experimenta cuando está ahí, y anhela no estar solo de visita sino permanecer ahí dentro para experimentar la presencia de Dios continuamente.

¡Oh, quién fuera siquiera un gorrión para poder encontrar un lugar de habitación continua en tu casa!

Oh, Señor, tu Palabra revela que hay gozo en tu presencia. Gracias a Cristo, tu tabernáculo está ahora en los corazones de quienes has redimido. En tu presencia hay seguridad, refugio y liberación del mal. Anhelo permanecer en la vida de tu abundante presencia. Amén.

Rescátanos del maligno.

11 de marzo

Dios de los siglos

¡A él sea la gloria por siempre! Amén.
Romanos 11:36

Una tarde completé un agradable evento ministerial en la Universidad de Boston. Después, el coordinador nos invitó a cenar a su casa, y nos sentamos a hablar de la velada y del rico patrimonio del área. En algún momento surgió el tema de los himnos antiguos, mi recién descubierta pasión. El coordinador salió de la sala y regresó con un regalo: un antiguo himnario metodista publicado en octubre de 1779.

Recuerdo que en el vuelo de regreso, hojeé sus páginas con detenimiento. Me sorprendía su antigua fecha de publicación, su exquisita prosa, y me preguntaba sobre la historia de sus antiguos propietarios. Los cantos que albergaban eran poéticos, tenían un significado profundo y se basaban en sólidos fundamentos teológicos.

Es evidente que los compositores de los himnos llevaban un estilo de vida centrado en la incomparable superioridad de Dios y su propósito y relación con la humanidad. El número de composiciones mismo en este himnario indicaba su compromiso. Uno de los autores era Charles Wesley, a quien se le han atribuido más de seis mil cantos, aunque algunos historiadores estiman que llegaron a ser ocho mil.

El himnario se encuentra ahora en un estante antiguo de nuestra casa. Es uno de los muchos recordatorios que tengo de la riqueza de creatividad inspirada por el Espíritu Santo para honrar al majestuoso Anciano de Días.

Señor, eres la inspiración de toda creatividad auténtica y pura. Eres verdaderamente glorioso desde la eternidad pasada hasta la eternidad futura y eres digno de toda nuestra adoración. Amén.

Tuyos son el reino y el poder y la gloria por siempre.

12 DE MARZO

La inmensidad de Dios

El Señor tan solo habló y los cielos fueron creados. Sopló la palabra, y nacieron todas las estrellas. Asignó los límites al mar y encerró los océanos en enormes depósitos. Que todo el mundo tema al Señor y todos estén ante él con temor reverente. Pues cuando habló, el mundo comenzó a existir; apareció por orden del Señor.
Salmos 33:6-9

Estos versículos pueden ser difíciles para quienes creen que la Tierra es el resultado de eventos naturales fortuitos. Sin embargo, si creemos solo en lo que *podemos* entender o *elegimos* entender, entonces estamos destinados a vivir una vida limitada y menos plena en esta tierra. Dios, quien es inmenso en poder e ilimitado en creatividad, ha hecho y sostiene todas las cosas. La mente finita nunca podrá comprender plenamente la capacidad ilimitada de Dios.

Se nos ha dado solamente una visión limitada de la inmensidad del que es Santo. Aun así, estamos invitados a tener una relación íntima con el Creador y Sustentador de todas las cosas. El pasaje y el permiso para entrar en esta relación tan insólita es a través del misterioso y maravilloso camino de la fe.

Señor, cuando me detengo a contemplar la creación, descubro rápidamente el carácter limitado de mi humanidad. Estoy asombrado de tu grandeza, y estoy agradecido por ser parte de tu vasto plan. Agradezco tenerte como mi protector y proveedor, mi Señor y Salvador. No hay nadie como tú, solo tú eres santo, solo tú eres digno de alabanza. Amén.

Padre nuestro que estás en el cielo, que sea siempre santo tu nombre.

13 DE MARZO

COMUNIÓN CON DIOS

Envía la nieve como lana blanca y esparce la escarcha sobre la tierra como ceniza.
SALMOS 147:16

La nieve provoca una quietud y un silencio inusuales. Cuando cae, los pocos sonidos que se producen son tenues. Mientras escribo, estoy disfrutando de la belleza y la calma de una nevada de principios de primavera que ha cubierto nuestro pequeño valle en Arkansas.

En verdad, todo el Salmo 147 es un canto a la obra de Dios. Él es el Creador y el Sustentador, es el Señor de todo, en todo y sobre todo. Mientras reflexionaba sobre esta verdad, una mañana tranquila y nevada se llenó de un renovado profundo respeto y apreciación por Dios como Creador, y esto me llevó a una mejor comprensión de la santidad de su presencia. Todo el cielo y la tierra —cada criatura, cada elemento y cada momento— están bajo su mando. Y de alguna manera, todavía en su grandeza, Dios está siempre dispuesto a disfrutar de una profunda comunión con cualquiera de sus hijos que esté dispuesto.

Podemos alegrarnos de ello: el Señor busca estar en comunión con nosotros y revelarnos aspectos de su grandeza —incluso a través de actos sencillos de la creación como la nieve. Él nos invita a su presencia para acercarnos gentilmente a su revelación, su gloria y su amor, deseando que los disfrutemos a su lado.

Alabado seas esta mañana, Señor Jesús. Estoy bajo tu cuidado, en las amorosas manos del Dios vivo cuyos caminos son infinitos e interminables. Tú permaneces con tus hijos, y los bendices con tu presencia. Gracias. Amén.

QUE TU REINO VENGA PRONTO. QUE SE CUMPLA TU VOLUNTAD EN LA TIERRA COMO SE CUMPLE EN EL CIELO.

14 DE MARZO

DE LA NADA A ALGO

A eso se refieren las Escrituras cuando citan lo que Dios le dijo: "Te hice padre de muchas naciones". Eso sucedió porque Abraham creyó en el Dios que da vida a los muertos y crea cosas nuevas de la nada.

ROMANOS 4:17

Solamente Dios puede crear algo nuevo de la nada. La prueba del amor de Dios por nosotros fue enviar a su único Hijo, Jesucristo, para liberarnos de la sentencia de muerte. Creer por medio de la fe en Cristo y en su obra de redención es la clave para que seamos hechos nuevos y entremos a la vida eterna del Padre. ¡Esta es la mayor de todas las promesas, el mayor de todos los dones y el mayor de todos los milagros!

Debido al amor del Padre por nosotros y su deseo de mantener una relación duradera con nosotros, Dios hizo lo que nadie más podía hacer: hizo *algo* de nosotros cuando no éramos *nada.* ¿Cómo lo hizo? Cuando no éramos dignos a causa de nuestro pecado, Cristo murió por nosotros y nos hizo herederos de su reino. Y estos son la naturaleza y el carácter de Dios: hacer algo de la nada. Él hizo el mundo y todo lo que contiene cuando no había la menor sustancia para hacerlo. Hizo un camino para la esperanza cuando solo existía el desaliento. ¡Él toma a personas sin valor y les da un destino, un propósito divino y una vida auténtica!

Sé humilde en este día. Sé agradecido en este día. Confía en las grandes promesas que Dios nos ha dado, porque tomó nuestras vidas "sin valor" y nos hizo hermosos ante su mirada.

Esta mañana, Señor, despierta en mí el gozo duradero de conocerte como mi Padre celestial. Tu gran obra en la cruz ha tomado una cosa inútil y la ha convertido en un vaso de belleza ante tus ojos. ¡Has creado en mí un corazón nuevo y una vida nueva! Amén.

DANOS HOY EL ALIMENTO QUE NECESITAMOS.

15 DE MARZO

LIBERADOS

¡Oh, qué alegría para aquellos a quienes se les perdona la desobediencia, a quienes se les cubre su pecado! Sí, ¡qué alegría para aquellos a quienes el Señor les borró la culpa de su cuenta, los que llevan una vida de total transparencia! Mientras me negué a confesar mi pecado, mi cuerpo se consumió, y gemía todo el día. Día y noche tu mano de disciplina pesaba sobre mí; mi fuerza se evaporó como agua al calor del verano. Pues tú eres mi escondite; me proteges de las dificultades y me rodeas con canciones de victoria.

SALMOS 32:1-4, 7

Situada entre los árboles, cerca de nuestra casa, hay una pequeña habitación que llamamos "el rincón". Su propósito es proveer un lugar tranquilo para descansar, leer y orar. Una mañana noté que un pájaro pequeño se había metido y trataba de escapar desesperadamente. Traté de liberarlo, pero se puso frenético, golpeándose en las ventanas. Me quedé quieto; el pájaro respiraba rápidamente, ya sin nada de energía. Entré por la puerta y cuidadosamente puse mis manos sobre el pequeño y fatigado animal. Apenas luchó por escaparse y, una vez afuera, lo dejé ir. Ya libre, voló rápidamente hacia los árboles.

Sin Cristo, estamos atrapados en nuestro propio pecado y nuestros intentos de escape son inútiles. Pero la misericordia y la gracia de Dios nos ofrecen libertad y perdón. Como lo ilustra David en el Salmo 32, cuando nos rendimos ante la salvación y la voluntad del Señor, nos convertimos en un alma liberada.

Señor, como el ave, yo estaba irremediablemente atrapado en mi pecado, sin ninguna posibilidad de escapar por mí mismo. Cuando confesé mi pecado y mi debilidad, tú viniste y me rescataste, me cubriste de gracia y me liberaste. Toda gloria sea dada a Dios: mi ayuda, mi esperanza, mi liberador, mi sustentador. Amén.

PERDÓNANOS NUESTROS PECADOS, ASÍ COMO HEMOS PERDONADO A LOS QUE PECAN CONTRA NOSOTROS.

16 de marzo

Revelar el camino de la paz

Dirás a su pueblo cómo encontrar la salvación mediante el perdón de sus pecados. Gracias a la tierna misericordia de Dios, la luz matinal del cielo está a punto de brillar entre nosotros, para dar luz a los que están en oscuridad y en sombra de muerte, y para guiarnos al camino de la paz.

Lucas 1:77-79

Aquí, en Lucas 1, encontramos las palabras finales en la profecía de Zacarías concerniente a la misión privilegiada de Juan el Bautista de preparar el camino para el ministerio de Jesús. *Gracias a la tierna misericordia de Dios, la luz matinal del cielo está a punto de brillar entre nosotros.* ¡Qué hermosa imagen del Verbo hecho carne! Jesús, la Buena Nueva del reino de los cielos, estaba a punto de comenzar su misión terrenal de llevar la luz a la humanidad. La oscuridad ya no sería vencedora sino que sería vencida gracias al poder imbatible de la cruz de Cristo. ¡Qué honor para Juan poder declarar que la luz del cielo venía a penetrar la oscuridad y guiar a todos los que estuvieran dispuestos a tomar el camino de la paz!

Cuando le pedimos al Señor que nos aleje de las tentaciones, estamos revelando nuestro deseo de ser guiados por Dios por los caminos de Cristo. La llegada de Cristo al cumplimiento de su misión nos ha dado la guía definitiva para pasar de la oscuridad a la luz, si así lo elegimos. La intensidad de esa luz ha conducido (y sigue conduciendo) a todos los que le dicen *sí* a la verdad de Cristo.

Gracias, Padre, por enviar a tu Hijo como luz del mundo. Gracias por conducirme al camino de paz y librarme de la oscuridad. Te ruego que continues guiándome hacia todas las cosas de Cristo, y que yo me encuentre hasta mi último aliento contando la historia de Jesucristo y su camino hacia la paz como dador de vida. Amén.

No permitas que cedamos ante la tentación.

17 DE MARZO

El poder salvador de Dios

Él es mi aliado amoroso y mi fortaleza, mi torre de seguridad y quien me rescata. Es mi escudo, y en él me refugio. Hace que las naciones se sometan a mí.
SALMOS 144:2

El salmista David conocía el poder salvador del Señor. Parecería que David siempre estaba siendo perseguido por el enemigo, pero el Señor le dio provisión y lo protegió. Incluso naciones enteras se sometieron a David. En nuestros momentos de angustia, nuestra primera respuesta no siempre es buscar al Señor, pero es verdad que sigue proporcionándonos su poder salvador.

En enero de 1992, durante una larga visita a Moscú, Rusia, conocí a un joven excepcional. Lo llamaremos Martín. Él era un creyente en Cristo fuerte y energético, con una personalidad y una fe robustas y, a la vez, como las de un niño. Me contó un suceso ocurrido durante la caída del comunismo en su país. El ejército estaba a cargo de un gran número de tanques y se dirigía hacia un edificio de gobierno con la intención de expulsar a los jóvenes patriotas democráticos que, animados por la esperanza de un futuro mejor, se habían refugiado ahí.

Cuando Martín vio el posible retroceso de los recientes avances hacia la libertad, valientemente se dirigió hacia el lugar donde la columna de tanques estaba preparada para atacar. Corrió hacia el tanque que iba a la cabeza, puso sus manos sobre el vehículo y rezó una breve, pero eficaz oración. Dios respondió. La columna de tanques dejó de avanzar, y el tanque delantero permanece ahí como símbolo de victoria y de la caída del comunismo.

Señor, nuestro enemigo busca impedir el avance de tu reino, pero tú no tienes quien te iguale y tuya es la victoria. Líbranos de los planes del maligno mientras permanecemos firmes en la victoria. Amén.

RESCÁTANOS DEL MALIGNO.

18 DE MARZO

El portento del creador

Cuando miro el cielo de noche y veo la obra de tus dedos
—la luna y las estrellas que pusiste en su lugar—, me pregunto:
¿qué son los simples mortales para que pienses en ellos,
los seres humanos para que de ellos te ocupes?
Sin embargo, los hiciste un poco menor que Dios y los coronaste
de gloria y honor. Los pusiste a cargo de todo lo que creaste,
y sometiste todas las cosas bajo su autoridad:
los rebaños y las manadas
y todos los animales salvajes, las aves del cielo, los peces del mar,
y todo lo que nada por las corrientes oceánicas.
Oh Señor, Señor nuestro, ¡tu majestuoso nombre llena la tierra!
Salmos 8:3-9

¿Has tenido alguna vez uno de esos momentos en los que estás tan sobrecogido por la gloria de Dios que la única respuesta es descansar en el asombro y maravilla de su majestuosidad?

El Creador de los cielos y de la tierra, el Señor a quien amamos y servimos, es incompresible en su majestad. Solo podemos ver una pequeña porción de su obra desde nuestra posición y, aun así, como lo expresa el salmista de estos versículos, es a menudo mucho más de lo que podemos abarcar.

Aunque somos meros mortales, productos de su creación divina, de algún modo este Dios incomprensible desea tener una relación cercana con nosotros y nos ha dado un camino para que podamos experimentarla. Él es como ningún otro —no puede ser medido ni entendido— y, aun así, ha creado un medio para que nos comuniquemos con Él, para que estemos en su presencia y lo llamemos *amigo*. ¡Sí, realmente asombroso y maravilloso!

Padre, hay veces en que veo solo una pequeña parte de tu obra y me asombra lo grande que realmente eres. Te adoro a ti, Señor de maravilloso portento. Amén.

Tuyos son el reino y el poder y la gloria por siempre.

19 DE MARZO

Nuestro Dios increíble que es digno de adoración

Y ahora, que toda la gloria sea para Dios, quien es poderoso para evitar que caigan, y para llevarlos sin mancha y con gran alegría a su gloriosa presencia. Que toda la gloria sea para él, quien es el único Dios, nuestro Salvador por medio de Jesucristo nuestro Señor. ¡Toda la gloria, la majestad, el poder y la autoridad le pertenecen a él desde antes de todos los tiempos, en el presente y por toda la eternidad! Amén.

Judas 1:24-25

En esta bendición al final del libro de Judas, encontramos versículos que nos recuerdan la autoridad inigualable de Dios, la posición singular que ocupa y su incomparable poder. Estas escrituras subrayan su capacidad para mantenernos a salvo de los peligros en esta vida terrenal mientras cumplimos su voluntad, y a la vez nos brindan seguridad de que, en Cristo, seremos llevados ante la presencia eterna de Dios en el cielo sin ninguna culpa.

Por medio de Cristo, Dios nos ha dotado de justicia y pureza, permitiéndonos entrar por las puertas de su santidad y disfrutar de su presencia para siempre. ¡Solo nuestro increíble Dios es digno de nuestra adoración y alabanza! Toda la gloria, el poder y la autoridad son suyos a través de la eternidad pasada, presente y en las edades venideras, más allá de todos los tiempos.

Mi querido Señor y Salvador, glorifico tu nombre esta mañana. Sin ti yo estaría perdido, solo y permanecería por siempre en la oscuridad. Me has traído luz y vida. Me siento humilde, agradecido y adoro tu nombre en estas tempranas horas de la mañana. Gracias por tu gracia, por perdonarme y por conducirme a tu salvación. Amén.

Padre nuestro que estás en el cielo, que sea siempre santo tu nombre.

20 DE MARZO

TRABAJANDO PARA CRISTO

Trabajen de buena gana en todo lo que hagan, como si fuera para el Señor y no para la gente. Recuerden que el Señor los recompensará con una herencia y que el Amo a quien sirven es Cristo.
COLOSENSES 3:23-24

A menudo podemos pasar demasiado tiempo de nuestra vida cristiana esperando que alguna idea grandiosa, un plan o una expectativa se manifieste como la voluntad de Dios, en vez de simplemente seguir estas aleccionadoras palabras del apóstol Pablo.

Pablo nos dice que cultivemos el mensaje del reino de Dios en dondequiera que estemos en este momento. Si nos entregamos sinceramente a Cristo como sus servidores, confiando en su liderazgo divino, debemos entender que siempre está trabajando en nosotros y a través de nosotros. Sin importar cuál sea nuestra vocación o nuestras circunstancias presentes —ya sea que estemos sirviendo en un ministerio de tiempo completo, que estemos dirigiendo una empresa, cocinando, recuperándonos en un hospital, limpiando oficinas, reparando máquinas o incluso incapacitados para trabajar— el Señor nos pone justo donde más puede utilizarnos.

Independientemente de lo que hagamos, debemos honrarlo con nuestro trabajo. Siempre estamos en el cumplimiento de su voluntad y, en última instancia, Dios mismo es nuestra heredad.

Espíritu Santo, te pido que guíes mis pasos hoy, sabiendo que revelarás la voluntad del Padre ante mí. Gracias por este día que me has proporcionado. Agradezco por cada respiro en esta tierra que me permite hacer tu voluntad. Amén.

QUE TU REINO VENGA PRONTO. QUE SE CUMPLA TU VOLUNTAD EN LA TIERRA COMO SE CUMPLE EN EL CIELO.

21 DE MARZO

AUNTÉNTICA, ABUNDANTE VIDA

El Espíritu del Señor está sobre mí, porque me ha ungido para llevar la Buena Noticia a los pobres. Me ha enviado a proclamar que los cautivos serán liberados, que los ciegos verán, que los oprimidos serán puestos en libertad, y que ha llegado el tiempo del favor del Señor.
LUCAS 4:18-19

Tras su experiencia de cuarenta días en el desierto, Jesús se encontraba en una sinagoga de Nazaret leyendo del libro de Isaías. Cuando terminó, le entregó el rollo al asistente y se sentó. Ante todos los presentes que lo miraban fijamente, dijo: "¡La Escritura que acaban de oír ¡se ha cumplido este mismo día!" (Lucas 4:21).

Con su propia muerte y resurrección todavía por venir, Jesús pudo confiadamente anunciar que el camino hacia la libertad y la vida abundante había llegado, porque conocía los planes perfectos e infalibles de su Padre.

Gracias a Cristo, podemos disfrutar de una vida auténtica, tal como Dios quería que la viviéramos: liberados del cautiverio del pecado, con plena visión espiritual, libres del dolor de la opresión (aun en tiempos de opresión) con nuestro valor cimentado en Él, y con su favor en cada momento. Sin duda alguna, su plan para nosotros es el mejor, y lleva a una vida genuina y abundante.

Padre, por tu gracia redentora, he encontrado el camino seguro para alcanzar la libertad y la vida eterna. Esta es la provisión definitiva, y yo te alabo agradecidamente. Amén.

DANOS HOY EL ALIMENTO QUE NECESITAMOS.

22 DE MARZO

LA VIDA LLENA DE GRACIA

El domingo, muy temprano por la mañana, las mujeres fueron a la tumba, llevando las especias que habían preparado. Encontraron que la piedra de la entrada estaba corrida a un costado. Entonces entraron, pero no encontraron el cuerpo del Señor Jesús. Mientras estaban allí perplejas, de pronto aparecieron dos hombres vestidos con vestiduras resplandecientes. Las mujeres quedaron aterradas y se inclinaron rostro en tierra. Entonces los hombres preguntaron: "¿Por qué buscan entre los muertos a alguien que está vivo? ¡Él no está aquí! ¡Ha resucitado! Recuerden lo que les dijo en Galilea, que el Hijo del Hombre debía ser traicionado y entregado en manos de hombres pecadores, y ser crucificado, y que resucitaría al tercer día".

LUCAS 24:1-7

Durante dos milenios, la resurrección de Jesucristo ha estado rodeada de polémica. Esto no debería sorprendernos, ya que lo que creemos acerca de Cristo, es capaz de producir alteraciones de la mayor magnitud en nuestra vida.

Quienes lo aceptan, tienen el inmerecido privilegio de vivir una vida llena de gracia. Por la gran gracia de Dios —manifestada en la entrega de su Hijo— tenemos el perdón de nuestros pecados, una provisión ilimitada para cumplir su voluntad, una paz que sobrepasa todo entendimiento y mucho más. Jesucristo, movido por el amor, sacrificó su vida por los pecados del mundo. La gracia de Dios proveyó un camino para que todos los que creemos y nos arrepentimos, seamos perdonados, recibamos la vida eterna y permanezcamos en el Señor para siempre.

Padre, eres el Rey de gloria resucitado, el único merecedor de honor y alabanza. Gracias por amarme en tu abundante misericordia y gracia. Es por tu vida que yo tengo vida. Amén.

PERDÓNANOS NUESTROS PECADOS, ASÍ COMO HEMOS PERDONADO A LOS QUE PECAN CONTRA NOSOTROS.

23 DE MARZO

Renunciar a sí mismo

Los que aman su vida en este mundo la perderán. Los que no le dan importancia a su vida en este mundo la conservarán por toda la eternidad. Todo el que quiera servirme debe seguirme, porque mis siervos tienen que estar donde yo estoy. El Padre honrará a todo el que me sirva.
Juan 12:25-26

Aquí Jesús revela el camino hacia la verdadera libertad con un corazón lleno de compasión, amor y de un profundo anhelo de que la gente entienda la importancia de su mensaje.

La historia de la humanidad está llena de historias de egoísmo —autopreservación, egocentrismo, autoexaltación. Jesús revela la eventual destrucción que sobreviene cuando hacemos del egoísmo nuestro objetivo y propósito. Él pone de relieve que seguir la fama y la fortuna eventualmente conduce a sensaciones de vacío, desánimo y angustia. No existe mayor tragedia que ganar el mundo entero y perder el alma (Marcos 8:36).

En cambio, Jesús nos enseña que todo aquel que deja de lado sus propios intereses para dedicarse a las causas de su reino será honrado por nuestro Padre que está en el cielo.

El egoísmo es una tentación común entre la mayoría de nosotros. Se hace visible demasiado seguido, y es un enemigo al que mejor se le puede evitar recordando la humildad de Cristo para derrotarlo y mediante nuestro acceso a la humildad de Jesús a través del Espíritu Santo y su fruto (Gálatas 5:22-23).

Dios mío y Rey mío, dedico mi vida enteramente para tu gloria. Espíritu Santo, por favor trae tu convicción santa y llena de gracia a mi vida para que yo pueda ver claramente las áreas de mí mismo que deben ser sometidas completamente a Cristo. Deseo hacer tu voluntad, y verdaderamente quiero dejar de lado mi propio egoísmo para dedicarme a la obra de tu reino. Amén.

No permitas que cedamos ante la tentación.

24 de marzo

Nunca solos

¿Quién me protegerá de los perversos? ¿Quién me defenderá de los malvados? Si el Señor no me hubiera ayudado, pronto me habría quedado en el silencio de la tumba. Clamé: "¡Me resbalo!", pero tu amor inagotable, oh Señor, me sostuvo. Cuando mi mente se llenó de dudas, tu consuelo renovó mi esperanza y mi alegría.

Salmos 94:16-19

Muchas son las historias de personas de fe que han sido débiles, vulnerables y que han sufrido de incertidumbre. Tal vez la causa fue una enfermedad, la muerte de un ser querido, preocupación por el futuro o un hijo o una hija pródigos.

Jesús nos pidió que le permitiéramos proveer lo necesario para cualquier circunstancia que pudiera suceder, que buscáramos primero su reino y que no nos preocupáramos. Sin embargo, en nuestra humanidad, a menudo somos engañados por el maligno, y como el salmista de los versículos aquí citados, sentimos que nos resbalamos. Entonces nuestro gran Dios de misericordia, como la llegada de la lluvia en una sequía, renueva en nosotros la esperanza cuando la duda casi nos ha vencido. El amor fiel del Señor nos trae su espíritu de consuelo, asegurándose de que nunca estemos solos —*aun* en nuestra incertidumbre.

¿Puedes recordar momentos de tu vida en que los que la desesperación llevó tus pensamientos a dudar en lugar de confiar? Cuando el Espíritu de Dios, a través de su inquebrantable amor, susurró suavemente: "¿Cuándo no he cuidado de ti?", Dios, verdaderamente, siempre estuvo ahí con la provisión adecuada.

Señor, eres tú quien corrige mis pensamientos. Eres el Señor de todo, incluso de lo que hay frente a mí. Cuando haya duda y angustia, recuérdame tu amor fiel y tu bondad, y devuélveme la esperanza que procede de ti. Gracias por estar siempre a mi lado. Estoy agradecido porque, en ti, nunca estoy solo. Amén.

Rescátanos del maligno.

25 DE MARZO

Llenos de gran alegría

Entonces Jesús los llevó a Betania, levantó sus manos al cielo y los bendijo. Mientras los bendecía, los dejó y fue levantado al cielo. Entonces ellos lo adoraron y regresaron a Jerusalén llenos de gran alegría; y pasaban todo su tiempo en el templo, adorando a Dios.

Lucas 24:50-53

¡Cuán atónitos debieron de sentirse los discípulos al ver a Jesús ascender al cielo ante sus propios ojos! Los discípulos lo habían visto mientras hablaba al mar y por las laderas de las colinas. Ellos vieron cómo tocaba los ojos de los ciegos y cómo, de repente, esos ojos pudieron ver. Recorrieron los caminos con Jesús, escucharon su sabiduría, escucharon sus historias sobre el reino de Dios, y recibieron sus instrucciones para continuar con la misión de compartir las buenas nuevas. Experimentaron agonía y confusión emocional cuando entraron en Jerusalén por última vez, y lo vieron someterse a los sucesos que condujeron a su muerte.

¡Pero qué victoria y qué prodigio su resurrección!

Ahora, después de pasar otros cuarenta días junto a ellos desde su resurrección, el Señor estaba ascendiendo, y su forma física iba desapareciendo mientras miraban al cielo con la esperanza de verlo por última vez. Entristecidos por su partida, pero con el corazón rebosante de alegría y expectación, adoraron al Rey resucitado.

Salvador, te ruego que mi corazón se llene de la misma alegría, asombro y expectación de los que te vieron cuando ascendiste. Te alabo esta mañana, porque me has mostrado misericordia y me has dado esperanza. Te adoro con gratitud, ya que un día te veré en toda tu gloria. Deseo demostrar un auténtico gozo a todos los que se crucen en mi camino hoy, porque tú eres mi Dios, mi Salvador y mi Señor, y tengo mucho de que alegrarme. Amén.

Tuyos son el reino y el poder y la gloria por siempre. Amén.

26 DE MARZO

¡TODO POR ÉL Y PARA ÉL!

¡Qué grande es la riqueza, la sabiduría y el conocimiento de Dios! ¡Es realmente imposible para nosotros entender sus decisiones y sus caminos!
Pues, ¿quién puede conocer los pensamientos del Señor? ¿Quién sabe lo suficiente para aconsejarlo? ¿Y quién le ha entregado tanto para que él tenga que devolvérselo? Pues todas las cosas provienen de él y existen por su poder y son para su gloria. ¡A él sea toda la gloria por siempre! Amén.

ROMANOS 11:33-36

Tenemos la limitación y carecemos de la capacidad para lograr por nosotros mismos cualquier cosa de valor duradero para el Reino. Esta verdad, más que provocar desánimo, debería fomentar en nosotros un espíritu de agradecimiento y paz al saber que la maravillosa aventura de Dios proviene de sus ilimitadas riquezas y sabiduría, y no de nuestra propia fuerza.

Los versículos de hoy nos recuerdan que el Señor está por encima de nosotros en todos los sentidos —ni siquiera su forma de pensar puede ser entendida. Él es imponente, glorioso, sabio y poderoso más allá de toda medida. Y no solo es este el maravilloso Dios lleno de gloria al que tenemos el honor de adorar, sino que también tenemos el honor de ser llamados sus hijos.

Todo lo que ha existido, lo que existe en el presente y lo que existirá es por el Señor y para el Señor. Todo es por Él y para Él —¡incluso nuestras propias vidas!

Señor Dios, eres mi esperanza y mi salvación. Descanso en ti esta mañana mientras medito en las palabras de este pasaje. Sin ti no tengo nada ni puedo hacer nada que tenga verdadero valor. Me has mostrado la misericordia y el camino de la vida, y me someto a tu voluntad y deseo ser usado para tu gloria. Amén.

PADRE NUESTRO QUE ESTÁS EN EL CIELO, QUE SEA SIEMPRE SANTO TU NOMBRE.

27 DE MARZO

HAGAN ESTO EN CONMEMORACIÓN MÍA

El Señor Jesús tomó pan y dio gracias a Dios por ese pan. Luego lo partió en trozos y dijo: "Esto es mi cuerpo, el cual es entregado por ustedes. Hagan esto en memoria de mí". De la misma manera, tomó en sus manos la copa de vino después de la cena, y dijo: "Esta copa es el nuevo pacto entre Dios y su pueblo, un acuerdo confirmado con mi sangre. Hagan esto en memoria de mí todas las veces que la beban".

1 CORINTIOS 11:23-25

Sin la venida de Cristo, y sin el establecimiento de su nueva alianza, toda la humanidad habría estado irremediablemente atrapada en la trampa del pecado, separada de Dios. En el momento evocado en estas escrituras —la Santa Cena— nuestra conmemoración de su don provisional está llena de sincera y humilde gratitud, porque su amor y su misericordia son inconmensurables.

Al participar de la Santa Comunión, recordamos la vanidad vacía, superficial y sin fruto de nuestras vidas, antes centradas en nosotros mismos. Recordamos la impotencia que sentíamos al intentar redimirnos a nosotros mismos del resultado de nuestro pecado. Recordamos el momento de nuestra propia salvación, un momento que transformó una historia familiar en un encuentro personal y vivencial con el Dios vivo. Recordamos cuando los barrotes de nuestra prisión fueron destruidos, permitiéndonos así escapar a la auténtica libertad de una vida en Cristo.

Sí, recordamos cuando la compasión y el afecto perfecto nos llevaron al arrepentimiento; y recordamos el escape de las tinieblas por el poder de Jesucristo, el único camino de salvación.

Con el corazón lleno de amor y gratitud, Señor, recuerdo. Porque sin ti, yo carecería de esperanza y de vida. A ti te alabo, te honro y te adoro, y ante ti me arrodillo. Amén.

QUE TU REINO VENGA PRONTO. QUE SE CUMPLA TU VOLUNTAD EN LA TIERRA COMO SE CUMPLE EN EL CIELO.

28 DE MARZO

La provisión del corazón del padre

De su abundancia, todos hemos recibido una bendición inmerecida tras otra. Pues la ley fue dada por medio de Moisés, pero el amor inagotable de Dios y su fidelidad vinieron por medio de Jesucristo. Nadie ha visto jamás a Dios; pero el Único, que es Dios, está íntimamente ligado al Padre. Él nos ha revelado a Dios.

Juan 1:16-18

Con Jesucristo como nuestro Salvador y Señor, ya no somos pordioseros ni huérfanos espirituales, ya no estamos espiritualmente desamparados o abandonados. Con Cristo, ya no estamos expuestos sin remedio a los elementos de las tinieblas que buscan hacernos daño y causarnos desolación. *En* el Señor tenemos protección, y *a través del* Señor tenemos provisión.

En Cristo, somos acogidos por el amor y la fidelidad infalibles y paternales de Dios. El príncipe de este mundo y sus planes de destrucción fueron interrumpidos y truncados por el Príncipe de la Paz. La gracia triunfó sobre la injusticia y el bien triunfó sobre el mal. Y en su abundante amor, ¡todos hemos recibido una bendición llena de gracia tras otra!

Padre, eres mi provisión para todas las cosas —comenzando por la provisión para la salvación de mi alma. Gracias por liberarme de la oscuridad y de la muerte, y gracias por una vida abundante. Amén.

Danos hoy el alimento que necesitamos.

29 de marzo

Afrontar lo difícil

Un siervo del Señor no debe andar peleando, sino que debe ser bondadoso con todos, capaz de enseñar y paciente con las personas difíciles. Instruye con ternura a los que se oponen a la verdad. Tal vez Dios les cambie el corazón, y aprendan la verdad. Entonces entrarán en razón y escaparán de la trampa del diablo. Pues él los ha tenido cautivos, para que hagan lo que él quiere.

2 Timoteo 2:24-26

Bien pudiera este ser el día en que alguien contradiga o se oponga groseramente a tu fe. En algún momento, esto le pasa a cualquier persona comprometida a honrar a Dios con su vida.

El orgullo, la crítica y la oposición serán un desafío para la persona entregada a cumplir la voluntad de Dios. Habrá oposición y argumentos que parecerán —y de hecho pueden ser— injustos. Las dificultades se le presentarán al creyente en forma de insolencia y quizá de fuentes inesperadas. Cuando esto suceda, porque seguramente sucederá, este pasaje bíblico nos enseña cómo responder de una manera que nos ayude a crecer, honrar a Dios, y, al final, posiblemente invitar a nuestro agresor a cambiar de opinión.

Cuando trates con personas difíciles o con aquellos que se oponen duramente a tu fe, acuérdate de contestar con palabras amables y extenderles la misma gracia que has recibido a través de Cristo Jesús.

Señor, tu Espíritu dirige tu voluntad sobre la tierra en todas las cosas. Mi deseo es honrarte. Si apareciera en mi camino alguien dispuesto a causarme daño, por favor guíame en esa circunstancia de tal manera que llegue a ser más como tú, y dame las palabras que debo decir en ese momento. Amén.

Perdónanos nuestros pecados, así como hemos perdonado a los que pecan contra nosotros.

30 de marzo

Armas eficaces

Somos humanos, pero no luchamos como lo hacen los humanos. Usamos las armas poderosas de Dios, no las del mundo, para derribar las fortalezas del razonamiento humano y para destruir argumentos falsos. Destruimos todo obstáculo de arrogancia que impide que la gente conozca a Dios. Capturamos los pensamientos rebeldes y enseñamos a las personas a obedecer a Cristo.

2 Corintios 10:3-5

Cuando de lidiar con el enemigo se trata, las Escrituras nos enseñan que nuestras armas de este mundo son inútiles cuando libramos la guerra en el ámbito sobrenatural. La batalla le pertenece al Señor, y sus métodos son distintos a nuestras estrategias. De hecho, los caminos de Dios a menudo parecen ser poco realistas o imprácticos. Sin embargo, si estos métodos son de Dios, resultarán eficaces.

Napoleón Bonaparte, el famoso y a menudo citado estratega militar, dijo lo siguiente con respecto a Cristo: "Conozco a los hombres, y puedo decirte que Jesucristo no es un simple hombre" y "entre él y cualquier otra persona del mundo no existe ningún término de comparación posible".

Napoleón, junto con muchas otras figuras militares históricas anteriores y posteriores a él, fundó imperios por medio del uso de la fuerza. Jesucristo, sin embargo, establece su reino a través del amor. Él no es un simple hombre. Los caminos de Dios no son nuestros caminos, y sus "armas" que lo llevan a la victoria *no* son nuestras armas.

Padre, enséñame tus caminos para que pueda ver totalmente destruidas las cosas de mi vida que son un obstáculo para traerte gloria. Gracias porque eres omnisciente y eres todo amor. Me alegro de poder servir al único Dios verdadero que construye su reino perdurable sobre los cimientos del amor y la misericordia. Amén.

No permitas que cedamos ante la tentación.

31 DE MARZO

Abierta para todos, pero no todos están dispuestos

Solo puedes entrar en el reino de Dios a través de la puerta angosta. La carretera al infierno es amplia y la puerta es ancha para los muchos que escogen ese camino. Sin embargo, la puerta de acceso a la vida es muy angosta y el camino es difícil, y son solo unos pocos los que alguna vez lo encuentran.
Mateo 7:13-14

"En nuestro recorrido de hoy caminaremos por un pasadizo muy estrecho".

Aunque estas palabras bien podrían haber sido tomadas del sermón dominical de un predicador, esto no es así. Fueron dichas por un señor ya mayor que fue nuestro guía turístico en la Cueva Colosal, en Kentucky. El viaje no supondría ningún reto para un verdadero espeleólogo, pero fue una divertida aventura familiar para mí y para mi hijo. En una parte había un pasadizo estrecho y bajo, la única forma de atravesar esa parte de la cueva.

A diferencia del estrecho pasadizo de la Cueva Colosal, que impidió a algunos visitantes realizar el recorrido, claramente Dios quiere que todos conozcamos su gracia salvadora. Jesús nos muestra que la entrada a su reino está abierta, pero también nos revela que el camino es difícil. Lo único que nos descalifica es nuestra propia falta de voluntad para someter plenamente nuestras vidas al Señor.

Desafortunadamente, aquellos que no están dispuestos a seguir el estrecho camino son muchos. Sin embargo, este es el único camino de liberación y rescate de las garras del maligno.

Señor, que mi vida sea este día un faro que apunte a ti y a la esperanza que tú me das. Pido por aquellos con los que me encuentro, para que puedan ver tu bondad, misericordia y gracia y que elijan el camino estrecho. Amén.

Rescátanos del maligno.

1 de abril

Siempre fiel

¡Aclamen con alegría al Señor, habitantes de toda la tierra!
Adoren al Señor con gozo.
Vengan ante él cantando con alegría.
¡Reconozcan que el Señor es Dios!
Él nos hizo, y le pertenecemos; somos su pueblo, ovejas de su prado.
Entren por sus puertas con acción de gracias;
vayan a sus atrios con alabanza.
Denle gracias y alaben su nombre. Pues el Señor es bueno.
Su amor inagotable permanece para siempre,
y su fidelidad continúa de generación en generación.
Salmos 100

Cada primavera me recuerda la regeneración, la renovación de la vida, el sentido del paso del tiempo y la introducción de nuevos comienzos. Para mí, la primavera es un recordatorio anual de la continua fidelidad y bondad del Señor. Todo existe para la gloria y el goce divino de Dios, incluyendo el cambio de las estaciones.

Cuando veo los primeros destellos de la primavera —los brotes de hojas nuevas en los árboles, los pájaros atareadamente construyendo nidos, las flores que brotan al principio de la temporada— doy gracias por las cadencias que Dios ha establecido. Él hizo las estaciones, y le pertenecen. Y aunque las estaciones y la tierra cambian, su amor y su fidelidad inagotables continúan de generación en generación.

Presentémonos ante Dios con alegría y cantos de júbilo, porque somos su pueblo y Él es nuestro Buen Pastor. ¡El Señor es siempre fiel!

Tú, Señor, eres fiel a todos, a través de todas las generaciones. Desde lo más pequeño hasta lo más grande de la creación, todo es tuyo para tu buen agrado. Te alabo, Señor, porque me has dado la vida. Eres santo, digno y por siempre mi Señor y Salvador. Amén.

Tuyos son el reino y el poder y la gloria por siempre.

2 DE ABRIL

SU MARAVILLOSA PALABRA

¡Qué grande eres, oh Señor Soberano! No hay nadie como tú. ¡Nunca hemos oído de otro Dios como tú!
2 SAMUEL 7:22

Basta detenerse unos instantes en el don vivificante de la palabra de Dios para darse una idea de su indescriptible portento, bondad y grandeza. En su Palabra, nosotros descubrimos instrucciones sencillas y prácticas para la vida diaria, pero también nos enfrentamos a la insondable profundidad de su misterio inexplicable. Por ejemplo, no somos merecedores de su amor y, sin embargo, nos ama. Él está justificado para dictar una sentencia en contra de nosotros, pero nos ha mostrado misericordia. Estábamos condenados al castigo, pero nos extendió su gracia.

¿Quién puede entender por qué el Señor decidió extendernos su gracia, invitarnos a una relación con Él? Nadie —pero tenemos la sabiduría de aceptarlo con humildad, arrepentimiento y gratitud en toda su gloria, sometiéndonos a su soberanía y voluntad.

Nuestra relación con Dios comienza encontrándonos en Él y confiando en su seguridad y su cuidado perfecto. Nunca comprenderemos del todo ni agotaremos su profundidad, pero pasar tiempo en su Palabra nos dará una mayor comprensión del misterio de quién es Dios. Conocerlo más íntimamente nos permite regocijarnos en su santidad y su fidelidad.

Estoy maravillado por ti, Señor. No existen suficientes palabras para honrar tu grandeza. Espíritu Santo, te pido que me hables durante este día y también cuando me tomo el tiempo para estudiar tu Palabra. Ilumina las Escrituras para que yo pueda conocer tu amor más profundamente. A ti sean dados la gloria y el honor por siempre. Amén.

PADRE NUESTRO QUE ESTÁS EN EL CIELO, QUE SEA SIEMPRE SANTO TU NOMBRE.

3 DE ABRIL

LA ALEGRÍA, LA VOLUNTAD DE DIOS

Estén siempre alegres. Nunca dejen de orar. Sean agradecidos en toda circunstancia, pues esta es la voluntad de Dios para ustedes, los que pertenecen a Cristo Jesús.
1 TESALONICENSES 5:16-18

Nuestras funciones diarias están llenas de cargos, títulos y labores que nos ha asignado el Señor. En las escrituras de hoy, Pablo nos indica cómo debemos vivir nuestra fe mientras trabajamos en esos puestos, títulos y labores. Realizar nuestro trabajo diario con verdadera alegría —sin importar nuestras circunstancias— da testimonio del carácter de Cristo.

Cuando la Biblia nos manda estar siempre alegres y agradecidos en todas las circunstancias, ¿significa esto que mostremos una felicidad superficial y desenfadada? ¿O que sonriamos para ocultar la tristeza y el dolor genuinos que experimentamos en nuestra vida aquí en la Tierra? Por supuesto que no.

Nuestras circunstancias cotidianas pueden abrumar nuestros corazones, y aunque no estamos exentos de experimentar dolor y sufrimientos reales en esta vida, podemos aferrarnos a la verdad de que ni siquiera la muerte misma puede vencer a los hijos e hijas de Dios. El corazón de quien pertenece a Cristo está lleno de alegría y se alimenta de saber que somos eternamente amados y que nada nos faltará.

¡Nunca dejes de orar y estar agradecido, porque esa es la voluntad de Dios!

Jesús, por tu gracia y tu poder en mi vida, me has dado una alegría grande y duradera. Por favor, aumenta el tipo de cualidades que quieres ver en mí para que me parezca cada vez más a ti. Quiero proclamar claramente tu nombre en un mundo que necesita conocer tu amor redentor. Amén.

QUE TU REINO VENGA PRONTO. QUE SE CUMPLA TU VOLUNTAD EN LA TIERRA COMO SE CUMPLE EN EL CIELO.

4 de abril

Vida nueva

En otro tiempo nosotros también éramos necios y desobedientes. Fuimos engañados y nos convertimos en esclavos de toda clase de pasiones y placeres. Nuestra vida estaba llena de maldad y envidia, y nos odiábamos unos a otros. Sin embargo, cuando Dios nuestro Salvador dio a conocer su bondad y amor, él nos salvó, no por las acciones justas que nosotros habíamos hecho, sino por su misericordia. Nos lavó, quitando nuestros pecados, y nos dio un nuevo nacimiento y vida nueva por medio del Espíritu Santo. Él derramó su Espíritu sobre nosotros en abundancia por medio de Jesucristo nuestro Salvador. Por su gracia él nos hizo justos a sus ojos y nos dio la seguridad de que vamos a heredar la vida eterna.

Tito 3:3-7

Una mañana temprano vi a dos ciervas y cuatro cervatillos comiendo bayas y persiguiéndose por el campo. A la mayoría de nosotros nos fascina la vida nueva, ya sean cervatillos, cachorros, gatitos o cualquier otra cría de animal. Y cuando de bebés humanos se trata, hasta el adulto más gruñón puede mostrar una actitud tierna en la presencia de un recién nacido.

Esta fascinación por la nueva vida proviene desde lo más profundo de nuestro ser. Como adultos, los bebés humanos y las crías de los animales nos parecen adorables cuando exploran el mundo, y a veces añoramos la simple alegría que experimentamos en la infancia. Pero, gracias a Dios, ¡en Cristo Jesús nosotros podemos experimentar una nueva vida y una alegría franca!

El amor, la gracia, la confesión y el arrepentimiento llevan a un nuevo nacimiento espiritual.

Padre, te doy gracias esta mañana por la nueva vida que me has dado a través de tu amor, tu misericordia y la provisión de tu gracia redentora. Estoy más que agradecido por la vida y la renovada alegría. Esta mañana, te alabo a ti, el amante de mi alma y dador de nueva vida. Amén.

Danos hoy el alimento que necesitamos.

5 DE ABRIL

La oración del perdón

Jesús dijo: "Padre, perdónalos, porque no saben lo que hacen".
Lucas 23:34

Cristo fue escarnecido, traicionado, acusado falsamente, humillado, condenado injustamente, cruelmente azotado y luego clavado a dos toscas vigas de madera en forma de cruz. A la mayoría de nosotros nos parecería completamente justificado si Jesús hubiera decidido destruir a sus verdugos por tales acciones. Y sin embargo, en este inaguantable momento de sufrimiento que encontramos en el libro de Lucas, Jesús ora lo impensable, algo que va en contra de nuestra humanidad natural: *perdónalos, porque no saben lo que hacen.*

La palabra *perdón* significa "cancelar una deuda, ser liberados de una obligación o recibir el perdón". ¿Y quiénes son aquí los sujetos en la oración de Cristo? ¿Los soldados romanos que martillaban para clavar su cuerpo en los maderos? ¿Los guardias del templo que lo arrestaron en el huerto? ¿Fue Judas, el traidor, o quizás Herodes, Pilato o los falsos testigos que causaron su crucifixión? ¿Sus discípulos que huyeron? ¿O la multitud que gritaba que lo crucificaran? Sí, esta oración fue elevada por todos los que participaron en su muerte, incluidos tú y yo.

El pecado —sí, nuestro propio pecado— causó la muerte del Hijo de Dios. Pero gracias a Cristo, se creó el camino para que todos fuéramos perdonados y justificados a través de su acto desinteresado, redentor y sacrificial.

Padre celestial, clemente y misericordioso, que tu nombre sea siempre alabado y honrado por tu inmenso amor y abundante gracia. No soy digno, pero a través de Cristo has extendido tu misericordia y tu gracia a un pecador como yo. Gracias por perdonarme y acogerme como hijo de Dios. Amén.

Perdónanos nuestros pecados, así como hemos perdonado a los que pecan contra nosotros.

6 DE ABRIL

SER COMO JESÚS

Los que dicen que viven en Dios deben vivir como Jesús vivió.
1 JUAN 2:6

A menudo, las afirmaciones más breves y sencillas contienen el mayor peso y profundidad en verdad y poder, como este versículo. En 1 Juan 2:26, se nos recuerda que los beneficios de la misericordia y la gracia de Dios se encuentran en seguir e imitar a su Hijo por el poder del Espíritu Santo.

Juan nos dice claramente que la prueba de nuestro cristianismo está en vivir la vida de la misma manera que Jesús lo hizo. Él amó a la perfección, y su enfoque estaba puesto en la voluntad de su Padre. Él era abnegado y tenía motivos y un carácter puros. Todos los que dicen que son de Cristo se le parecerán y vivirán como el Señor lo hizo.

Por nuestro propio poder y fuerza, somos incapaces de vivir una vida tan recta. Sin embargo, gracias al amor del Espíritu Santo que nos guía —que nos trae santa convicción y dirección— y a la sabiduría de la palabra de Dios, podemos ver claramente cómo vivir como Cristo. Que podamos servir, amar, perdonar e incluir a los demás de la misma manera que el Señor lo hace.

Señor Jesús, esta mañana tengo esta sencilla oración dirigida a ti: por favor, por medio del poder de tu Espíritu Santo, haz que me parezca a ti y que viva como tú. Deseo honrarte con mi vida, para que tenga un valor genuino en tu reino. Amén.

NO PERMITAS QUE CEDAMOS ANTE LA TENTACIÓN.

7 DE ABRIL

En mi angustia

Para gloria de tu nombre, oh Señor, preserva mi vida;
por tu fidelidad, sácame de esta angustia.
Salmos 143:11

A los cristianos no se nos ha prometido una vida libre de angustia. Hay pasajes del Antiguo y del Nuevo Testamento que revelan la posibilidad, si no la *certidumbre*, de que enfrentaremos dificultades y tribulaciones en esta vida. A pesar de ello, las promesas de paz y gracia de Dios son maravillosamente abundantes para satisfacer cada una de nuestras necesidades.

En el pasaje bíblico de hoy, el salmista ruega al Señor que lo rescate. El escritor le pide a Dios que intervenga ante la angustia y el peligro para que Dios sea glorificado por otros sabiendo que el Señor acude al rescate de sus hijos.

Cuando las dificultades se hacen presentes, puede que no seamos capaces para cambiar nuestras circunstancias, pero el Señor prevalecerá. Él es fiel para ayudarnos y sacarnos de la desesperación para gloria de su nombre.

Señor, cuando estoy angustiado, tú me dices que confíe y descanse en tu fidelidad. Tú me libras del temor y la desesperación. Tengo mis ojos fijos en ti, mi fuente de fortaleza. Cuando estoy angustiado, me consuelas. Eres el Pastor de mi vida, el que me guía y me protege. Amén.

Rescátanos del maligno.

8 DE ABRIL

QUE TODA LA CREACIÓN LO ALABE

Que toda cosa creada alabe al Señor, pues él dio la orden y todo cobró vida. Puso todo lo creado en su lugar por siempre y para siempre. Su decreto jamás será revocado.
SALMOS 148:5-6

El Señor dio vida a todo lo creado, y nuestra respuesta es darle toda la gloria, el honor y la alabanza. Sin embargo, nuestro Dios es tan maravilloso, que las palabras no pueden proporcionarnos expresiones suficientes para nuestra adoración y asombro.

El libro de los Salmos está lleno de innumerables alabanzas a nuestro Rey, pero aún en toda su belleza lírica, que nos ayuda en nuestra alabanza a Dios, nunca agotaremos la lista de razones para adorarlo, porque la lista no tiene final. En el Salmo 40:5, el escritor revela su frustración al intentar expresar plenamente a Dios en toda su grandeza, proclamando que los planes de Dios son tantos que "resulta imposible enumerarlos" y que "si tratara de mencionar todas tus obras maravillosas, no terminaría jamás".

Se nos han dado suficientes medios para la adoración mientras vivimos constreñidos en estos caparazones terrestres. Sin embargo, estos pasajes bíblicos aluden a mucho más por venir, una vez que hayamos traspasado este ámbito limitado de la carne y cruzado el umbral de la eternidad.

El ser imponente que es alabado en este salmo es Yahvé, nuestro Dios y Creador. Él es el gran Comandante de toda la vida creada y del tiempo pasado, presente y futuro. ¡Él es Jehová Dios, el Señor de todo, y es digno de alabanza!

Padre, aunque nunca podré expresar plenamente mi adoración y mi respeto por ti ni mi amor y gratitud, me arrodillo ante ti en alabanza. ¡Que toda la creación alabe tu nombre, Rey Poderoso! Amén.

TUYOS SON EL REINO Y EL PODER Y LA GLORIA POR SIEMPRE.

9 de abril

Te amo, Señor

Te amo, Señor; tú eres mi fortaleza.
Salmos 18:1

Hay días en que leo grandes porciones de las Escrituras, intentando asimilar tantas instrucciones prácticas y principios del reino como pueda para poder aplicarlos en mi vida diaria. Otras veces, la lectura de una sección de las Escrituras abre mi corazón al Señor de nuevas maneras, proporcionándome revelaciones de sus inconmensurables cualidades y de su gran amor.

Luego hay mañanas —como esta— en las que leo solo unas cuantas palabras y me detengo para disfrutar su sencilla belleza y verdad, descubriendo que soy incapaz de continuar más allá de lo que he leído. Siete sencillas palabras —*Mi Señor, mi fortaleza, ¡yo te amo!* —, y ya no puedo seguir.

Ten el valor y la paciencia de detenerte en pequeños segmentos de la Palabra de Dios y contemplarlos hondamente. Estas siete palabras hablan de nuestra identidad como cristianos e iluminan nuestro destino. Lo amamos; Dios es nuestra fuerza.

Señor, gracias por momentos preciados y santos como este,
en los que tu Espíritu Santo nos proporciona una comprensión
inesperada y más profunda de una frase breve y hermosa.
Es verdad: te amo, Señor. Tuyo es mi corazón. Amén.

Padre nuestro que estás en el cielo, que sea siempre santo tu nombre.

10 DE ABRIL

A LO LARGO DEL CAMINO

Mientras caminaba, Jesús vio a un hombre
que era ciego de nacimiento.
JUAN 9:1

Jesús estaba entregado a la voluntad del Padre. Él sabía que su misión era liberar a la humanidad de las tinieblas y la muerte del pecado. Y sabía que estaba autorizado y facultado por el Espíritu Santo para hacerlo. Nosotros también hemos sido comisionados por Cristo y fortalecidos por el Espíritu Santo para continuar su misión mientras "caminamos" y nos ocupamos de nuestras vidas diarias.

Cuando Jesús se dirigía a lugares nuevos, Él observaba, discernía y ministraba a lo largo del camino —y nosotros debemos hacer lo mismo a lo largo de nuestro día. Y siempre que Cristo se encontraba con los que tenían alguna necesidad, Él los ayudaba.

Como cristianos contemporáneos, nuestro modelo a seguir debe ser el de Cristo. Nosotros también debemos discernir y estar atentos a las oportunidades de servir y atender las necesidades de las personas *a lo largo del camino* en todas las facetas de la trayectoria terrenal de nuestra vida.

Podemos concebir planes diseñados para tener oportunidades y metas nobles en nuestras vidas, esas que pensamos que son las mejores para honrar a Dios. Él, sin embargo, puede proveer oportunidades *a lo largo del camino* que no están en nuestros planes y que pueden posiblemente producir un mejor fruto para su reino.

Señor, que pueda verte y oírte mientras me guías a través del día. Guíame para ayudar a los demás a lo largo del camino como tú lo hiciste. Dirígeme hacia las necesidades de los que me rodean, y dame un cuidadoso discernimiento y las palabras apropiadas para cada situación. Amén.

QUE TU REINO VENGA PRONTO. QUE SE CUMPLA TU VOLUNTAD EN LA TIERRA COMO SE CUMPLE EN EL CIELO.

11 DE ABRIL

Nuevas misericordias cada día

¡El fiel amor del Señor nunca se acaba. Sus misericordias jamás terminan. Grande es su fidelidad; sus misericordias son nuevas cada mañana.
Lamentaciones 3:22-23

Mis mañanas suelen ser frescas, llenas de paz y emoción por las nuevas oportunidades que nos ofrece nuestro Padre celestial. ¡Qué hermoso es que las misericordias del Señor para con nosotros nunca cesen! De hecho, estas se renuevan con cada amanecer. Cuando nos despertamos, no importa lo que nos depare el día, el Señor ya ha derramado su misericordia sobre nuestra vida desde el primer respiro de la mañana, una imagen de favor y gracia.

Sin importar lo impíos e inmerecidos que fuéramos antes de conocer a Cristo, sin importar lo incompetentes e indeseados que nos hicieran sentir los criterios del mundo, todo eso es anulado a la luz de la misericordia de Cristo. Mediante la provisión de la cruz, el Señor nos considera valiosos, dignos de ser amados, justos y bienvenidos como hijos de Dios.

¡El amor fiel de Dios por nosotros nunca termina! Otras fuentes de amor cesarán, pero se nos promete que su amor y sus bondades nunca terminan. No es de extrañar que las palabras del escritor declaren con gran energía, "Grande es su fidelidad; sus misericordias son nuevas cada mañana" (Lamentaciones 3:23). ¡Qué dulce provisión!

Padre, esta mañana mi corazón se siente abrumado por tu bondad y por la magnífica belleza de tus maravillosas promesas. Me siento humilde ante tu presencia; mi corazón está agradecido más allá de lo que las palabras pueden expresar. Gracias, Señor, por amarme, por ser mi Pastor y mi Redentor. Amén.

Danos hoy el alimento que necesitamos.

12 DE ABRIL

Honrar el don de la gracia

¿Cómo puedo conocer todos los pecados escondidos en mi corazón? Límpiame de estas faltas ocultas. ¡Libra a tu siervo de pecar intencionalmente! No permitas que estos pecados me controlen. Entonces estaré libre de culpa y seré inocente de grandes pecados. Que las palabras de mi boca y la meditación de mi corazón sean de tu agrado, oh Señor, mi roca y mi redentor.

Salmos 19:12-14

Como cristianos, somos receptores de la gran gracia de Dios y no podemos ganarnos una posición más favorable en su presencia de la que ya experimentamos. Él nos ha liberado, nos guía por medio de su Espíritu Santo y está continuamente trabajando para formarnos a imagen de su único Hijo. Así es su gracia.

Aunque Dios nos ve a través del poder redentor de la obra de Cristo, vivimos en un mundo fallido por el pecado, y seguimos experimentando todas las debilidades y deficiencias que eso conlleva. Aunque estamos cubiertos con su manto de rectitud, nos presentamos humildemente ante el Señor y rezamos las palabras de este gran salmo, pidiéndole que nos purifique de las cosas ocultas, que nos guie para seguir su camino y no nos deje caer en ninguna trampa que nos tienda nuestro enemigo.

¡Que las palabras salidas de nuestra boca y las meditaciones de nuestro corazón agraden a Dios y lo honren junto a su maravilloso don de la gracia!

Señor Jesús, eres mi Roca fuerte y sólida, eres mi Redentor, pues solo tú pudiste pagar el precio de mi pecado. Espíritu Santo, por favor, trae tu santa y gentil convicción a mi vida, para que yo sea consciente de esas partes de mi corazón que no te honran. Por tu gracia, guárdame de todo aquello que te deshonre. Por el contrario, guíame en tu camino fuerte y recto. Amén.

Perdónanos nuestros pecados, así como hemos perdonado a los que pecan contra nosotros.

13 DE ABRIL

UNA VIDA POR LA QUE VALE LA PENA ABANDONARLO TODO

Tiempo después, al salir de la ciudad, Jesús vio a un cobrador de impuestos llamado Leví sentado en su cabina de cobrador. "Sígueme y sé mi discípulo", le dijo Jesús. Entonces Leví se levantó, dejó todo y lo siguió.
LUCAS 5:27-28

A lo largo de los siglos, muchos han oído hablar de Jesucristo, del perdón que nos brinda y la nueva vida que ofrece mediante el don de la gracia. Es una oferta difícil de rechazar: la redención de nuestras imprudentes decisiones y nuestras trasgresiones, de la culpa y la vergüenza de haber lastimado a otros en el pasado, de nuestro sufrimiento y soledad.

Disfrutar de este don, sin embargo, significa dejar nuestras vidas anteriores y seguir a Jesús, acogerlo a Él y a su estilo de vida, y comprometerse a una vida de servicio a Él.

En las escrituras de hoy, Leví nos ofrece un excelente ejemplo de la respuesta apropiada a esta gran invitación. Jesús invita a Leví a seguirlo, y ante la invitación, Leví se levanta, dejando atrás cualquier impedimento, y se compromete a servir a Cristo. Nuestra respuesta al amor de Cristo debe ser la misma: dejar nuestra vida tal como la conocemos y seguirlo. Puede que no sea fácil, pero es la elección sabia, correcta y vivificante. Nada en este mundo se puede comparar a la invitación de seguir a Jesús —ni vale más la pena.

Padre, me has ofrecido seguirte. Que nunca dude en recibirte como mi Salvador y Señor, y que nunca rechace ninguna petición tuya durante mi existencia. Amén

NO PERMITAS QUE CEDAMOS ANTE LA TENTACIÓN.

14 de abril

Mi refugio y fortaleza

¡Ten misericordia de mí, oh Dios, ten misericordia!
En ti busco protección. Me esconderé bajo la sombra
de tus alas hasta que haya pasado el peligro.
Salmos 57:1

En una primavera, las condiciones meteorológicas causaron una serie de fuertes tormentas y tornados. Una noche en la que las tormentas eran particularmente intensas, en un momento de intrepidez y curiosidad (nótese que no he dicho *de sabiduría*), salí al frente de mi casa mientras que el viento, la lluvia y el granizo azotaban mi cara, y empecé a rezar y a amonestar a la tormenta. A los pocos segundos, el viento se calmó y yo continué con mi trabajo, dándole gracias al Señor por el don de estar a salvo.

Una situación similar ocurrió unos días más tarde, pero esta vez el granizo era más grande. Corrí hacia adentro para refugiarme y oré al Señor para que la tormenta pasara sin causar ningún daño. La tormenta pasó, pero esta vez mi oración fue enviada desde debajo de las escaleras y no valientemente desde el césped del jardín delantero.

El Salmo 57 fue escrito cuando David estaba en peligro. Honestamente, hay veces que me siento tan valiente como un león en mi caminar como creyente (como cuando salí a la tormenta peligrosa y oré), pero otras veces me encuentro confundido en situaciones peligrosas, y simplemente corro hacia Dios para su misericordia y protección, orando para que el peligro pase. En cualquiera de estas reacciones, Dios está ahí, dándome refugio y fuerza.

Señor, mi confianza, mi esperanza y mi fuerza están en ti.
En mis momentos de debilidad, recuerdo que tú eres la fuente de mi refugio y protección. Cuando me enfrente a un peligro, te ruego que me ocultes a la sombra de tus alas hasta que el riesgo haya pasado.
Gracias por tu protección vivificante. Amén.

Rescátanos del maligno.

15 de abril

Tómate tiempo para ponderar

¡Qué asombrosas son las obras del Señor! Todos los que se deleitan en él deberían considerarlas. Todo lo que él hace revela su gloria y majestad; su justicia nunca falla.
Salmos 111:2-3

Aunque *ponderar* ya no es una palabra que se use a menudo, es la palabra perfecta para describir una pausada reflexión matutina sobre las obras del Señor. No solo se nos dice que ponderemos las obras del Señor, sino que también nos deleitemos en cada una de ellas.

En nuestra prisa por cumplir con nuestras obligaciones diarias, a menudo no nos detenemos a considerar deliberadamente las increíbles obras de nuestro Rey. No solo vemos su gloria en las cosas pequeñas —la flor más diminuta de la primavera, un bebé que expresa alegría por primera vez, la majestuosidad de una puesta de sol habitual—, sino que también podemos ver su gloria en las cosas grandes —una persona curada de una enfermedad, el primer encuentro de un nuevo cristiano con la presencia tangible de Dios, la duradera obra redentora de la cruz.

Este día, haz un espacio en tu horario para ponderar sobre la majestuosidad de su obra en tu propia vida. Desde tu nacimiento hasta el momento presente, el Señor te ha sostenido en su amorosa misericordia y bondad. Él merece todo el poder y el honor y la gloria por siempre por su bondad para con nosotros.

Verdaderamente, Padre, mi corazón está lleno de asombro, maravilla y gratitud. Las obras de tus manos son grandes y sobrecogedoras, incluso en mi propia vida. Tu bondad no tiene límites, y yo me beneficio directamente de esa verdad. Tú, Señor, eres grande y glorioso. Eres justo y santo. Solo tú eres Dios y Rey para siempre. Amén.

Tuyos son el reino y el poder y la gloria por siempre.

16 DE ABRIL

Su obra maestra

Pues somos la obra maestra de Dios. Él nos creó de nuevo en Cristo Jesús, a fin de que hagamos las cosas buenas que preparó para nosotros tiempo atrás.
Efesios 2:10

Yo conducía lentamente por el estrecho carril desde nuestra casa hacia la carretera rural asfaltada. A mitad de camino, pude vislumbrar frente a mí un pequeño animal. Detuve el carro y descubrí que era un pajarito. Al principio estaba inmóvil, pero luego se escabulló rápidamente hacia uno de los muchos árboles que bordeaban la valla junto al camino. Las plumas de vivos tonos azules, rojos, amarillos y verdes eran impresionantes. Pensé: *¡Qué obra maestra ha hecho Dios al crear esta pequeña y gallarda ave!*

Siento una fascinación por el reino animal desde que tengo uso de razón. Y, aunque para muchos de nosotros, es fácil considerar el reino animal como asombrosamente creativo, hermoso e inspirador, resulta mucho más difícil sentir lo mismo por la humanidad. Sin embargo, aunque vivimos en un mundo fallido, el Señor nos creó a su imagen como su obra maestra.

Por medio de la obra redentora de Cristo y de nuestra obediencia a su autoridad, podemos entrar en un reino de cosas que ha planeado para nosotros: cosas buenas que le traen gloria y honor mientras caminamos por donde nos guía. Él toma las partes dañadas y rotas de nosotros y las hace nuevas. Él mira a sus hijos e hijas con gozo y con el corazón orgulloso de un papá.

Dios, me has creado para buenos propósitos y me has redimido a través de tu Hijo, el Salvador de toda la humanidad, Jesucristo. Soy el resultado de tu divina destreza y existo para tu gran agrado. Que en este día se cumpla todo lo que has planeado para mí según tu voluntad. Amén.

Padre nuestro que estás en el cielo, que sea siempre santo tu nombre.

17 DE ABRIL

Porque esta es la vountad de Dios

Jesús contestó: —El mandamiento más importante es: "¡Escucha, oh Israel! El Señor nuestro Dios es el único Señor. Ama al Señor tu Dios con todo tu corazón, con toda tu alma, con toda tu mente y con todas tus fuerzas". El segundo es igualmente importante: "Ama a tu prójimo como a ti mismo". Ningún otro mandamiento es más importante que estos.

Marcos 12:29-31

Hay mucho que aprender de las palabras de Jesús contenidas en los cuatro evangelios. Estos revelan su ministerio y los planes para su reino. Pero de todas sus enseñanzas, podemos encontrar en el pasaje bíblico de hoy un sólido resumen de su corazón y su instrucción mientras estuvo enseñándonos aquí en la Tierra.

Jesús nos enseñó que el principal objetivo de Dios es que lo amemos con devoción ilimitada y con todo nuestro ser, y nos enseñó también que obedecer este mandamiento produce vida abundante. En verdad, amar a Dios es la experiencia humana suprema; cualquier otro tipo de amor no tiene comparación.

Jesús también nos ordena amar al prójimo como a nosotros mismos. Al final, ¿cómo cumplimos ese mandamiento en toda su extensión? Compartiendo con los demás el amor y la libertad que encontramos en Cristo.

Te amo, Señor, y quiero amarte aún más. Tú dijiste que si te amaba debía obedecer tus mandamientos, y lo que has mandado es que ame a las personas como tú lo haces. Ayúdame, Señor Jesús, a ser como tú y a compartir las buenas nuevas de tu reino con los demás. Amén.

Que tu reino venga pronto. Que se cumpla tu voluntad en la tierra como se cumple en el cielo.

18 de abril

Él decide cuándo ya se ha cumplido

Jesús sabía que su misión ya había terminado y, para cumplir las Escrituras, dijo: "Tengo sed". Había allí una vasija de vino agrio, así que mojaron una esponja en el vino, la pusieron en una rama de hisopo y la acercaron a los labios de Jesús. Después de probar el vino, Jesús dijo: "¡Todo está cumplido!". Entonces inclinó la cabeza y entregó su espíritu.

Juan 19:28-30

Una de las razones por las que es esencial dedicar tiempo a la Biblia y a la oración es para desarrollar una aguda sensibilidad al Espíritu de Dios, para desarrollar la capacidad de distinguir su voz de las muchas otras voces que claman, que compiten y que intentan distraer nuestro foco del Señor. Dios es soberano y providencial y tiene un propósito en cada una de sus acciones.

Jesús conocía bien su misión y cómo iba a llevarse a cabo en esta tierra. Era una misión muy difícil. Habría sido más fácil no completarla, pero en vez de eso, Jesús soportó la cruz hasta el final. Solo Cristo decidió que su misión y su vida terrenal ya habían llegado a su fin, no sus acusadores, ni los romanos ni nadie más. Solo Jesús tenía el poder de declarar "Todo está cumplido".

Como hijos de Dios, estamos bajo su cuidado —lo que significa que formamos parte de su imparable plan divino que se está desarrollando en nuestra propia historia. Dejemos que sea el Señor quien decida los cambios de capítulo y las conclusiones, y que sea quien escriba el epílogo. Solamente Dios tiene el poder de decidir lo que sucederá a continuación.

Padre, te ruego que mi vida siga tu camino por medio de tu provisión y para tu gloria. Ayúdame a ser obediente a lo que me pides, y provee lo necesario para cumplir tu voluntad. Amén.

Danos hoy el alimento que necesitamos.

19 DE ABRIL

EL FIEL

Jesucristo es el mismo ayer, hoy y siempre.
HEBREOS 13:8

Cuando era niño, la señal de la hora de la cena era cuando mi padre llegaba a casa al final de su jornada laboral. Entraba por la puerta trasera, saludaba y ponía su fiambrera en el mostrador de la cocina. Se lavaba las manos y luego se sentaba a la mesa.

Entonces nos enterábamos de cómo había sido el estado de ánimo de su supervisor durante el día de trabajo, si había sido demasiado gruñón o cordial. La frustración de mi padre era el temperamento inconsistente y déspota de su supervisor. Los raros días en que su jefe era cordial, mi papá comentaba la atmósfera positiva que reinaba en el taller.

Puede ser difícil seguir a un líder que es voluble en su carácter y en la toma de decisiones, y que además es déspota. A diferencia de la frágil y quebrantada humanidad, Jesucristo ha sido, es y seguirá siendo consistentemente el mismo en carácter y liderazgo. Él nos guía con compasión, misericordia y gracia, y sus habilidades y expectativas son *siempre* las mismas. Su *sí* es sí, y su *no* es no, y sus decisiones son intachables.

Él nunca nos decepcionará, pero si nosotros lo decepcionamos, perdona al corazón sincero que se lo pide. Verdaderamente, Jesús es la roca siempre fiel sobre la que podemos construir nuestras vidas. Él no revoca su perdón de los pecados, y su amor es permanente.

Gracias, Señor, por tu fidelidad, tu perdón y tu consistencia. Gracias por tu guía y cuidado inquebrantables. Yo siempre sé lo que puedo esperar de ti. Sé que lo que es mejor para tu gloria también será, en última instancia, lo mejor para mí. Amén.

PERDÓNANOS NUESTROS PECADOS, ASÍ COMO HEMOS PERDONADO A LOS QUE PECAN CONTRA NOSOTROS.

20 DE ABRIL

El camino correcto

Los que siguen el buen camino temen al Señor;
los que van por mal camino lo desprecian.
PROVERBIOS 14:2

Algunos pasajes bíblicos parecen eludir a veces la claridad, quizás porque están vinculados a una antigua alianza o a una antigua práctica cultural olvidada hace tiempo. También hay pasajes, como los que se encuentran en el libro del Apocalipsis, cuyo significado permanecerá un tanto oculto hasta que llegue el momento de su cumplimiento.

Luego hay muchos versículos, como Proverbios 14:2, donde el propósito es luminoso y claro, sin lugar a interpretaciones erróneas. Los pasajes como este nos recuerdan directamente cómo debemos vivir para agradar a nuestro Padre celestial y traerle gloria. Es sencillo: si lo amamos, lo seguiremos; si elegimos desobedecer, estamos declarando enfáticamente que despreciamos su buen regalo de gracia.

Jesús dijo, "la puerta de acceso a la vida es muy angosta y el camino es difícil, y son solo unos pocos los que alguna vez lo encuentran" (Mateo 7:14). Seamos nosotros los que busquemos el camino estrecho y lo sigamos de todo corazón.

Señor Jesús, solo tú eres el único camino hacia el Padre,
hacia la vida. Gracias por tu misericordia y tu revelación.
Te alabo por tu amor, tu gracia y tu cuidado continuo
en mi vida mientras confío en ti y te sigo. Amén.

NO PERMITAS QUE CEDAMOS ANTE LA TENTACIÓN.

21 DE ABRIL

LIBRES DEL TEMOR

Oré al Señor, y él me respondió; me libró de todos mis temores.
SALMOS 34:4

A menudo no tenemos que mirar más allá de nuestro propio patio trasero para descubrir algo que podría causarnos inquietud, desasosiego o temor. Las noticias locales vespertinas están llenas de suficientes problemas como para mantenernos llenos de preocupación mientras nos desplazamos por nuestros vecindarios. Por grandes o pequeños que sean nuestros temores, globales o locales, el Señor promete librarnos de *todo* temor.

Pero ¿puede esta promesa ser tomada al pie de la letra? ¿Cómo es posible?

La clave se encuentra en esta oración: *Busqué al Señor, y Él me escuchó.* A lo largo de la Biblia se nos anima a orar como una parte normal y vital de la vida cristiana, pero, desafortunadamente, a menudo es la práctica espiritual más descuidada. Un convivio en una iglesia muchas veces atrae a mucha gente, pero un llamado a una reunión para hacer oración apenas atrae a unos cuantos.

La oración es absolutamente necesaria para una vida espiritual sana, en crecimiento y equilibrada. Jesús dijo a sus discípulos que debían orar siempre y nunca desfallecer (Lucas 18:1), y el apóstol Pablo exhorta a orar sin cesar (Tesalonicenses 5:17). Cuando oramos, estamos poniéndolo todo en las manos de Dios y reconociéndolo como nuestro verdadero Liberador y Rey, alejando nuestro temor con un sencillo acto de fe.

Padre, gracias por el don de la oración, y gracias por librarme de mis temores. Toda la fuerza que yo pueda tener reside en confiar en ti y buscar tus respuestas y tu protección mientras hago oración. Amén.

RESCÁTANOS DEL MALIGNO.

22 DE ABRIL

¿Quién sino el Señor?

¡Tú eres mi Dios y te alabaré! ¡Eres mi Dios y te exaltaré!
¡Den gracias al Señor, porque él es bueno!
Su fiel amor perdura para siempre.
Salmos 118:28-29

Fuimos creados para experimentar emociones —incluso en nuestra relación con el Señor— y podemos ver fácilmente todo el espectro de experiencias emotivas a lo largo de los Salmos. Hay días en que parece que no lo "sentimos", pero en nuestro amor, confianza y devoción al Señor, seguimos adelante. Movidos por nuestra fe, ponemos un pie delante del otro, siguiendo la dirección de Dios, simplemente porque debemos obedecerlo.

Luego hay días en los que nuestra experiencia afectiva se siente abrumadoramente llena y cargada. Es posible que nos sintamos como el salmista en el Salmo 73:25 quien escribe: "¿A quién tengo en el cielo sino a ti? Te deseo más que cualquier cosa en la tierra".

En nuestro camino de fe, hay momentos en los que nos invade la conciencia de que nada más puede darnos consuelo o satisfacción que la dulce presencia del Señor. ¿Quién, sino el Señor, puede saciar nuestro corazón?

No hay nada más que me haga sentir satisfecho por completo, Señor y Rey mío. Has apresado mi corazón, y has expuesto mis deseos terrenales como vanidad cuando se comparan con la vida contigo. Ni la riqueza ni la fama satisfacen al alma. Solo tú, y la esperanza de estar en tu presencia, nos traen la paz. Eres mi Dios y yo te alabo y te exalto. Amén.

Tuyos son el reino y el poder y la gloria por siempre.

23 DE ABRIL

Santo

¡Exalten al Señor nuestro Dios!
¡Póstrense ante sus pies porque él es santo!
Salmos 99:5

La mejor manera de empezar cada día es reconociendo y honrando a Aquel que estuvo aquí antes que nosotros, nos hizo para sus propósitos y estará aquí cuando dejemos esta tierra. Fuimos creados para su beneplácito. Es verdaderamente humilde reconocer que todo —aun nuestra propia existencia— gira en torno a Dios y a sus designios, y no a lo que nosotros deseamos. Él es lo supremo, lo más puro y lo más noble. Su carácter es impecable y todo lo que hace en pensamiento y obra está plenamente justificado y es recto. Verdaderamente, solo el Santo es digno de nuestra adoración.

Este versículo estalla ante el mandato de adorar al Señor, seguido por la instrucción de mostrar adoración con una manifestación física —expresada de la manera más humilde— postrándonos ante a los pies del Señor. También se revela el total deleite del adorador, ya que el Señor es *nuestro Dios*, el centro de atención y la pasión del corazón del creyente.

Lo que parece ser —y es— un mandato de alabar a Dios podría ser percibido como un acto legalista, pero en realidad es todo lo contrario para quienes buscan el corazón y la presencia de Dios. El corazón entregado al Señor encuentra honor, anticipación, privilegio y plenitud al exaltar al que es Santo en la adoración.

Señor, aunque hay muchas cosas por las que podría rezar hoy, elijo quedarme callado en honor y adoración a ti, porque en verdad solo tú eres Dios. ¡Solo tú eres santo y solo tú eres digno de toda gloria!

Padre nuestro que estás en el cielo, que sea siempre santo tu nombre.

24 DE ABRIL

NUESTRA FUENTE DE VIDA

Los que lo abandonen, perecerán, porque tú destruyes a los que se alejan de ti. En cuanto a mí, ¡qué bueno es estar cerca de Dios! Hice al Señor Soberano mi refugio, y a todos les contaré las maravillas que haces!
SALMOS 73:27-28

La sustancia, el carácter y la naturaleza de Dios es el amor. Él es la fuente singular del amor puro, y define su esencia misma. Su gracia, proveniente de la profundidad de su amor, lo llevó a extendernos su misericordia y ofrecernos la posibilidad de alcanzar la salvación. Rechazar o negar su gentil y extravagante oferta de perdón es como adentrarse en un desierto implacable sin ninguna provisión para sobrevivir. Sin el Señor, nosotros perecemos.

Por el contrario, el salmista dice que es bueno para él permanecer cerca de Dios —de su refugio, protección y fuente de vida. Que nuestro objetivo sea dar a conocer a todos las grandes maravillas de nuestro Dios que dio a su único Hijo, para que así podamos disfrutar de la vida eterna en su presencia. Solo Dios es la verdadera fuente de vida.

Deseo permanecer en tu presencia, Señor, ya que solo tú eres capaz de dar vida y amor en abundancia. Me sostienes y me das aliento. Por favor guíame para que les hable a los que se encuentran en mi camino de las maravillas de tu amor, pues esta es tu voluntad. Amén.

QUE TU REINO VENGA PRONTO. QUE SE CUMPLA TU VOLUNTAD EN LA TIERRA COMO SE CUMPLE EN EL CIELO.

25 DE ABRIL

Nuestro lugar seguro

En cuanto a mí, yo cantaré de tu poder; cada mañana cantaré con alegría acerca de tu amor inagotable. Pues tú has sido mi refugio, un lugar seguro cuando estoy angustiado. Oh Fortaleza mía, a ti canto alabanzas, porque tú, oh Dios, eres mi refugio, el Dios que me demuestra amor inagotable.

Salmos 59:16-17

Cada mañana cantaré con alegría acerca de tu amor inagotable. A menudo me siento atraído por este salmo, pero cuando comprendo realmente la gravedad de lo que dice, siento la tentación de preguntarme: *¿es en serio?*

¿Qué debemos hacer las mañanas en las que nos sentimos vencidos o abrumados por nuestras circunstancias? ¿Y qué de esos días en los que no tenemos energía para levantarnos de la cama, ni mucho menos suficiente alegría como para ponernos a cantar?

En los días difíciles, podemos mirar hacia nuestro pasado y recordar cómo Dios ha sido nuestro libertador y protector, rescatándonos fielmente y guiándonos una y otra vez con su amor inagotable. Cuando estamos angustiados y abrumados, el Señor es nuestro escondite, nuestro refugio y lugar seguro. Cualquiera que sea la causa de nuestra preocupación, la provisión para persistir se encuentra en el amor inquebrantable de Dios.

Padre, agradezco sinceramente que cada día, por medio de tu gracia suficiente, me proporcionas los recursos necesarios para enfrentar cualquier dificultad que se me presente. Gracias por ser mi lugar seguro y la fuente de todo lo que necesito. Amén.

Danos hoy el alimento que necesitamos.

26 de abril

El mensaje que debe ser proclamado

Entonces les abrió la mente para que entendieran las Escrituras, y dijo: "Efectivamente, se escribió hace mucho tiempo que el Mesías debería sufrir, morir y resucitar al tercer día. También se escribió que este mensaje se proclamaría con la autoridad de su nombre a todas las naciones, comenzando con Jerusalén: 'Hay perdón de pecados para todos los que se arrepientan'. Ustedes son testigos de todas estas cosas. Ahora enviaré al Espíritu Santo, tal como prometió mi Padre; pero quédense aquí en la ciudad hasta que el Espíritu Santo venga y los llene con poder del cielo".

Lucas 24:45-49

La frase "estás perdonado" es poderosa y liberadora. El perdón auténtico y sincero libera el corazón del cautiverio y del peso del pecado. Cuando nos arrepentimos y recibimos el perdón de Dios, iniciamos la vida que Dios nos tiene destinada.

En este pasaje bíblico, Jesús se dirige a sus discípulos después de la resurrección y antes de su ascensión al cielo. Les da una gran responsabilidad: como testigos de que las Escrituras fueron cumplidas, sus discípulos debían proclamar el mensaje de redención de Cristo a todas las naciones.

Alabado sea Dios por el perdón disponible para todos los que se arrepienten, y gracias a Dios por la obediencia de los discípulos, que difundieron las buenas nuevas de Cristo por toda la Tierra. Hoy, miles de años después de la muerte y resurrección de Jesucristo, la experiencia del perdón pleno y completo sigue siendo relevante y está viva y al alcance de cualquier corazón dispuesto.

Señor, un corazón redimido y agradecido se arrodilla ante ti esta mañana. Lléname de tu Espíritu Santo, para que yo esté dispuesto a anunciar valientemente tus buenas nuevas a quienes estén dispuestos a oírlas. Amén.

Perdónanos nuestros pecados, así como hemos perdonado a los que pecan contra nosotros.

27 de abril

Tranquilos

En cambio, todos los que me escuchan vivirán en paz,
tranquilos y sin temor del mal.
Proverbios 1:33

La paz es la promesa para todo aquel que escucha y presta atención a la sabiduría y el consejo de Dios. Basándome en mis propias dificultades, así como en las observaciones de otros a lo largo de las décadas, la tentación tiene dos compañeros de viaje: uno se llama inquietud y el otro, ansiedad. Ambos son problemáticos y ninguno de ellos es buen vecino de la paz.

La paz fue diseñada por Dios para que tengamos un corazón espiritual sano y en buenas condiciones. El consejo y la propuesta de Cristo consisten en permitir que su paz habite en nosotros. La suya es una oferta de permanencia, diferente a cualquier imitación temporal mundana; la suya es una paz que el mundo no puede ofrecer. Su paz es tan maravillosa que no puede comprenderse plenamente.

A la tentación se le reconoce por la ausencia de paz, así que todos aquellos cuyos corazones encuentra vida en su lealtad a Cristo, oren bien para ser conducidos lejos de los lugares donde reside la tentación.

Señor Jesús, sin ti, la paz es un mero concepto, pero en ti,
la paz es certeza, como lo es también la esperanza.
Guíame hacia todo lo que te honra. Amén.

No permitas que cedamos ante la tentación.

28 de abril

El Señor, nuestra fortaleza

El Señor es mi luz y mi salvación, entonces ¿por qué habría de temer? El Señor es mi fortaleza y me protege del peligro, entonces ¿por qué habría de temblar? Cuando los malvados vengan a devorarme, cuando mis enemigos y adversarios me ataquen, tropezarán y caerán. Aunque un ejército poderoso me rodee, mi corazón no temerá. Aunque me ataquen, permaneceré confiado.

Salmos 27:1-3

A veces hay una niebla baja en el valle cercano a nuestra casa. En estas mañanas brumosas, cuando la luz todavía no se asoma, y aunque contemple con atención el paisaje familiar, la oscuridad y la niebla circundantes hacen que todo me parezca extraño. Es casi como si me asomara a la escena de una novela o película de suspenso. Sin embargo, en cuanto el amanecer emite suficiente luz para iluminar el valle, este se convierte en una escena hermosa y apacible.

En el Señor tenemos una luz inagotable que penetra la oscuridad. Su luz trae esperanza, paz y la capacidad de ver el camino por el que nos conduce. No debemos temer lo oculto para nosotros si nuestra confianza está puesta en el Señor, pues es nuestro protector ante el peligro.

El pasaje de hoy nos enseña que no estamos exentos del ataque del enemigo, ¡pero seguimos siendo resguardados por Cristo Jesús, el vencedor! Él es nuestra fortaleza: ¿a quién temeremos?

Señor, el salmista David escribió que podía sentarse a tu mesa en presencia de sus enemigos y estar en paz, porque tú estabas allí con él. Eres mi luz y mi salvación; eres mi refugio, mi baluarte y mi fortaleza. No temeré porque descanso en tu fuerza y tu paz. Confío en que, sin importar cuál sea la estrategia del enemigo para hacerme daño en este día, tú me librarás y me protegerás. Amén.

Rescátanos del maligno.

29 DE ABRIL

¡MAGNIFICENTE!

Los cielos proclaman la gloria de Dios y el firmamento despliega la destreza de sus manos. Día tras día no cesan de hablar; noche tras noche lo dan a conocer. Hablan sin sonidos ni palabras; su voz jamás se oye. Sin embargo, su mensaje se ha difundido por toda la tierra y sus palabras, por todo el mundo.

SALMOS 19:1-4

¿Alguna vez has despertado lo suficientemente temprano como para disfrutar de una luna clara y una madrugada iluminada por las estrellas? Quizás lo hayas hecho hoy. En las madrugadas tempranas, una miríada de estrellas brillantes y la luz resplandeciente de la luna revelan la obra de Dios, tanto por encima de nosotros como aquí abajo al iluminar suavemente la Tierra.

Día tras día y noche tras noche, los cielos continúan proclamando la fidelidad y la majestuosidad de Dios. ¿Quién sino Dios podría imaginar y crear tanta belleza? ¿Quién sino Dios podría hacer algo tan infinitamente maravilloso que los seres humanos sean incapaces de medir o catalogar?

Ciertamente, ninguna inteligencia humana podría haber imaginado o desarrollado algo de tan indescriptible inmensidad. ¿Lo concibió Dios primero en su mente, o simplemente habló y fue creado? Solo hay una fuente que pudo haber logrado tal magnificencia: ¡su nombre es Yahvé y solo Él es Dios! ¡Suya es la gloria por siempre!

Padre, solamente tú eres magnificente. La única expresión que tengo para describir lo que siento en momentos de asombro como este es "sin palabras". Me encanta ser testigo de su majestuosidad. Gracias por la luna, las estrellas y el cielo que funcionan para dar a conocer tu gloria. Que yo también dé a conocer tu gloria al adorarte sincera y humildemente en todo lo que haga hoy. Solo tú eres digno de alabanza. Amén.

TUYOS SON EL REINO Y EL PODER Y LA GLORIA POR SIEMPRE.

30 DE ABRIL

Sus poderosas obras

Alábenlo por sus obras poderosas; ¡alaben su grandeza sin igual!
Salmos 150:2

Quien es hijo o hija de Dios lo honra humildemente y exalta como el dador de vida, tanto ahora como en la eternidad. Es nuestro privilegio y nuestro llamado honrar su grandeza y alabarlo por sus poderosas obras. Mientras el enemigo intenta desacreditar y denigrar a Dios, nosotros tenemos el honor de compartir con los demás historias reales de la bondad, la provisión, la gentileza y el perdón de Dios en nuestras propias vidas.

No subestimes el poder de contarle humildemente a los demás las buenas nuevas de lo que Dios ha hecho en ti o a través de ti. No tienes que ser pastor, misionero, ministro o estudiante de seminario para que esto tenga un efecto significativo y duradero en los que te rodean. Le trae honra a nuestro Padre celestial cuando compartimos con los demás cómo hemos visto su gloria, y ayuda a edificar la fe en nuestras comunidades.

El pueblo redimido de Dios alabará para siempre al Señor por sus poderosas obras y su grandeza sin igual. Cuando todas las cosas temporales de este mundo se desvanezcan y sean olvidadas, el Señor y sus obras perdurarán.

Esta mañana inclino humildemente mi corazón ante ti, mi Salvador y mi Dios. Eres mi fuente de vida. Por el poder de tu Espíritu Santo, ayúdame a proclamar la historia de tus poderosas obras —no solo las que se encuentran en tu Palabra, sino también las que he experimentado en mi propia vida. Tomaste a un ser roto y separado de tu bondad, y me llevaste al lugar donde podía ver tu misericordia motivada por tu amor. Allí dejé de lado el fracaso, el egoísmo y el pecado. Allí es donde tu gracia recubrió este corazón ilimitadamente. ¡Gloria sea dada a tu nombre mi Señor y mi Rey! Amén.

Padre nuestro que estás en el cielo, que sea siempre santo tu nombre.

1 de mayo

Las irrevocables promesas de Dios

El Espíritu del Señor Soberano está sobre mí, porque el Señor me ha ungido para llevar buenas noticias a los pobres. Me ha enviado para consolar a los de corazón quebrantado y a proclamar que los cautivos serán liberados y que los prisioneros serán puestos en libertad. Él me ha enviado para anunciar a los que se lamentan que ha llegado el tiempo del favor del Señor junto con el día de la ira de Dios contra sus enemigos. A todos los que se lamentan en Israel les dará una corona de belleza en lugar de cenizas, una gozosa bendición en lugar de luto, una festiva alabanza en lugar de desesperación. Ellos, en su justicia, serán como grandes robles que el Señor ha plantado para su propia gloria.

Isaías 61:1-3

Toda la Biblia habla de verdad, poder y vida. Este pasaje es de un poder enorme, ya que revela la liberación venidera para todas las personas a través del Salvador Jesucristo. Motivado por su amor y su misericordia sin límites, Dios cumplirá sus promesas no solo a su pueblo, Israel, sino a todos los pueblos.

Cuando Cristo vino a la Tierra, cumplió esta escritura y completó con éxito el plan del Padre para la reconciliación de la humanidad. ¡Cuando Dios hace una promesa, la cumple! Ya cumplida la promesa, todos aquellos que se arrepientan y crean en el Hijo unigénito de Dios serán acogidos en la luz y la vida eternas. Los que entran en la familia de Dios permanecerán para siempre en su presencia, adorándolo y honrándolo.

Señor, yo era pobre de espíritu y tú viniste a mí con la buena noticia de la salvación. Me trajiste consuelo y sanaste mi corazón quebrantado. Me liberaste de una prisión de tinieblas y derramaste tu misericordia y tu favor sobre mí. Por tu gracia, soy tuyo. Amén.

Que tu reino venga pronto. Que se cumpla tu voluntad en la tierra como se cumple en el cielo.

2 DE MAYO

Amados por Dios

Por lo tanto, ya que fuimos hechos justos a los ojos de Dios por medio de la fe, tenemos paz con Dios gracias a lo que Jesucristo nuestro Señor hizo por nosotros. Debido a nuestra fe, Cristo nos hizo entrar en este lugar de privilegio inmerecido en el cual ahora permanecemos, y esperamos con confianza y alegría participar de la gloria de Dios. También nos alegramos al enfrentar pruebas y dificultades porque sabemos que nos ayudan a desarrollar resistencia. Y la resistencia desarrolla firmeza de carácter, y el carácter fortalece nuestra esperanza segura de salvación. Y esa esperanza no acabará en desilusión. Pues sabemos con cuánta ternura nos ama Dios, porque nos ha dado el Espíritu Santo para llenar nuestro corazón con su amor.

Romanos 5:1-5

En este pasaje de Romanos, Pablo nos recuerda que tenemos el privilegio y el honor inmerecidos de que Dios, nuestro Padre celestial, nos cuide, nos ayude a crecer y nos sustente.

Independientemente de lo que tengamos que padecer en esta vida terrenal, tenemos la seguridad de saber que Dios usará las pruebas y tribulaciones para refinar nuestra resistencia, desarrollar nuestro carácter y, en última instancia, fortalecer nuestra esperanza en Él. Aunque nos sintamos incómodos, temerosos o incluso perdidos y deprimidos cuando enfrentamos dificultades, nada de lo que experimentemos quedará sin ser utilizado por Dios para nuestro bien y para su gloria, y nada podrá separarnos del amor de Dios. Podemos confiar en el Señor y en sus planes, porque su palabra nos revela que nos ama profundamente.

Padre, me regocijo en la verdad de que utilizas cada dificultad para refinar mi carácter, fortalecer mi esperanza y aumentar mi fe. Estoy agradecido por el don de tu Espíritu Santo, que me recuerda tu amor y tu verdad. Me presento ante ti con reverencia esta mañana y te pido que me des la fe para seguirte siempre y en todo lugar. Amén.

Danos hoy el alimento que necesitamos.

3 DE MAYO

ENTENDER EL PERDÓN

Y perdónanos nuestros pecados, así como hemos perdonado a los que pecan contra nosotros. No permitas que cedamos ante la tentación, sino rescátanos del maligno. Si perdonas a los que pecan contra ti, tu Padre celestial te perdonará a ti; pero si te niegas a perdonar a los demás, tu Padre no perdonará tus pecados.
MATEO 6:12-15

Cuando reflexiono en el pasaje bíblico de aquí arriba, inmediatamente tengo tres pensamientos. Primero, sin excepción, todos necesitamos el perdón para estar bien con Dios. Segundo, aunque no merezcamos el perdón, Dios nos lo extiende y lo ha puesto a nuestra disposición a través de Cristo. Y tercero, nuestro propio perdón está vinculado al perdón *de los demás.*

Aun con lo abundantemente misericordioso y compasivo que es nuestro Señor y Salvador, es una realidad verdaderamente aterradora que no seremos perdonados si nuestros corazones están endurecidos. Ha habido momentos en mi vida en los que me he negado a perdonar. Gracias a Dios, el Espíritu Santo trajo su suave y gentil convicción a mi vida y me arrepentí, recibiendo simultáneamente el perdón por mi propio pecado mientras perdonaba a otra persona por su pecado contra mí.

Si el Señor mismo —el santísimo Creador, Sustentador y Rey de todo— puede perdonar a través de su amor misericordioso, ¿quiénes somos nosotros, como meros seres humanos, para negarle el perdón a los demás? Cuando perdonamos a los que nos han ofendido, también somos perdonados por el Padre. ¡Oh, la gloria de su amor y su misericordia en nuestras vidas!

Señor, no merezco tu perdón, pero me has extendido tu misericordia. Que pueda vivir como Cristo vivió y extender la misericordia y el perdón a los demás. Amén.

PERDÓNANOS NUESTROS PECADOS, ASÍ COMO HEMOS PERDONADO A LOS QUE PECAN CONTRA NOSOTROS.

4 DE MAYO

La sabiduría de seguirlo

Tu palabra es una lámpara que guía mis pies
y una luz para mi camino.
Salmos 119:105

Una vez hice una excursión de un día en un parque estatal con el que no estaba familiarizado y, aunque comencé mi caminata al amanecer, debido a mi mala planificación, tuve que regresar a mi campamento de noche, solo con un mapa impreso y una linterna. Sobra decir que mi pequeña linterna era insuficiente para la profunda oscuridad del bosque.

Hubo un momento en que me encontraba peligrosamente cerca de un escarpado acantilado que yo no podía ver. Cuando finalmente me di cuenta del peligro —y luego de un movimiento rápido para alejarme del saliente— pensé que podría haber evitado la amenaza de haber sido lo suficientemente prudente como para regresarme mientras el sol todavía estaba alto en el horizonte, por no hablar de la larga e incómoda caminata de vuelta al campamento.

Afortunadamente, como hijos e hijas de Dios, no tenemos que andar por nuestras vidas alejados de la luz de Cristo. Hay sabiduría en seguirlo como nuestro protector y guía. Su amor nos conduce suavemente en su voluntad y a través de ella, y su Palabra ilumina su carácter y nos exhorta a imitarlo en todo lo que hacemos. Su Espíritu Santo, su luz —una luz más brillante y permanente que la del sol, la luna y las estrellas— nos alejará de los peligros de la tentación y de los peligros que el enemigo ponga en nuestro camino. La Palabra de Dios nos muestra el camino. Síguelo de todo corazón.

Padre, esta mañana te pido que me guíes por tu buen camino
y no me dejes errar ni extraviarme en el camino del mal.
Que tu camino se haga obvio para mí a través de la dirección
de tu Espíritu Santo y de tu Palabra. Amén.

No permitas que cedamos ante la tentación.

5 de mayo

Ocúltame en los tiempos difíciles

Pues él me ocultará allí cuando vengan dificultades;
me esconderá en su santuario. Me pondrá en
una roca alta donde nadie me alcanzará.
Salmos 27:5

¿Alguna vez has recordado una época difícil o un acontecimiento terrible y te diste cuenta de cómo el Señor te protegió y aseguró tu bienestar, quizás incluso ocultándote y protegiéndote de problemas mayores? Cualquiera que sea la circunstancia, Él ha estado ahí a tu lado.

El otro día, yo experimenté un momento que ilustra el pasaje bíblico de hoy de una nueva manera. Oí un fuerte golpe en la ventana no muy lejos de donde estaba leyendo. Cuando fui a indagar, descubrí un cardenal hembra que yacía en el suelo bajo la ventana. Supongo que algo la asustó y voló hacia la ventana tratando de escapar.

La levanté cuidadosamente con mis manos, la coloqué en un muro bajo una cubierta y le puse unas cuantas hojas encima para eliminar el riesgo de atraer a depredadores mientras se recuperaba. Al cabo de unos treinta minutos, el ave se había recuperado por completo y se echó a volar.

Un tiempo después caí en la cuenta de que aquel momento era un ejemplo apropiado, aunque pequeño, del gran cuidado del Padre celestial cuando se trata de proteger a sus hijos. Él puede ocultarnos de los peligros que vemos —y de los que a menudo no sabemos que están ahí. Él nos pondrá en su lugar seguro.

Padre, tú me ocultas de las cosas que me destruirían y conoces las dificultades que el enemigo ha diseñado para abrumarme. Eres mi escondite y mi roca de refugio. Gracias por tu protección y tu amor. Amén.

Rescátanos del maligno.

6 DE MAYO

Supremacía

Cristo es la imagen visible del Dios invisible. Él ya existía antes de que las cosas fueran creadas y es supremo sobre toda la creación porque, por medio de él, Dios creó todo lo que existe en los lugares celestiales y en la tierra. Hizo las cosas que podemos ver y las que no podemos ver, tales como tronos, reinos, gobernantes y autoridades del mundo invisible. Todo fue creado por medio de él y para él. Él ya existía antes de todas las cosas y mantiene unida toda la creación. Cristo también es la cabeza de la iglesia, la cual es su cuerpo. Él es el principio, supremo sobre todos los que se levantan de los muertos. Así que él es el primero en todo. Pues a Dios, en toda su plenitud, le agradó vivir en Cristo, y por medio de él, Dios reconcilió consigo todas las cosas. Hizo la paz con todo lo que existe en el cielo y en la tierra, por medio de la sangre de Cristo en la cruz.

Colosenses 1:15-20

El pasaje contenido en Colosenses 1:15-20 es una de las introducciones más iluminadoras de la Biblia sobre quién es Cristo y su reino de autoridad. ¡Pablo presenta a Cristo junto con todos sus logros —su poder inigualable, su autoridad suprema y su propósito y voluntad imparables— como Dios Todopoderoso!

Para quienes adoran a Cristo, estos versículos ofrecen una gran esperanza y seguridad. Porque Dios se complació en habitar en Cristo *y* era Jesucristo mismo, y Jesús nos amó tanto que dio su vida por nosotros en la cruz. ¿Quién puede separar al creyente de Dios o de sus promesas? ¡Nada ni nadie!

Alegrémonos en la supremacía y del Padre, en Jesucristo, el Hijo único. ¡Regocijémonos en la obra consumada de la cruz!

Señor, hoy te alabo por tu don divino de la gracia a través de Cristo, y te adoro, porque tú reinas sobre todas las cosas con justicia y supremacía. Tú, en toda tu gloria, sabiduría y poder, eres el Señor de mi vida, y ya has ordenado mis pasos en este día. Amén.

Tuyos son el reino y el poder y la gloria por siempre.

7 DE MAYO

Exaltémoslo juntos

Alabaré al Señor en todo tiempo; a cada momento pronunciaré sus alabanzas. Solo en el Señor me jactaré; que todos los indefensos cobren ánimo. Vengan, hablemos de las grandezas del Señor; exaltemos juntos su nombre.
Salmos 34:1-3

Dirigirnos en oración a nuestro Padre celestial es una disciplina vital en nuestro caminar cristiano, pero no hay nada que pueda reemplazar el gozo que se experimentan al alabar a Dios en grupo y exaltar su nombre juntos como un cuerpo de creyentes. En el Salmos 34:1-3, vemos precisamente eso: ¡David comienza él mismo haciendo oración y luego llama a los demás, invitando a todos a exaltar al Señor y celebrar juntos la grandeza de Dios!

En los innumerables estilos de adoración congregacional, podemos ver belleza. Desde levantar las manos o bailar con canciones contemporáneas hasta arrodillarse durante las liturgias recitadas; desde reunirse en grandes edificios modernos hasta apiñarse en torno de un polvoriento campamento sin electricidad; desde las ciudades más urbanizadas hasta las aldeas en desarrollo más remotas, nuestro Dios será exaltado en todas las cosas y de todas las maneras.

Cantar juntos alabanzas a nuestro Señor y Salvador, a pesar de nuestras distintas circunstancias de vida, crianza, creencias políticas o barreras lingüísticas y culturales, nos recuerda que todos somos uno en el cuerpo de Cristo, y que todos hemos sido amados y salvados por su gracia misericordiosa e inmutable.

Te alabo, Señor y estoy agradecido por formar parte de la asamblea de adoradores que has estado reuniendo desde el principio de la creación. Que mis palabras y mis obras exalten tu santo nombre. Amén.

Padre nuestro que estás en el cielo, que sea siempre santo tu nombre.

8 DE MAYO

NUESTRA LISTA DE PRIORIDADES

Entonces oro a ti, oh Señor, y digo: "Tú eres mi lugar de refugio. En verdad, eres todo lo que quiero en la vida".
SALMOS 142:5

Al principio de mi experiencia cristiana, oí a alguien decir en sus enseñanzas que Dios debe ser lo primero en nuestra lista de prioridades. Años más tarde, un amigo me comentó una experiencia reciente que había tenido, en medio de una grave hospitalización. Una mañana temprano, mientras estaba solo en su habitación de hospital, rezó "Señor, quiero que seas el número uno en mi vida". Mi amigo dijo que inmediatamente sintió que esta fue la respuesta del Señor: *No quiero ser lo primero en tu lista, quiero ser* el único *en tu lista.*

Sí, ciertamente hay responsabilidades bíblicas con respecto a la familia, los amigos, el trabajo y otros asuntos a los que debemos dar prioridad como seguidores de Dios. Jesús nos dice "busquen el reino de Dios por encima de todo lo demás y lleven una vida justa" (Mateo 6:33), y nosotros lo honramos al vivir nuestras vidas de esta manera. Pero en Mateo 10:37-39, Jesús también nos enseña que debemos amarlo por encima de nuestras propias familias y tomar nuestra cruz y seguirlo de todo corazón.

La revelación que mi amigo tuvo desde su cama del hospital me llevó a sentirme profundamente culpable por mis propias faltas y fue a la vez muy alentadora para mí, porque realmente todas las demás relaciones terrenales correctas, buenas y significativas palidecen en comparación con nuestro amor y devoción al Señor.

Padre, me has diseñado para que descubra mi propósito en relación contigo, y esta es tu voluntad. Espíritu Santo, guíame a vivir una vida totalmente sometida a la voluntad de Dios y a su gloria, para que tome mi cruz y siga a Cristo de todo corazón y que verdaderamente pueda decir: Señor, tú eres todo lo que realmente quiero en la vida. Amén.

QUE TU REINO VENGA PRONTO. QUE SE CUMPLA TU VOLUNTAD EN LA TIERRA COMO SE CUMPLE EN EL CIELO.

9 DE MAYO

La invitación a prosperar

El que confía en su dinero se hundirá pero los justos reverdecen como las hojas en primavera.
Proverbios 11:28

Después de un largo y frío invierno finalmente podemos disfrutar de las frescas hojas verdes y de las vibrantes flores que brotan en la primavera. Es vivificante estar rodeado de un crecimiento tan saludable, y este pasaje nos recuerda que las personas cuyas vidas honran al Señor florecen como las hojas nuevas y saludables de la primavera. Sin embargo, este proverbio también revela la vanidad y la necedad de confiar en las riquezas de este mundo. En la cultura occidental moderna, es tentador considerar el salario anual de nuestro hogar y las cifras de nuestra cuenta de ahorros como indicadores de que estamos haciendo las cosas "bien", o como prueba de nuestro valor. Por supuesto, la sabiduría financiera y la salud son cosas buenas que vienen del Señor, pero la verdad es que el dinero no es una indicación de nuestra importancia, valor o seguridad.

Solo el Señor nos proporciona identidad, seguridad y resguardo. Nosotros somos sus hijos, y sin importar lo que nos pida en esta vida o cuáles sean nuestros ingresos, Él es nuestro proveedor gentil y generoso. En Dios encontramos nuestra esperanza. Él siempre *sabe* lo que es mejor para nosotros y siempre *hace* lo que es mejor para nosotros. En Cristo, se nos invita a florecer y prosperar como las hojas en la primavera.

Señor, anhelo tu voluntad para mi vida. Dame la sabiduría y la fe para confiar en ti para todo lo que necesito. Por tu Espíritu Santo, resguarda mi corazón y no me dejes caer en la tentación de perseguir los tesoros temporales y sin valor de este mundo. Que te busque y te sirva con todo mi corazón, ya que tú eres el tesoro verdadero. Amén.

Danos hoy el alimento que necesitamos.

10 de mayo

Libertad auténtica

Así que, si el Hijo los hace libres, ustedes son verdaderamente libres.
Juan 8:36

En un concurrido centro comercial, vi a un niño dirigirse hacia su madre con un cubo de palomitas de maíz que le habían mandado comprar. Justo cuando llegaba junto a su madre y sus hermanos, se tropezó y derramó todo por el suelo. Inmediatamente recibió un fuerte regaño que todos podían oír. El niño se disculpó profusamente, pero la madre no dejó de condenar a su hijo, diciéndole lo tonto y estúpido que era, aun cuando él seguía disculpándose.

Muchos de nosotros hemos experimentado la falta de perdón por parte de otros, quizás de nuestros padres, de nuestros amigos cercanos o incluso de nuestros hermanos y hermanas cristianos. En nuestro propio pecado, hay veces que incluso le negamos el perdón a quien nos han lastimado. Sin embargo, por la misericordia, la gracia y la grandeza de Dios, nosotros hemos sido plenamente, completamente, del todo perdonados en Cristo Jesús.

Si hemos sido liberados por Cristo, somos libres de verdad. Dios no continúa recordándonos nuestros fracasos, ni nos los echa en cara. Dios no nos humilla ni nos castiga por tropezar y caer cuando la tentación se cruza en nuestro camino. No hay represalias de nuestro Padre celestial.

Padre, yo merecía ser castigado por mis pecados, pero tú enviaste a tu Hijo a morir por ellos para darme libertad verdadera y vida abundante. No soy digno de este don, pero lo atesoro y te pido que sea un buen administrador de tu perdón, dándole libremente perdón y misericordia a los demás. Te alabo con un corazón desbordante de gratitud. Amén.

Perdónanos nuestros pecados, así como hemos perdonado a los que pecan contra nosotros.

11 DE MAYO

Él se inclina para escuchar

Amo al Señor porque escucha mi voz y mi oración que pide misericordia. Debido a que él se inclina para escuchar, ¡oraré mientras tenga aliento!
Salmos 116:1-2

¡Qué lección de humildad y qué maravilloso es que, cuando oramos, Dios realmente nos escucha! Él nos ama y se preocupa tanto por nosotros que *se inclina* para escuchar lo que tenemos que decir.

Dios Todopoderoso, en todo su poder y su gloria, se acerca a nosotros para escuchar nuestras plegarias que invocan su misericordia. ¿Por qué se inclina? No es porque Dios tenga dificultades para escuchar. Él hace esto para que nosotros, sus hijos e hijas, sepamos que le importamos, que se interesa por nuestras preocupaciones y que está profundamente comprometido con la relación que mantiene con cada uno de nosotros.

Gracias a su bondad y a su oído atento, sabemos que se ha comprometido a amarnos, a guiarnos y a conducirnos fielmente por sus caminos, los buenos caminos de su voluntad para nuestras vidas. ¡No subestimemos nunca el valor del don de la oración! Él se inclina para escucharnos y llevarnos por buenos caminos por amor de su nombre.

Misericordioso y amoroso Padre celestial, no hay descanso ni paz fuera de tu grande y maravillosa presencia. Eres tú a quien busco y a quien he de alabar mientras tenga aliento. Amén.

No permitas que cedamos ante la tentación.

12 de mayo

Encontrar la vida

Si amas a tu padre o a tu madre más que a mí, no eres digno de ser mío; si amas a tu hijo o a tu hija más que a mí, no eres digno de ser mío. Si te niegas a tomar tu Cruz y a seguirme, no eres digno de ser mío. Si te aferras a tu vida, la perderás; pero, si entregas tu vida por mí, la salvarás.

Mateo 10:37-39

Este pasaje bíblico es incómodo, ya que parece opuesto a los muchos pasajes que hablan de refugio, seguridad y liberación del peligro —sin mencionar el mandamiento de honrar a nuestro padre y nuestra madre. Preferimos evitar las dificultades, y a menudo el cristianismo se presenta como el lugar donde evitar la adversidad y experimentar la prosperidad. Esto le apetece a la debilidad de mi carne, pero tendría que ignorar muchos de los versículos de la Biblia que hablan de desafíos y dificultades.

Después de hablar a sus discípulos de los retos que enfrentarían, Jesús dijo claramente que no debe haber nada que sea más querido para nosotros que Él. Debemos honrar las relaciones terrenales de la manera como lo haría Cristo, pero estas deben palidecer en comparación con nuestra relación con el Señor. Al perder nuestras vidas, encontramos la vida.

Solo hay uno en quien debemos confiar plenamente. Solo uno dice la verdad absoluta, tiene las llaves de la vida y la muerte, y decide quién vivirá eternamente en el paraíso o en el infierno. Confía en el Señor y en sus palabras. Síguelo, porque su consejo emana de su amor puro por aquellos a los que vino a salvar.

La obediencia es mejor que el sacrificio. No debe haber nadie antes que tú, Jesús, porque solo tú tienes palabras de vida; solo tú eres mi Libertador. Que encuentres en mí, por el poder habilitante de tu Espíritu, un corazón completamente entregado a ti y a tu voluntad. Amén.

Rescátanos del maligno.

13 DE MAYO

AMO TU SANTUARIO

Me lavo las manos para declarar mi inocencia. Vengo ante tu altar, oh Señor, entonando un cántico de gratitud, y contando de todas tus maravillas. Amo tu santuario, Señor, el lugar donde habita tu gloriosa presencia.
SALMOS 26:6-8

No tenemos ninguna otra forma de ser perdonados de nuestro pecado sino a través de Jesucristo. Su obra redentora de gracia —gracia que resulta de su amor ilimitado— compró nuestra libertad. Nosotros nunca habríamos conocido la misericordia de Dios como la conocemos hoy si Cristo no hubiera respondido a nuestro dilema de estar separados de nuestro Padre celestial debido al pecado.

Gracias a la perpetua obra salvadora de Cristo, ahora podemos entrar en la presencia de Dios con el corazón lleno de gratitud y asombro. Podemos cantar cánticos de alabanza y acción de gracias con sinceridad, comprendiendo cada letra. Como el salmista en el pasaje de hoy, no tememos acercarnos al altar de Dios, porque nuestro pecado ha sido pagado y estamos completa y totalmente redimidos. Ahora podemos regocijarnos, contándole a todos de nuestra liberación de la oscuridad y de las maravillas infinitas de Dios. ¡Qué privilegio!

Como hijos de Dios, anhelamos su presencia por encima de todo. Amamos su santuario, el lugar donde habita su gloriosa presencia. No importa qué dificultades o decepciones encontremos en esta vida, donde el Espíritu del Señor está, ahí es nuestro hogar y somos amados.

Contigo, mi Señor y Rey glorioso, es donde deseo habitar. En tu presencia es donde anhelo estar ahora y siempre. Ayúdame a sentir tu presencia a través de mi día en todo lo que haga. Amén.

TUYOS SON EL REINO Y EL PODER Y LA GLORIA POR SIEMPRE.

14 DE MAYO

Existimos para Él

¡A Dios sea toda la gloria por siempre y para siempre! Amén.
GÁLATAS 1:5

No tengas miedo, porque yo estoy contigo. Te reuniré a ti y a tus hijos del oriente y del occidente. Les diré al norte y al sur: "Traigan a mis hijos e hijas de regreso a Israel desde los rincones más lejanos de la tierra. Traigan a todo el que me reconoce como su Dios, porque yo los he creado para mi gloria. Fui yo quien los formé".
ISAÍAS 43:5-7

Desde el comienzo de la humanidad, el objetivo del corazón del Padre ha sido reunir un pueblo para su gloria. El Señor nos creó a *su* imagen para su gloria, y creó a su pueblo —nosotros— para glorificarlo y contar al mundo su bondad, su gracia y su salvación.

A menudo, en el ajetreo de la vida cotidiana, podemos sentir que existimos por razones mundanas: nos despertamos, vamos a trabajar, volvemos a casa, damos de comer a los hijos, nos alimentamos, nos acostamos y repetimos todo esto al día siguiente. Pero desempeñamos un papel mucho más importante en los propósitos de Dios, y existimos para glorificar a Dios.

A cada cristiano se le ha encomendado compartir la historia que supera todas las historias. La historia del Santo, cuya pureza prohibió la comunión con la carne corrompida, pero cuyo amor y gracia abrieron un camino para que pudiéramos conocer la rectitud. Los redimidos no viven vidas mundanas; ellos exaltan, declaran y adoran al Padre Santo.

De rodillas y con un corazón rendido, declaro la alabanza que eres digno de recibir, Padre celestial. Enséñame a darte gloria en todo lo que hago. Existo para ti. Amén.

PADRE NUESTRO QUE ESTÁS EN EL CIELO, QUE SEA SIEMPRE SANTO TU NOMBRE.

15 DE MAYO

Envíame a mí

Después oí que el Señor preguntaba: "¿A quién enviaré como mensajero a este pueblo? ¿Quién irá por nosotros?".
—Aquí estoy yo —le dije—. Envíame a mí.
Isaías 6:8

Dios tenía un mensaje para Israel, y eligió enviarlo a través de un mensajero humano. *¿A quién enviaré...?* pregunta Dios. Isaías respondió al pedido de Dios con un rotundo *¡Envíame a mí!*

Tenemos mucho que aprender del encuentro de Isaías con Dios y de las circunstancias entorno a estas palabras, pero enfoquémonos en lo siguiente: Isaías levantó la mano valientemente para ayudar a difundir la Palabra de Dios. Del mismo modo, cada uno de nosotros que hemos dicho *sí* a Cristo y a su gracia nos hemos alistado como mensajeros suyos, ya seamos pastores de una iglesia, obreros, estudiantes, directores generales, empleados de comercio, deportistas o padres en casa.

Jesús dijo que la cosecha es abundante, pero los obreros son pocos. Si bien la cura para el corazón desesperado y cansado está disponible fácil y abundantemente, ¿dónde están los que llevarán el mensaje? *¡Envíame a mí!* Dios trazó el camino para experimentar la vida abundante, y nosotros somos el sistema de entrega del mensaje de Dios, no importa cuál sea nuestro trabajo diario. Debemos ser las manos y los pies de Cristo —su estrategia para dar a conocer sus buenas nuevas.

Padre, has derramado tu gracia abundantemente sobre mí,
así que iré y les diré a los demás de tu bondad y salvación.
Aquí me tienes. Envíame. Amén.

Que tu reino venga pronto. Que se cumpla tu voluntad en la tierra como se cumple en el cielo.

16 DE MAYO

EL CAMINO, LA VERDAD Y LA VIDA

Jesús le contestó: —Yo soy el camino, la verdad y la vida; nadie puede ir al Padre si no es por medio de mí. Si ustedes realmente me conocieran, también sabrían quién es mi Padre. De ahora en adelante, ya lo conocen y lo han visto.

JUAN 14:6-7

En estos versículos, Jesucristo no solo nos asegura que es el Hijo de Dios, sino que también declara que no hay otro camino para llegar al Padre que no sea a través de Él. Más adelante, en Juan 14, los discípulos le piden a Jesús que les muestre al Padre, y dicen "y quedaremos conformes" (Juan 14:8). Entonces Cristo responde rápidamente que quien lo ha visto ha visto al Padre, que ellos son uno solo (Juan 14:9-11). ¡Tal misterio es revelado en estas Escrituras!

¿Te imaginas cómo debieron sentirse los discípulos? Estaban viendo a Dios mismo encarnado y hablaban con él, a la vez estaban confundidos por la misteriosa verdad de que el Hijo y el Padre eran y son uno y el mismo.

Hoy podemos dar gracias porque disponemos de estos relatos de la estancia de Cristo en la Tierra que nos ayudan a vislumbrar mínimamente el misterio. Dios mismo ha declarado que es el camino, la verdad y la vida. Que estemos siempre agradecidos a Dios por habernos revelado su persona y su amor por nosotros, proveyéndonos así un camino hacia la comunión eterna con él.

Padre, tú me permitiste conocerte. Antes de ti, yo vivía engañado por mi propio pecado acerca de mi valor y mi propósito, y tú me mostraste tu verdad. Antes de rendirme ante ti, lo que yo pensaba que era vida verdadera, en realidad, eras solo una satisfacción efímera y temporal. Tú me diste una vida auténtica y la esperanza de permanecer contigo para siempre. Me siento humilde y agradecido. Amén.

DANOS HOY EL ALIMENTO QUE NECESITAMOS.

17 de mayo

Listos para perdonar

¡Oh Señor, eres tan bueno; estás tan dispuesto a perdonar, tan lleno de amor inagotable para los que piden tu ayuda!
Salmos 86:5

En algún momento, todos hemos causado un desacuerdo en una relación o hemos estado en una relación con alguien que ha provocado un desacuerdo. Los cristianos sabemos que debemos perdonar, pero a veces las heridas causadas por las ofensas permanecen sin recibir atención, y cuando esto sucede, también perduran la tensión y el malestar en las relaciones. Lo ideal es que ambas personas se den cuenta rápidamente de la necesidad de extender el perdón para que la situación sea resuelta.

En nuestras relaciones terrenales, puede haber una vacilación a la hora de pedir perdón. A veces nos preguntamos si nuestra petición será bien recibida y si se nos concederá el perdón. ¡Pero no es así con el Señor! Él está lleno de amor inagotable, está dispuesto a perdonar y desea ver establecida una relación recta con nosotros. El corazón de Cristo desea que tengamos una comunión íntima, perfecta y sin obstáculos con él. Alabado sea el Señor, que no rechazará ni ignorará al corazón sinceramente arrepentido.

Gracias, Señor, por tu gran amor. Gracias por tu voluntad y tu disposición para perdonar. Te estaré eternamente agradecido. Amén.

Perdónanos nuestros pecados, así como hemos perdonado a los que pecan contra nosotros.

18 DE MAYO

APRENDER A ESCUCHAR

Luego agregó: "Presten mucha atención a lo que oyen. Cuanto más atentamente escuchen, tanto más entendimiento les será dado, y se les dará aún más".
MARCOS 4:24

En un área boscosa cercana a nuestra casa, hay un antiguo estanque construido en los años cuarenta. Después de varias décadas, los árboles ocultan su presencia a simple vista. A mis hijos les encantaba este estanque cuando eran pequeños, y solíamos pasear juntos por él. En las tardes, a principios de la primavera, las voces de docenas de ranas cantaban en las orillas del estanque. El ambiente vespertino pronto se llena de su croar. Para mí, es un sonido agradable y relajante. Pero lo más importante es que, si presto atención y aprendo a escucharlas, su presencia es una señal de que el invierno está por terminar.

Cuando nos quedamos callados ante el Señor, preparados para la escucha espiritual, aprenderemos a reconocer las señales, la voz reconocible de nuestro Gran Pastor y la manera en que nos guía por la vida. Aunque su voz puede no ser audible, Dios habla. Se revela a sí mismo en la naturaleza, nos guía a través de circunstancias, nos confirma cosas a través de la voz de nuestros amigos, pero creo que esos momentos de silencio, en los que tenemos su Palabra abierta ante nosotros y nuestros corazones están dispuestos en oración, son sus momentos preferidos para revelarse. Solo debemos hacer una pausa y aprender a escuchar.

Padre, enséñame a escuchar, comprender y seguirte mientras me guías. Amén.

NO PERMITAS QUE CEDAMOS ANTE LA TENTACIÓN.

19 de mayo

Alentar a los desanimados

Cuando llegamos a Macedonia, no hubo descanso para nosotros. Enfrentamos conflictos de todos lados, con batallas por fuera y temores por dentro; pero Dios, quien alienta a los desanimados, nos alentó con la llegada de Tito.
2 Corintios 7:5-6

La mayoría de nosotros puede identificarse con lo que siente el apóstol Pablo en esta situación. Aunque en el mundo occidental es poco probable que, como Pablo, seamos encarcelados o perseguidos a causa de nuestra fe, hay temporadas de nuestra vida espiritual en las que las presiones y los conflictos nos dejan con la sensación de que no hay escape.

En muchos lugares de las Escrituras, la Palabra de Dios dice que seamos fuertes, valientes y que no nos preocupemos, y sin embargo, Pablo confesó que la constante resistencia por parte de la comunidad pagana, los judíos incrédulos y los impostores que imitaban el cristianismo en Macedonia, hicieron que él y sus compañeros empezaran a sentir temor. Dios usó la llegada de Tito, un hermano en Cristo, para mitigar la tensión de su situación. Y Dios puede hacer lo mismo por nosotros cuando nos sentimos de una manera similar; Él puede enviar a una persona o personas especiales justo en el momento en que necesitamos ser reconfortados.

Al final, podemos extraer de este pasaje una promesa muy importante: Dios mismo dará consuelo a los desalentados. A medida que avanzamos por la vida como hijos suyos llevando a cabo su obra, sin importar qué conflicto diseñado por el enemigo se nos presente, el Señor mismo será nuestro consuelo.

Gracias, Padre, por las promesas de tu amor por mí. Rescátame de los planes del enemigo, y gracias por darme ánimo mientras me dedico a la obra de tu reino. Amén.

Rescátanos del maligno.

20 DE MAYO

Alegría por sus obras

¡Que la gloria del Señor continúe para siempre!
¡El Señor se deleita en todo lo que ha creado!
Salmos 104:31

Antes de que el sol dé suficiente luz matutina para revelar la belleza de la Tierra, me siento con el Señor, anticipando la llegada del amanecer. Lo disfruto como un tiempo a solas con mi Padre celestial. Ya sea que te levantes a las 4:00 o a las 9:00 de la mañana, tú también puedes disfrutar de un precioso tiempo de reflexión como este.

En una mañana de primavera en particular, el aire era fresco y placentero, y toda nuestra propiedad estaba llena de los sonidos maravillosamente agradables en Ozark. Yo podía incluso oír un gallo a lo lejos, además de una variedad de aves silvestres trinando en los bosques circundantes. Todo parecía perfecto en esta mañana en particular, como si Dios lo hubiera preparado para que la humanidad lo experimentara y así pudiéramos alabar al Padre de toda la creación por su grandeza.

Del mismo modo que tú y yo disfrutamos de un hermoso y resplandeciente día de verano, de una apacible lluvia de otoño teñida de gris, o de la sencilla majestuosidad de otro amanecer, el Señor también se complace en todo lo que ha creado. Él contempla cada nueva mañana en este pequeño valle de los Ozarks y sonríe ante la belleza tranquila y apacible de su creación. Hace lo mismo donde tú estás. Puede ver nuestro amor y aprecio por lo que ha hecho. En su omnipresencia, cada día recibe simultáneamente la alegría de su obra en todo el planeta —alegría por los pájaros, por el amanecer, por las colinas, y por ti y por mí.

Señor, tu obra se despliega sobre toda la tierra. Has hecho todas las cosas para tu beneplácito. Que también yo, en mi sumisión a tu voluntad, te traiga gozo a lo largo del día. Amén.

Tuyos son el reino y el poder y la gloria por siempre.

21 DE MAYO

SE LE DEBE HONRAR

¡Exalten al Señor nuestro Dios!
¡Póstrense ante sus pies porque él es santo!
SALMOS 99:5

El Señor, en toda su santidad, es mucho más grande de lo que jamás podremos comprender. A menudo me he preguntado cuál será nuestra reacción inicial una vez que todo el cuerpo de Cristo se encuentre reunido por primera vez en el cielo y en presencia del Señor. Por supuesto, el tiempo como lo conocemos dejará de existir, pero puedo imaginar la primera experiencia como una celebración eufórica.

También puedo imaginarnos cantando juntos. Aquí en la Tierra cantamos sobre la profundidad de su gran amor por nosotros, ¡pero piensa en las canciones que cantaremos una vez que lo hayamos visto cara a cara! ¿Y qué decir de los instrumentos y la música que las acompañan? Imagino coros celestiales y orquestas del más puro sonido. Estoy seguro de que esta nueva música tendrá más que un par de versos, un estribillo y un puente musical pegadizos.

Aunque no conocemos muchos detalles, independientemente de lo que suceda en esa primera reunión futura ante Cristo en el cielo, nuestro Salvador glorificado y Rey de reyes, lo más seguro es que su presencia nos tendrá en un estado de asombro por su santidad.

Padre, sé que mi mente y mi corazón apenas pueden entender la profundidad de tu portento, maravilla y santidad. Con mi limitada comprensión y capacidad, Señor Dios, intento sinceramente adorarte, exaltarte e inclinarme solamente ante ti, porque solo tú eres santo. Amén.

PADRE NUESTRO QUE ESTÁS EN EL CIELO, QUE SEA SIEMPRE SANTO TU NOMBRE.

22 DE MAYO

UN SOLO PROPÓSITO

Les daré un solo corazón y un solo propósito: adorarme para siempre para su propio bien y el bien de todos sus descendientes.
JEREMÍAS 32:39

El versículo de hoy, en el contexto del libro de Jeremías, devela la intención de Dios hacia Israel. Israel debía ser un pueblo apartado para el Señor, el pueblo de Dios. Sin embargo, el propósito de Dios desde la creación del hombre era construir y reunir para sí un pueblo que lo adorara para siempre. Esta es la historia de la Biblia desde el libro del Génesis hasta el del Apocalipsis.

Nuestro propósito número uno es glorificar a Dios y adorarlo para siempre, ¡y es para nuestro propio bien! Por medio de Cristo, nosotros nos reconciliamos con nuestro Padre celestial —judíos y gentiles por igual— y pasamos a formar parte de la magnífica historia de Dios, quien está estableciendo su hermosa comunidad de adoradores. Es su voluntad construir así su reino. ¡Desde el principio de los tiempos, Dios ha dispuesto todas las cosas para glorificarlo!

Cada corazón tiene como su más alto propósito el llamado a adorar a Yahvé Dios. Él puso ese deseo dentro de nosotros, y nuestros corazones nunca encontrarán descanso apartados de Cristo Jesús. Vivir una vida en adoración a nuestro Señor y Salvador es para nuestro propio bien porque es como volver a nuestras raíces; es para lo que los seres humanos fuimos diseñados desde el primer día. ¡Sí, fuimos hechos para glorificar a Dios!

Señor, tu voluntad es que descubra mi propósito y me descubra a mí mismo a través de una vida de alabanza a ti. Gracias por proveer todas las cosas necesarias para que yo pueda honrarte. Amén.

QUE TU REINO VENGA PRONTO. QUE SE CUMPLA TU VOLUNTAD EN LA TIERRA COMO SE CUMPLE EN EL CIELO.

23 de mayo

¡Grande es el Señor!

Pero que todos los que te buscan se alegren y se gocen en ti;
que los que aman tu salvación griten una y otra vez:
"¡El Señor es grande!".
Salmos 40:16

Aquí, el salmista se centra en la esperanza de que todo aquel que busque al Señor sea colmado de gozo y alegría. Ciertamente, si existe cualquier esperanza de conocer el gozo y la alegría verdaderos (y sí la hay), esta viene de buscar al Señor.

En esta vida terrenal, nos enfrentaremos a retos y dificultades; tendremos días que se sentirán vacíos de propósito, llenos de aflicción o simplemente *aburridos.* Sin embargo, al igual que el Señor nos proporciona el sustento a través de nuestro pan de cada día, también nos proporciona alimento a través de la alegría genuina y el refrigerio que podemos experimentar en su presencia.

Dios ha prometido que lo encontraremos si lo buscamos de todo corazón. El buscador sincero de Dios tiene la esperanza definitiva y la promesa de experimentar gozo y alegría verdaderos. Cuando nuestros corazones buscan a Cristo y se le someten plenamente, somos capaces de experimentar el asombro y la maravilla de su bondad. Nos llenamos de gozo y alegría por su presencia; es instintivo proclamar "¡El Señor es grande!". Independientemente de cómo parezca o se sienta nuestro día, podemos regocijarnos en su amor por nosotros, porque el Señor es grande y no hay nadie más grande.

Padre Santo, esta mañana mi corazón está lleno de agradecimiento y alabanza hacia ti, mientras pienso en tu amor y gracia tan maravillosos. Eres mi fuente de gozo y alegría. Grande eres, Señor; ¡sí, grande eres, Señor! Amén.

Danos hoy el alimento que necesitamos.

24 DE MAYO

La profundidad del perdón

Sean comprensivos con las faltas de los demás y perdonen a todo el que los ofenda. Recuerden que el Señor los perdonó a ustedes, así que ustedes deben perdonar a otros. Sobre todo, vístanse de amor, lo cual nos une a todos en perfecta armonía.
Colosenses 3:13-14

El fundamento de este pasaje parece carecer de lógica, razón y, desde luego, de la posibilidad de una aplicación generalizada. ¿Estamos realmente obligados a perdonar a *cualquier persona* que nos ofenda? Desde nuestra limitada perspectiva humana, el perdón de todas y cada una de las ofensas parece imposible. Hay algunas injusticias y transgresiones que parecen totalmente inexcusables.

Sin embargo, si tuviéramos que hacer una lista de cosas que consideramos posibles o no, la mayoría de las cosas que Dios ha hecho o nos llama a hacer entrarían en la columna de lo "imposible", y las que no, se acercarían bastante a ella. Si lo pensamos bien, recibir nuestro propio perdón de Dios requirió la introducción de su intervención sobrenatural, y debemos recurrir a la misma fuente sobrenatural cuando perdonamos a los demás.

C. S. Lewis escribió que "ser cristiano significa perdonar lo inexcusable, porque Dios ha perdonado lo inexcusable en ti"[16]. Negar el perdón no es una opción para nosotros si pretendemos experimentar el perdón. Y sin Cristo, el perdón de nuestro propio pecado sería imposible. Toda alabanza, honor y gloria sean dados a nuestro Dios, que realiza cosas imposibles.

Padre, así como tú me has extendido la gracia y la misericordia, que yo camine de la misma manera brindándoselas a los demás. Ruego que el Espíritu Santo me fortalezca en piedad hacia todos. Amén.

Perdónanos nuestros pecados, así como hemos perdonado a los que pecan contra nosotros.

25 DE MAYO

Un cambio radical

Cierta vez, Jesús entró en una casa y las multitudes empezaron a juntarse nuevamente. Pronto ni él ni sus discípulos encontraron un momento para comer. Cuando sus familiares oyeron lo que sucedía, intentaron llevárselo. "Está fuera de sí", decían.

Marcos 3:20-21

¿Qué debieron pensar de Jesús sus amigos, familiares y vecinos cuando, a los treinta años, cambió tan drásticamente el rumbo de su vida? Él dejó su ocupación como carpintero. Se marchó al desierto durante un largo período de tiempo y continuó con una pauta de tiempo a solas en lugares aislados. Jesús empezó a relacionarse con un nuevo grupo de personas y les dedicó gran parte de su tiempo. Después de treinta años de escaso reconocimiento, de repente desarrolló una creciente reputación como una voz influyente en la región, y desafiaba al sistema religioso institucionalizado y a sus líderes.

En este lado de la historia, podríamos leer este pasaje y pensar lo ridículas que fueron las críticas que profirieron entonces, pero si hubiéramos estado ahí durante ese tiempo, creo que podríamos haber llegado a la misma conclusión que su familia.

La Biblia da numerosos ejemplos de devotos seguidores de Dios que experimentaron cambios de comportamiento y de dirección tras sus encuentros con el Señor: Abraham, Isaac, Jacob, José, David, los profetas, Ruth, los apóstoles, Pablo, entre muchos otros. Y amar sinceramente y seguir la dirección del Señor podría añadir tu nombre a la lista. Cuando nos encontramos con el Espíritu de Dios y decidimos seguir a Cristo de todo corazón, nuestras vidas experimentan un cambio radical.

Señor, que pueda seguir tu ejemplo con sabiduría y valentía todos los días de mi vida, sin importar cómo esto pueda afectar mi reputación personal. Te pido que me des el valor para hacerlo. Amén.

No permitas que cedamos ante la tentación.

26 DE MAYO

EL PODER DEL TESTIMONIO PERSONAL

Ellos lo han vencido por medio de la sangre
del Cordero y por el testimonio que dieron.
APOCALIPSIS 12:11

Cuando rezamos el padrenuestro, le pedimos al Señor que nos libre del mal, y una de las armas que nos ha dado para combatir al enemigo es reunirnos como creyentes para la adoración en grupo. Una de las prácticas más hermosas que disfrutamos cuando nos reunimos como su iglesia es escuchar los testimonios personales de nuestros hermanos y hermanas en Cristo. Nuestra fe se edifica y nos sentimos alentados en nuestro propio caminar.

En una ocasión, yo estaba en una reunión de hermanos y hermanas cristianos que parecía un poco aburrida, como si a la reunión le faltara vida. Luego, se hizo un espacio para que las personas que habían experimentado recientemente la intervención divina de Dios compartieran sus testimonios. ¡Respondieron como una media docena de personas!

La reunión cambió, pues cobró vida con corazones que se regocijaban juntos por las continuas intervenciones e interacciones de Dios con sus hijos. Ten en cuenta esto: hay poder en compartir tu testimonio personal. Cuando le contamos a los demás cómo Jesús, el Cordero de Dios, ha intervenido en nuestras vidas y nos ha rescatado, se fortalece la fe de los que nos rodean, se da vida y esperanza a los corazones afligidos y se destruyen las mentiras del enemigo.

¡Gloria a Dios en las alturas! Su poder y autoridad derrotan al maligno. Gracias por la continua manifestación de tu rescate y cuidado, Señor Jesús. Espíritu Santo, lléname de valor y dame las palabras para hablar a los demás de la bondad de Dios y de lo que Cristo ha hecho. Amén.

RESCÁTANOS DEL MALIGNO.

27 de mayo

Evidencia gloriosa

Los discípulos vieron a Jesús hacer muchas otras señales milagrosas además de las registradas en este libro. Pero estas se escribieron para que ustedes continúen creyendo que Jesús es el Mesías, el Hijo de Dios, y para que, al creer en él, tengan vida por el poder de su nombre.

Juan 20:30-31

Fueron muchos, muchos los actos de ministerio efectuados, los sermones predicados y los milagros realizados por Jesús mientras vivía y caminaba en la Tierra como Dios encarnado. Estos encuentros cotidianos causaron impresiones profundas y divinas en el alma humana, liberando corazones y trayendo paz a mentes atribuladas. Su compasión transformó vidas, infundió esperanza y aseguró la confianza en el futuro.

Cuando leemos el libro de Juan o, cualquiera de los cuatro Evangelios, vemos a Cristo impartiendo enseñanzas vivificantes a sus discípulos mientras recorrían antiguos caminos, se sentaban a descansar bajo los árboles y compartían la mesa juntos. Leemos acerca de los encuentros poderosos y transformadores de vida que tuvo con personas desprevenidas y cotidianas, como la mujer junto al pozo, y vemos múltiples milagros realizados, como la curación de muchas personas.

Aunque Jesús emitió muchas más palabras en su vida que las registradas en los cuatro Evangelios, los escritos de Juan contienen más que suficiente evidencia gloriosa para revelar a Jesucristo como el Hijo de Dios, dador de gracia, amante de nuestras almas y Salvador del mundo.

Gracias, Señor Jesús, por todo lo que has hecho para revelarme tu amor, tu misericordia y gracia. Tú eres el Mesías, el único camino para llegar hasta el Padre, y yo creo en el poder de tu nombre y acepto tu voluntad para mi vida. Amén.

Tuyos son el reino y el poder y la gloria por siempre.

28 de mayo

Oh, que el mundo supiera

Yo soy el Señor, no hay otro Dios.
Isaías 45:5

¡Oh, que el mundo no solo reconociera la verdad de esta afirmación, sino que se adentrara en la libertad y la belleza de su amparo! El deseo del corazón del Padre celestial ha sido, y continúa siendo, que toda la humanidad sepa que es el único Dios y su nombre es Yahvé. ¡Oh, que el mundo supiera que Dios los creó para su gloria, para honrarlo y que los ama profundamente!

Él es el Señor, y en verdad no hay otro Dios. Él es el Señor, y fuera del Señor no hay otra esperanza, porque la suya es eterna. Él es el Señor, y no hay otra fuente mayor de plenitud para el corazón y el alma humanos. Así como su esperanza es eterna, también lo es su amor —pues Dios es amor—, y lo ha derramado gratuita y fielmente para todos, al entregarse por medio de Cristo a todos los que quieran recibirlo. Él es el Señor, y no hay meta más alta en la vida que servirle de todo corazón. Al hacerlo, cada compartimiento del corazón espiritual se llena al máximo.

¡Oh, que el mundo supiera que no hay otra fuente de salvación o vida verdadera!, ya que la vida genuina solo existe dentro del Señor —y en verdad, no hay otro como él.

Padre, el corazón que te acepta es el corazón que está satisfecho y en paz. Solo tú eres digno de adoración, porque solo tú eres Dios y no hay ningún otro. Amén.

Padre nuestro que estás en el cielo, que sea siempre santo tu nombre.

29 DE MAYO

Lo que Él quiere

Yo conozco la grandeza del Señor: nuestro Señor es más grande que cualquier otro dios. El Señor hace lo que le place por todo el cielo y toda la tierra, y en los océanos y sus profundidades. Hace que las nubes se eleven sobre toda la tierra. Envía relámpagos junto con la lluvia y suelta el viento desde sus depósitos.

SALMOS 135:5-7

Los días se ponen más cálidos a medida que se acerca el verano. El campo cercano a mi casa y los bosques circundantes —que hace unas semanas carecían de color— han dado paso a los colores del final de la primavera. En mi región, durante esta transición de las estaciones se producen tanto lluvias suaves como fuertes tormentas. Dependiendo de dónde vivas, puede que a ti te ocurra lo mismo en esta época del año.

Yo casi siempre aprecio una tormenta suave. Me gusta estar afuera cuando los vientos aumentan y provocan que los robles se balanceen; sus ramas se doblan mientras ceden al viento. Ya sea que estés experimentando una tormenta, una lluvia suave o un día tranquilo y luminoso en tu rincón del mundo, todo lo que sucede —cada momento y acción de la historia— Dios lo creó y lo puso en movimiento.

Previamente en este pasaje bíblico, el salmista nos brinda seguridad al declarar que el Señor es bueno (Salmos 135:3). Todo lo que el Señor haga será siempre justo, recto y bueno. ¡Podemos dar gracias por su voluntad perfecta e inquebrantable!

¡Alabo tu nombre, oh, Altísimo, porque eres bueno, y todo lo que haces es para gloria de tu nombre y de tu reino! Señor, sé que eres grande y que tu voluntad es santa. Me entrego a ti de todo corazón. Pase lo que pase en mi día hoy, sé que estoy siendo guiado por ti para tu gloria y tu beneficio. Amén.

QUE TU REINO VENGA PRONTO. QUE SE CUMPLA TU VOLUNTAD EN LA TIERRA COMO SE CUMPLE EN EL CIELO.

30 de mayo

La paz duradera

Ahora, que el mismo Señor de paz les dé su paz en todo momento y en cada situación. El Señor sea con todos ustedes.
2 Tesalonicenses 3:16

Pablo, en sus observaciones finales de su carta a sus amigos y a los creyentes de Tesalónica, les desea que la paz de Dios les sea dada en toda situación. La paz de Dios es la misteriosa pero maravillosa cualidad interna disponible para todo receptor de su gracia. Esta paz que sobrepasa todo entendimiento humano parece ser esquiva cuando la confundimos con la versión temporal de la paz.

La paz temporal se manifiesta típicamente cuando se experimentan circunstancias favorables. Sin embargo, esta paz disminuye rápidamente (o desaparece del todo) cuando los retos y las dificultades aparecen en nuestras vidas.

La única fuente capaz de regular la paz consistentemente es Cristo. Él es el Señor de la paz. Cuando Cristo habita en nosotros en Espíritu, y nosotros nos nutrimos del fruto del Espíritu, su paz se hace presente en toda situación —y en todo momento— para tranquilizarnos y darnos estabilidad ante las presiones externas.

La paz que Pablo les desea a sus lectores, y a través de esta carta para todos los cristianos, es la incomparable paz interior de Cristo, que permanece para siempre. Y si no fuera posible permanecer en esta paz, Pablo nunca la habría presentado a la iglesia como lo hizo en su carta a los Tesalonicenses.

Ayúdame, Señor, a darme cuenta de que has puesto en mí una paz que las circunstancias no pueden robarme. Recuérdame, por tu Espíritu, que debo recurrir a esta paz y no dejarme engañar por una paz falsa de valor temporal. Tú, Señor Jesús, eres mi paz. Amén.

Danos hoy el alimento que necesitamos.

31 DE MAYO

HAY PERDÓN

Hermanos, ¡escuchen! Estamos aquí para proclamar que, por medio de este hombre Jesús, ustedes tienen el perdón de sus pecados.
HECHOS 13:38

En los años setenta, conocí a un hombre que dirigía una pequeña iglesia en el sur de Misuri. Su personalidad y carácter eran de profunda y verdadera amabilidad, la imagen mental que la mayoría de la gente tiene cuando oye la palabra *pastor*. Al conocerlo, uno hubiera pensado que este hombre había pasado toda su vida en la iglesia sin estar expuesto a las cosas más oscuras del mundo.

Un tiempo después, me enteré de que él había pasado muchos años en la cárcel cuando era joven por un delito grave. Durante sus primeros años de encarcelamiento, este hombre conoció a Jesús y el perdón de los pecados a través de un ministerio de prisión. Él comprendió que la misericordia y la gracia de Dios nos dan la capacidad de ser perdonados de lo que podríamos considerar imperdonable. En efecto, él fue perdonado por Dios, y más tarde recibió el perdón de su condena.

En su libertad recién adquirida, este hombre redimido y restaurado dedicó el resto de su vida a compartir con los demás la verdadera libertad que se encuentra en Cristo. Que todos nos demos cuenta de que hemos recibido un gran regalo en Jesús y vivamos nuestras vidas conforme a esto.

Gracias, Señor Jesús, porque me diste la oportunidad de escuchar, comprender y recibir tu don milagroso. Que pueda compartir tu historia y tu gracia el resto de mis días. Amén.

PERDÓNANOS NUESTROS PECADOS, ASÍ COMO HEMOS PERDONADO A LOS QUE PECAN CONTRA NOSOTROS.

1 DE JUNIO

SIEMPRE CORRECTO

Oh, Señor, a ti acudo en busca de protección; no dejes que me avergüencen. Sálvame, porque tú haces lo correcto.
SALMOS 31:1

En la versión Reina-Valera, la última línea de este versículo dice "Líbrame en tu justicia". Como cristianos, nosotros aceptamos la validez y la completa exactitud de la Biblia como la perfecta y santa Palabra de Dios. La Biblia nos revela que solo Dios es totalmente justo, y que, como seres humanos, nosotros solo podemos conocer y experimentar la justicia en nuestras vidas a través de la consumada obra redentora de Cristo.

"Confío en que tomarás la decisión correcta". Más de una vez a lo largo de las décadas he oído decir esta frase de alguien de nuestra iglesia que intentaba tomar una buena decisión por sí mismo. A menudo ponían su confianza en mí para que yo decidiera por ellos o les ayudara a tomar la decisión. Yo, por supuesto, quiero alentar y ayudar a la gente en su camino espiritual si puedo hacerlo, pero casi siempre mi respuesta suele ser lo propenso que soy a equivocarme. En cambio, no sucede así con el Señor. Él y su palabra siempre están en lo correcto.

Muchos de nosotros hemos experimentado el resultado de poner nuestra confianza en las cosas o personas de este mundo y hemos terminado sintiendo dolor y desilusión porque esas cosas nos fallan. Puedo asegurarte de que hay una gran esperanza cuando ponemos nuestra confianza en Dios. Él no nos falla. Él es totalmente justo. Él *siempre* hará lo que es correcto.

Señor, puedo encontrar descanso y paz sabiendo que siempre haces lo correcto. En esos momentos de debilidad cuando lucho con la duda o el miedo, recuérdame que tú, Padre celestial, siempre haces lo que es correcto, siempre. Amén.

NO PERMITAS QUE CEDAMOS ANTE LA TENTACIÓN.

2 DE JUNIO

EL VENCEDOR

Les he dicho todo lo anterior para que en mí tengan paz.
Aquí en el mundo tendrán muchas pruebas y tristezas;
pero anímense, porque yo he vencido al mundo.
JUAN 16:33

No se nos promete una vida libre de problemas como creyentes en Cristo, pero Cristo nos anima a tener su paz cuando la vida se vuelva difícil. En Juan 16:33, Jesús reafirma el advenimiento de dificultades para todos sus seguidores, pero nos dice que no temamos ya que Él mismo ha superado las dificultades y, al final, también lo harán todos los que han sido encomendados a Cristo. La palabra *vencer* significa subyugar, prevalecer y conquistar. Aunque aquí en la Tierra podemos sufrir muchas tribulaciones, como Cristo lo reconoce, no hay nada que nuestro Dios no pueda vencer.

Pablo, en 2 Corintios, nos da el consuelo de que Cristo está obrando aun en nuestra debilidad y nuestras dificultades. Pablo tenía un profundo conocimiento de la insondable verdad de que Cristo había vencido al mundo. Incluso en la cárcel, Pablo podía regocijarse por la labor que Dios estaba haciendo porque entendía cualquier dificultad o debilidad que enfrentaba a través del prisma de la fuerza y la victoria de Cristo.

¿En qué aspecto de tu vida necesitas el poder sanador de estas hermosas verdades? ¿En qué área necesitas ser rescatado? Debes saber esto: tú vencerás porque tu Padre celestial mismo es el Vencedor.

Jesús, cuando enfrente desafíos que no entienda y que no haya buscado, que tu Espíritu Santo me aliente a tener valor y a encontrar la paz en ti. Porque en mi debilidad, tú eres fuerte. Amén.

RESCÁTANOS DEL MALIGNO.

3 de junio

Infinidad

¡El Señor es rey por siempre y para siempre!
Las naciones paganas desaparecerán de la tierra.
Salmos 10:16

Hoy en día existe una ausencia de confianza en el liderazgo político que ha sido causada por la falta de integridad. Esperamos que, donde la iniquidad es desenfrenada y sin control, un cambio positivo llegue. Esperamos que la integridad y la honradez, junto con un gobierno recto y bueno, vuelvan a nuestro propio país y a los países lejanos. Desgraciadamente, la historia está llena de innumerables ejemplos de corrupcióm y abusos de autoridad para obtener poder y beneficio propio.

No pierdas la esperanza, pues hay alguien en quien se puede confiar. Uno que es veraz, justo e intachable en todas sus decisiones y su proceder. ¡Él es Jehová Dios, el Señor que es Rey para siempre! Sí, el Señor gobierna por toda la eternidad. Suyos son el dominio y la autoridad absolutos y completos. La paz debe inundar nuestros corazones al saber que gobierna con un amor tan puro, profundo y bueno que es humanamente inconcebible. Él está sentado en un trono eterno, y su reinado no tendrá fin.

Aunque nuestro mundo esté sumido en la confusión, podemos tener paz sabiendo que el Señor nunca deja de estar a cargo. Incluso cuando surgen preocupaciones sobre el gobierno de este mundo, sabemos que Dios está activo. Y sabemos que utiliza a sus devotos hijos e hijas para ser sal y luz en un mundo que a menudo es oscuro. Cristo es el Señor, el Rey para siempre, y el pueblo de Dios hará brillar su luz en los lugares oscuros del mundo.

Señor, eres perfecto en todos los sentidos, gobiernas todas las cosas con justicia, rectitud y santa compasión. Estás avanzando hacia el cumplimiento de tu plan para dar paso a la gloria de tu reino eterno. Señor, eres el Rey para siempre; eres nuestro Rey, mi Rey. Amén.

Tuyos son el reino y el poder y la gloria por siempre.

4 DE JUNIO

INCOMPARABLE

¿Quién puede compararse con el Señor nuestro Dios,
quien está entronizado en las alturas?
SALMOS 113:5

"¿A quién se parece Dios?".

Recibí esta pregunta breve y sincera de un niño pequeño que esperaba una respuesta rápida. La interrogación del niño era inocente, pero a la vez profundamente contemplativa. Cuando finalmente pude ordenar mis pensamientos lo suficiente como para dar una respuesta sincera y reflexiva, esta resultó ser torpe e inadecuada.

Los teólogos han producido volúmenes de textos a través de los siglos en su esfuerzo por explicar la persona y las características de Dios. Aunque se agradecen sus esfuerzos de discernimiento, ninguno de nosotros podría describir realmente *a quién* se parece Dios. ¿Con quién podría compararse? Con nadie. ¡Dios no se parece a nadie! Cualquiera de nuestros intentos de describirlo o cuantificarlo como deidad —ni mucho menos describir su amor sin límites— es insuficiente.

Nuestros más sinceros intentos de comprender o describir intelectualmente a Dios llevan al silencio y al asombro, porque es incomparable y realmente como ningún otro.

No existen palabras adecuadas para describirte, Señor. Has creado a la humanidad con el propósito de glorificarte, y yo levanto mis manos en honor tuyo. Te alabo, Padre Dios, de la mejor manera que me es posible. Amén.

PADRE NUESTRO QUE ESTÁS EN EL CIELO, QUE SEA SIEMPRE SANTO TU NOMBRE.

5 DE JUNIO

DICHOSOS

Felices son los íntegros, los que siguen las enseñanzas del Señor. Felices son los que obedecen sus leyes y lo buscan con todo el corazón.
SALMOS 119:1-2

¿Cuántas veces has oído o pensado estas dos frases: *Yo solo quiero ser feliz* o *Merezco ser feliz*? Sin importar cuál sea tu nivel o condición socioeconómica —desde las personas sin hogar o sin empleo hasta los ricos y famosos— todos caemos en la tentación de buscar la felicidad en este mundo en dondequiera y de cualquier manera posible. Si hacemos una búsqueda rápida en internet sobre "qué nos hará felices" o "la clave de la felicidad", inmediatamente nos encontraremos con una plétora de pensamientos, sugerencias y opiniones sobre cómo encontrar la felicidad.

A menudo se nos dice que la felicidad es el resultado de la riqueza, la fama, la autoridad, la libertad, la alta autoestima, las bajas expectativas o alguna combinación de todo ello. No hay escasez de libros a la venta sobre este tema. Pero ¿no fue el acto de querer tener más de lo que se nos había asignado en el jardín del Edén lo que condujo al descontento en primer lugar?

La felicidad proviene de una vida con el Señor y solo de ahí puede extraerse. ¿Quién podría neciamente resistirse a la posibilidad de una alegría verdadera? Busca al Señor con todo tu corazón, elige al Señor, decide caminar en integridad y obediencia a Él, y descubre la alegría. Conocer a Cristo es ser verdaderamente feliz.

Cristo Jesús, es a ti a quien busco hoy como mi fuente de alegría. Confío en ti como mi fuente de vida. Solo de ti viene una felicidad gloriosa e inexpresable. Amén.

QUE TU REINO VENGA PRONTO. QUE SE CUMPLA TU VOLUNTAD EN LA TIERRA COMO SE CUMPLE EN EL CIELO.

6 DE JUNIO

INSEPARABLE

Y estoy convencido de que nada podrá jamás separarnos del amor de Dios. Ni la muerte ni la vida, ni ángeles ni demonios, ni nuestros temores de hoy ni nuestras preocupaciones de mañana. Ni siquiera los poderes del infierno pueden separarnos del amor de Dios. Ningún poder en las alturas ni en las profundidades, de hecho, nada en toda la creación podrá jamás separarnos del amor de Dios, que está revelado en Cristo Jesús nuestro Señor.

ROMANOS 8:38-39

La mayor necesidad de provisión que tiene la humanidad es la vida para el alma; la vida *Zoe*, la vida que se origina de la fuente singular de Dios. La gran obra de misericordia de Cristo en la cruz proveyó un camino para tener una relación inseparable con Dios. Gracias a la labor continua de su Espíritu Santo en nuestras vidas, se nos proporciona todo lo necesario para continuar el proceso de hacer que sus seguidores se parezcan más a Cristo con cada día que pasa. Ninguna fuerza externa existente en la Tierra o en reinos invisibles puede separar lo que Dios ha unido.

¿Has visto alguna vez dos árboles creciendo tan juntos que, en algún momento, llegan a encontrarse, se unen y luego continúan creciendo como un solo árbol? Nuestra relación con Cristo es muy parecida a esto. Una vez que hemos aceptado la salvación en Cristo por su misericordiosa gracia y amor, somos injertados en la vid, adoptados en la familia de Dios, y nos hacemos uno con Cristo Jesús, alimentándonos diariamente del Pan de vida.

¡Alabado sea Dios por su provisión suprema a través de Cristo Jesús!

Señor Jesús, mi corazón se llena de confianza y alegría al saber que el amor entre nosotros es para siempre inseparable gracias a tu obra en la cruz. ¡Gracias! Amén.

DANOS HOY EL ALIMENTO QUE NECESITAMOS.

7 DE JUNIO

CELOS

A la semana siguiente, casi toda la ciudad fue a oírlos predicar la palabra del Señor. Cuando algunos judíos vieron las multitudes tuvieron envidia; así que calumniaban a Pablo y debatían contra todo lo que él decía.
Hechos 13:44-45

Antes de su conversión, Pablo, entonces conocido como Saulo, era un erudito judío, un hombre de conocida reputación, ciudadano romano y totalmente dedicado al judaísmo. Él era un implacable perseguidor de la iglesia y fervoroso en su empeño por librar al judaísmo de cismas y de falsos sectarismos, entre los que contaba al cristianismo. Estaba convencido de que sus intentos de acabar con los seguidores de Jesucristo se justificaban (Hechos 22). Saulo, el sumo sacerdote, los asociados del sacerdote y los saduceos estaban tan llenos de celos que arrestaron a los discípulos (Hechos 5:17).

Afortunadamente, cuando fue confrontado por Cristo en el camino a Damasco, Saulo se dio cuenta de su error y su pecado. Saulo, el perseguidor del cristianismo, se convirtió en Pablo, un heraldo de todas las cosas concernientes a Cristo y su ministerio produjo abundantes frutos.

Pablo mismo se convirtió a menudo en receptor de las consecuencias destructivas de los mismos celos de los que una alguna vez había sido culpable. Más de una vez advirtió a quienes pertenecían al cuerpo de Cristo que tuvieran cuidado con el daño y el sufrimiento que los celos pueden causar.

Señor, vivo todavía en este caparazón terrenal y te pido que, por tu gracia y poder, alejes de mí los efectos egocéntricos y autodestructivos de los celos. Amén.

PERDÓNANOS NUESTROS PECADOS, ASÍ COMO HEMOS PERDONADO A LOS QUE PECAN CONTRA NOSOTROS.

8 DE JUNIO

VIDA Y LUZ

La gente que estaba en la oscuridad ha visto una gran luz. Y para aquellos que vivían en la tierra donde la muerte arroja su sombra, ha brillado una luz.
MATEO 4:16

La lectura contemplativa de la Palabra infunde en nosotros luz y vida. Es la lámpara que nos guía por caminos correctos, como está escrito en el Salmo 119:105. Es la brújula del corazón, el instrumento para alejar al seguidor de Jesús de las astutas del maligno.

La luz de la Palabra revela la instrucción el Señor, su voluntad, sus preferencias, su sabiduría y sus promesas. Una vez estuvimos en tinieblas, pero ahora hemos visto una gran luz en Cristo Jesús. La Palabra de Dios, el Verbo que se hizo carne y habitó entre nosotros, trae vida y luz a un mundo oscuro.

Hay muchos dones por descubrir cuando pasamos tiempo estudiando las Escrituras. Se nos recuerda la voluntad del Señor para nuestras vidas, la labor que ha realizado en nuestros corazones. Aprendemos sobre las características de Dios y la profundidad de su amor. Y su Palabra nos asegura que Dios ya nos ha proporcionado lo necesario para cumplir su voluntad. Su Palabra nos asegura que el Señor puede vencer cualquier cosa que Satanás haya diseñado para tentarnos o distraernos.

Enciendes una lampara para mí. El Señor, mi Dios, ilumina mi oscuridad.[17]

Padre, tu luz me revela el camino que debo seguir. Me aclara tu voluntad y cómo debo vivir mi vida. Tu Palabra me recuerda que me has sacado de las tinieblas, me has rescatado y me has apartado como hijo tuyo. Te estoy agradecido y deseo vivir todos mis días en honor a ti. Amén

NO PERMITAS QUE CEDAMOS ANTE LA TENTACIÓN.

9 DE JUNIO

El fruto de la sabiduría

Sin embargo, la sabiduría que proviene del cielo es, ante todo, pura y también ama la paz; siempre es amable y dispuesta a ceder ante los demás. Está llena de compasión y del fruto de buenas acciones. No muestra favoritismo y siempre es sincera. Y los que procuran la paz sembrarán semillas de paz y recogerán una cosecha de justicia.

Santiago 3:17-18

A lo largo del libro de Proverbios, vemos los beneficios de buscar la sabiduría de Dios. Y aquí en Santiago, vemos importantes atributos y características de la sabiduría que debemos adoptar en nuestro camino cristiano.

Al estudiar la Palabra, sabemos que la sabiduría de Dios es pura, perfecta y sin faltas. La sabiduría de Dios no fallará. Por encima de todo, la sabiduría de Dios se manifiesta con motivaciones perfectas, a diferencia de cualquier fuente mundana de sabiduría. Su sabiduría no es manipuladora, egoísta ni cruel, como tampoco lo son sus designios. Como Santiago nos lo recuerda, la sabiduría de Dios se manifiesta como paz genuina, mansedumbre y disposición para ceder ante los demás. No es severa, exigente ni orgullosa.

Si caminamos en la sabiduría del Señor, nuestras vidas mostrarán misericordia y estarán marcadas por el fruto de las buenas obras. No mostraremos favoritismos, seremos pacificadores, y el fruto producido por Dios a través de nosotros dará una cosecha de rectitud. Que todos decidamos afianzarnos en la sabiduría del Señor y vivir esa sabiduría en nuestra vida diaria.

Señor, rezo por tu sabiduría perfecta, ya que me libra de la insensatez y de los planes del maligno. Y reflejará el fruto y la vida de tu reino. Amén.

Rescátanos del maligno.

10 DE JUNIO

UN ATISBO

Después de esto vi una enorme multitud de todo pueblo y toda nación, tribu y lengua, que era tan numerosa que nadie podía contarla. Estaban de pie delante del trono y delante del Cordero. Vestían túnicas blancas y tenían en sus manos ramas de palmeras. Y gritaban con gran estruendo: "¡La salvación viene de nuestro Dios que está sentado en el trono y del Cordero!". Y todos los ángeles estaban de pie alrededor del trono y alrededor de los ancianos y de los cuatro seres vivientes; y se postraron rostro en tierra delante del trono y adoraron a Dios, cantando: "¡Amén! ¡La bendición y la gloria y la sabiduría y la acción de gracias y el honor y el poder y la fuerza pertenecen a nuestro Dios por siempre y para siempre! Amén".

APOCALIPSIS 7:9-12

¡Qué gloriosa visión de la celebración y la adoración que tendrán lugar en la segunda venida de Cristo! Las escrituras del Apocalipsis están envueltas en misterio y provocan una sensación de asombro, pero queda muy claro que un día nos reuniremos para adorar extravagantemente al Señor nuestro Dios.

Tómate un segundo para recordar el momento más intenso y santo de adoración que hayas experimentado. Incluso ese precioso y santo momento palidece en comparación con lo que experimentaremos en la presencia del Señor en el futuro.

Por mucho que lo intentemos, nuestros esfuerzos por comprender lo que sucederá en la revelación divina de la gloria de Dios son insuficientes. Él es inimaginable. De este lado del cielo, del tiempo y del espacio, solo tenemos un breve atisbo.

Señor, gracias por darnos un atisbo de tu gloria, y gracias por el futuro que pasaremos honrándote y celebrándote a ti, el único Dios. Estoy agradecido por este pequeño anticipo de cómo será la adoración en ese momento, y te pido que me ayudes a vivir una vida de alabanza incondicional a ti ahora. Amén.

TUYOS SON EL REINO Y EL PODER Y LA GLORIA POR SIEMPRE.

11 DE JUNIO

EL OBJETIVO PRINCIPAL

Luego los jefes de los levitas —Jesúa, Cadmiel, Bani, Hasabnías, Serebías, Hodías, Sebanías y Petaías— llamaron al pueblo: "¡Levántense y alaben al Señor su Dios, porque él vive desde la eternidad hasta la eternidad!". Entonces oraron: "¡Que tu glorioso nombre sea alabado! ¡Que sea exaltado por sobre toda bendición y alabanza! Solo tú eres el Señor. Tú hiciste el firmamento, los cielos y todas las estrellas; hiciste la tierra, los mares y todo lo que hay en ellos. Tú los preservas a todos, y los ángeles del cielo te adoran".

NEHEMÍAS 9:5-6

La historia de Nehemías nos inspira a enfrentarnos voluntariamente a lo imposible mientras seguimos la voluntad de Dios. Nehemías se dedicó a reconstruir y restablecer Jerusalén de su estado de deterioro, para que volviera a ser testimonio de la gloria y el honor de Dios. La historia llega a su conclusión cuando el pueblo de Israel vuelve a habitar en una Jerusalén fuerte y honorable que le pertenece al Señor. El propósito último de la restauración de Jerusalén, sin embargo, era su restablecimiento como auténtico lugar de culto.

La voluntad y la intención del Padre para toda la humanidad (y la razón de la puesta en marcha del imparable plan de reconciliación a través del acto redentor de Cristo), era restaurar el culto —ponerle fin a la desesperación del alma separada, herida, rota y derrotada, y devolverla a su presencia en santa comunión con él. Nehemías lloró, oró y trabajó para ver la restauración definitiva de Jerusalén como morada de culto del Dios de Israel.

Hay un solo Dios Padre, un solo Hijo Jesucristo, un solo Espíritu Santo, y un solo propósito para la vida: la adoración desde ahora hasta la eternidad. El principal objetivo de Nehemías era restaurar tu honor y tu culto. Que ese sea mi principal objetivo. ¡Que tu glorioso nombre sea alabado! Amén.

PADRE NUESTRO QUE ESTÁS EN EL CIELO, QUE SEA SIEMPRE SANTO TU NOMBRE.

12 DE JUNIO

EL LLAMADO A SER UNA VOZ

Este fue el testimonio que dio Juan cuando los líderes judíos enviaron sacerdotes y ayudantes del templo desde Jerusalén para preguntarle:
—¿Quién eres?
Él dijo con toda franqueza:
—Yo no soy el Mesías.
—Bien. Entonces, ¿quién eres? —preguntaron—. ¿Eres Elías? —
No—contestó.
—¿Eres el Profeta que estamos esperando?
—No.
—Entonces, ¿quién eres? Necesitamos alguna respuesta para los que nos enviaron. ¿Qué puedes decirnos de ti mismo?
Juan contestó con las palabras del profeta Isaías: "Soy una voz que clama en el desierto: '¡Abran camino para la llegada del Señor!'".
JUAN 1:19-23

Dios encargó a Juan el Bautista anunciar la venida del Mesías, cuya misión cambiaría a la humanidad para siempre. Desde la resurrección de Jesús, toda persona que se convierte a Cristo, que se convierte en seguidora de Jesús y, como Juan, se convierte también en una voz. La voluntad de Dios para cada hijo suyo consiste en que sea una voz de esta historia.

La voluntad de Dios para nuestra vida puede descubrirse leyendo y estudiando la Biblia, orando y escuchando consejos sabios. Independientemente de cómo sea el llamado de Cristo en nuestras vidas individuales, todos tenemos esto en común: todos debemos ser "una voz" en los lugares a los que Dios nos envíe. Cada voz en su reino es importante, cada voz es poderosa y, en las manos de Dios, cada voz es fructífera. ¡No te quedes callado!

¡Elijo ser una voz hoy, Señor Jesús, para que tú hables a través de ella, según sea tu voluntad y deseo! Amén.

QUE TU REINO VENGA PRONTO. QUE SE CUMPLA TU VOLUNTAD EN LA TIERRA COMO SE CUMPLE EN EL CIELO.

13 de junio

Cada paso

Enséñame a hacer tu voluntad, porque tú eres mi Dios.
Que tu buen Espíritu me lleve hacia adelante con pasos firmes.
Salmos 143:10

Nadie conoce mejor cuáles serán nuestros próximos pasos que Dios mismo. Él planeó nuestros trayectos incluso antes de que llegáramos al lugar en el que nos encontramos ahora, y ha prometido conducirnos y guiarnos con su sabiduría y con su poder al próximo lugar que sea su voluntad.

Como somos incapaces de ver el futuro, a menudo podemos sentir ansiedad por lo que nos espera. El Señor conoce con detalle divino el camino que hemos de seguir y nos proporcionará lo que necesitemos a lo largo del mismo si confiamos en Él. Él nos da la orientación y la provisión necesarias para cada una de las labores asignadas.

Por lo tanto, podemos tener fe en que cada paso que damos se posa sobre una base firme. Cuando comprendemos que el Espíritu nos está conduciendo hacia su voluntad y que el Señor está apoyándonos en cada paso del camino, nuestros corazones pueden descansar, dejando de lado la ansiedad y agradeciendo a Dios por todo lo que ha hecho y por todo lo que hará.

¡Doy gracias a tu nombre, oh, Altísimo! Tú eres el Señor de mi vida y el Señor de este día. Tu camino es siempre el mejor, y me proporcionas exactamente lo que necesito para caminar en él. Tu camino me da esperanza, restaura mi vida y me trae alegría. Estoy agradecido de no tener que preocuparme por nada, porque mi vida descansa en las manos de mi amoroso Creador. Guíame por tu Espíritu misericordioso, Señor Dios mío. Amén.

Danos hoy el alimento que necesitamos.

14 DE JUNIO

EL PODER TRANSFORMADOR DEL PERDÓN

Pues él nos rescató del reino de la oscuridad y nos trasladó al reino de su Hijo amado, quien compró nuestra libertad y perdonó nuestros pecados.
COLOSENSES 1:13-14

Puede ser difícil para nosotros entender el perdón —tanto el perdón de nuestros propios pecados en Cristo Jesús como el perdón de los que han pecado contra nosotros. De hecho, la palabra *perdón* está entre el diez por ciento más alto de popularidad de las palabras más buscadas en Merriam-Webster.[18] Esencialmente, *perdonar* significa dejar de sentir ira hacia alguien o algo, dejar de culpar o conceder el alivio total de una deuda.

Cuando recibimos el perdón a través de Cristo, el resultado es la salida de la oscuridad a la luz, de la confusión a la claridad, del rencor a la paz. Y cuando aplicamos ese mismo perdón en nuestras vidas hacia los demás, nuestras relaciones se transforman para su gloria.

Verdaderamente, sin el acto redentor de Cristo en la cruz, todos estaríamos condenados por el pecado. Entregar nuestras vidas al Señor y aceptar su muerte y resurrección por nosotros tiene como resultado su gracia, la cual no nos hemos ganado y de la cual no somos merecedores en nuestras vidas. A su vez, se espera de nosotros que perdonemos a quienes nos ofendan. Cuando hay perdón, no hay ira, culpa ni condena.

Jesús, gracias por perdonarme, y que yo también brinde el perdón a los demás. Amén.

PERDÓNANOS NUESTROS PECADOS, ASÍ COMO HEMOS PERDONADO A LOS QUE PECAN CONTRA NOSOTROS.

15 DE JUNIO

EL CAMINO DEL ÉXITO

Jesús recorrió todas las ciudades y aldeas de esa región, enseñando en las sinagogas y anunciando la Buena Noticia acerca del reino; y sanaba toda clase de enfermedades y dolencias. Cuando vio a las multitudes, les tuvo compasión, porque estaban confundidas y desamparadas, como ovejas sin pastor. A sus discípulos les dijo: "La cosecha es grande, pero los obreros son pocos. Así que oren al Señor que está a cargo de la cosecha; pídanle que envíe más obreros a sus campos".
MATEO 9:35-38

En una ocasión, una persona me dijo que no se sentía responsable de compartir las buenas nuevas de Jesucristo, que esa era la obligación de los evangelizadores dotados. Aunque ciertamente el don de los evangelistas es genuino, esto no quiere decir que ellos tengan la exclusividad de compartir las buenas nuevas. Jesús encomienda a todos los que creen y reciben su don de gracia que den testimonio de su generosidad divina.

Hay tres razones por las que todos deberíamos comprometernos a compartir nuestra fe. En primer lugar, como verdaderos seguidores de Cristo agradecidos por la verdadera alegría y la vida abundante, somos responsables de contárselo a los demás. En segundo lugar, este es el mandato de Cristo: hemos recibido gratuitamente, y debemos dar gratuitamente también. Y en tercer lugar, si somos como Cristo, tendremos compasión de los heridos, los vagabundos y los que sufren. Debemos aprovechar con gratitud cualquier oportunidad que tengamos de compartir la mejor noticia para el mundo, ¡la buena nueva!

Señor, al comenzar mi día y entrar en contacto con la gente, por favor guíame en la sensibilidad y el discernimiento de tu Espíritu Santo. Llena mi corazón con la compasión de Cristo por los que están perdidos. Permíteme ser hoy un transmisor vivificante de las buenas nuevas. Amén.

NO PERMITAS QUE CEDAMOS ANTE LA TENTACIÓN.

16 DE JUNIO

INQUEBRANTABLE

Que todo mi ser espere en silencio delante de Dios, porque en él está mi esperanza. Solo él es mi roca y mi salvación, mi fortaleza donde no seré sacudido. Mi victoria y mi honor provienen solamente de Dios; él es mi refugio, una roca donde ningún enemigo puede alcanzarme. Oh pueblo mío, confía en Dios en todo momento; dile lo que hay en tu corazón, porque él es nuestro refugio.

SALMOS 62:5-8

Cuando nos sentimos inseguros, abrumados o temerosos, se nos muestra un lugar de rescate y refugio: esperar calladamente ante el Señor de todos los cielos y la tierra. En nuestra quietud y sumisión ante Dios, encontramos esperanza. Solo Dios es fortaleza y escondite seguros, un puerto protector. La victoria no se encuentra en los recursos ni el proceder de la gente, sino en la fidelidad inmutable de Dios.

Solo Cristo es nuestro santuario; Cristo es la ciudadela de refugio inquebrantable e impenetrable. Con sinceridad, el salmista nos invita a confiar en Dios en todo momento. Cuando nuestra confianza y nuestro valor disminuyan, y cuando la intimidación y el miedo intenten colarse astutamente en el alma, busca un lugar tranquilo ante la presencia de Dios y entrégale tu corazón, porque nuestro Padre celestial es nuestro único refugio dispuesto y verdadero.

Señor, mi Roca y mi Redentor, mientras espero en silenciosa quietud ante ti, lléname de tu paz y confianza. Mientras aprendo de tu Palabra vivificante y abundante, aumenta mi verdad y mi esperanza. Te alabo y te honro esta mañana, porque tu presencia es mi refugio y mi salvación. Amén.

RESCÁTANOS DEL MALIGNO.

17 DE JUNIO

EL ÚNICO DIOS VERDADERO

Pero tú eres mi testigo, oh Israel —dice el Señor—.
Tú eres mi siervo. Tú has sido escogido para conocerme,
para creer en mí y comprender que solo yo soy Dios.
No hay otro Dios; nunca lo hubo y nunca lo habrá.
ISAÍAS 43:10

Durante un viaje de misiones a Kampala, Uganda, me invitaron a visitar un centro ministerial que ayuda a adolescentes embarazadas. Me presentaron a una joven. Me tendió la mano para saludarme y, con una sonrisa llena de alegría, se presentó y me contó su historia. Como las otras jovencitas, ella había sido residente y beneficiaria de la bondad del centro. Ahora servía como asistente para ayudar y alentar a las demás como testigo de la infinita bondad y gracia de Dios.

Mientras estaba en el patio interior del ministerio, le pregunté si podíamos orar. Cuando empezó a rezar, su gozo y exuberancia espiritual no hicieron más que aumentar a medida que sus palabras le daban honor, agradecimiento y reconocimiento a nuestro Padre celestial, el único Dios y Creador de toda vida.

Sin importar en qué parte del mundo nos encontremos, podemos alegrarnos y conectarnos con otros que forman parte del pueblo de Dios, celebrando juntos su fidelidad y declarando con alabanza y honor que el Señor, en verdad, es el único y verdadero Dios. Podemos dar gracias juntos como hermanos y hermanas en Cristo por su amor redentor y su bondad. ¡Qué maravilloso es conocerlo y servir como sus testigos!

Señor, estoy lleno de gratitud porque te has revelado ante mí como el único Dios verdadero. Solo tú eres Dios y no existe ningún otro. ¡Tú y solo tú puedes salvar y dar vida a los que no tienen vida! ¡Que tu nombre sea alabado! Y que pongas en mi vida hermanos y hermanas llenos de aliento y amor. Amén.

TUYOS SON EL REINO Y EL PODER Y LA GLORIA POR SIEMPRE.

18 DE JUNIO

HECHOS PARA LA ADORACIÓN

Pero se acerca el tiempo —de hecho, ya ha llegado— cuando los verdaderos adoradores adorarán al Padre en espíritu y en verdad. El Padre busca personas que lo adoren de esa manera. Pues Dios es Espíritu, por eso todos los que lo adoran deben hacerlo en espíritu y en verdad.

JUAN 4:23-24

Fuimos creados para adorar a Dios. Desgraciadamente, una gran parte de la iglesia occidental ha limitado su comprensión de la adoración a la parte musical de un servicio religioso típico. En realidad, el culto bíblico debe celebrarse con nuestra vida entera y se manifiesta de distintas maneras: en la comunión, la oración, la lectura de las Escrituras, las ofrendas, los sermones y en el ministerio a las viudas y los huérfanos. La adoración genuina se ofrece y se expresa en las muchas formas de arte, en el amor a nuestro prójimo como a nosotros mismos y, sí, por medio del trabajo duro y honesto si es realizado para el Señor. Nuestras vidas deben ser actos continuos de adoración.

Los componentes y características de la adoración pueden convertirse en prácticas religiosas inertes si no prestamos atención al estado de nuestros corazones. Lo que causa que la adoración a Dios se avive es el corazón que estalla de amor y acción de gracias por el liberador del alma, el escritor del destino divino.

Su invitación a entrar en total y profunda adoración no es solo para unos cuantos, sino para todos los que se despojan de sí mismos y entran en su designio divino. El Padre busca a los que ansían adorar en espíritu y en verdad.

Padre, esta mañana me postro ante ti y exalto tu nombre. Tú procuras a los que adoran en espíritu y en verdad. Tengo hambre y sed de tu presencia de todo corazón. Amén.

PADRE NUESTRO QUE ESTÁS EN EL CIELO, QUE SEA SIEMPRE SANTO TU NOMBRE.

19 DE JUNIO

Nada puede prevalecer contra el Señor

No hay sabiduría humana ni entendimiento ni proyecto que puedan hacerle frente al Señor.
Proverbios 21:30

A pesar de las fuerzas del mal en nuestro mundo, Dios sigue siendo fuerte e inquebrantable. Todos los que refutan, desafían y niegan a Dios dejarán de existir un día, pero el Señor permanecerá para siempre. La Biblia nos instruye a estar siempre preparados para defender nuestra fe, y muchos de nosotros nos hemos encontrado en esta situación.

Durante toda mi vida cristiana, aun en los debates en los que he sido débil y poco convincente en una réplica, nunca he sentido o pensado que Dios no estuviera vivo o que mi relación personal con el Señor fuera débil. Cristo ha cambiado mi vida y la lente con la que veo la vida, y nunca podré ser persuadido de lo contrario por la sabiduría y el entendimiento humanos, o las trampas del maligno para refutarlo o deshonrarlo. Él no puede ser destronado y no lo será. Nada puede oponerse al Señor. ¡Nada!

Aunque nos parezca que no tenemos las palabras apropiadas para expresar su bondad cuando encontramos oposición, la mayor y más fiable prueba de la existencia de Dios y de su milagro de gracia redentora reside en los corazones que ha redimido. Vive tu vida en honor al Señor para que otros puedan ver su gloria infinita.

Señor, deseo sentir tu presencia a lo largo de este día. Me anima saber que tus planes no pueden ser frustrados, y agradezco formar parte de ellos. Estoy agradecido por la seguridad que encuentro en ti. Ayúdame a vivir una vida que honre tu gloria infinita. Amén.

Que tu reino venga pronto. Que se cumpla tu voluntad en la tierra como se cumple en el cielo.

20 DE JUNIO

SACIAR EL CORAZÓN SEDIENTO

Jesús contestó:
—Si tan solo supieras el regalo que Dios tiene para ti y con quién estás hablando, tú me pedirías a mí, y yo te daría agua viva.
JUAN 4:10

El relato del encuentro de Cristo con la mujer samaritana en Juan 4 nos ofrece una enriquecedora visión del corazón de Jesús hacia toda la humanidad.

Él era Dios encarnado, Dios y hombre a la vez, durante su ministerio terrenal. En un trayecto de Judea a Galilea, Jesús se detuvo en el pozo de Jacob para tomar un simple descanso. Allí inició una conversación con alguien a quien otros probablemente habrían ignorado. Su misión, sin embargo, era para toda la humanidad y se dirigía a quien quisiera escuchar y recibir lo que ofrecía. Su provisión carecía de limitaciones temporales. Satisfacía la necesidad del corazón humano que sufría la ausencia de la luz y la vida de Dios.

Esta mujer, que podría haber pensado que no tendría esperanza el resto de sus días, descubrió, en cambio, la provisión para su mayor necesidad, que era el alimento del cielo para el alma sedienta, el agua viva de Jesús.

Señor, me has dado agua viva en las buenas nuevas de tu salvación. Estoy conmovido por este pensamiento y por tu don, y te agradezco ser destinatario de lo que has hecho. Te acepto, te adoro y deseo servirte este día como el manantial de vida que eres, la única agua que quita la sed de mi corazón. Amén.

DANOS HOY EL ALIMENTO QUE NECESITAMOS.

21 DE JUNIO

UNA VIDA MARCADA POR LA PASIÓN

Pero mi vida no vale nada para mí a menos que la use para terminar la tarea que me asignó el Señor Jesús, la tarea de contarles a otros la Buena Noticia acerca de la maravillosa gracia de Dios.
HECHOS 20:24

La palabra *pasión* se utiliza a menudo en canciones, poesía y sermones. Como cristianos, nuestros corazones deben estar marcados por la pasión por Cristo y su reino. Pero ¿cómo la pasión por Dios es capaz de cambiar cada fibra de una persona? ¿En qué momento supera todos los demás deseos y metas para dar paso a las tareas de Dios?

El momento es cuando nuestros espíritus despiertan a la gloria de Dios y nos damos cuenta de que todas las cosas de este mundo que creíamos provechosas y fructíferas carecen de valor en comparación con la voluntad del Señor. Una vez que nuestros corazones son transformados por Cristo, nos apasionamos por ayudar a otros a conocer la misma libertad y amor. Al igual que Pablo en Hechos 20, después de encontrar la plenitud de la gracia y el perdón de Dios, no podemos evitar hablar a otros de la maravillosa misericordia del Señor.

Cuando el corazón cautivo se da cuenta de que ha sido liberado de su encarcelamiento en los pútridos calabozos del pecado, y que ha sido también perdonado, lo que surge de un corazón verdaderamente agradecido es una pasión santa y sin tensiones por amar y servir de todo corazón a su liberador: Jesucristo.

Padre, porque me has perdonado, ahora la gracia me guía y me da poder para decirles a otros tus maravillosas buenas nuevas. Por el poder de tu Espíritu, ayúdame a no poner nada por encima de amarte y cumplir tu voluntad en mi vida. Amén.

PERDÓNANOS NUESTROS PECADOS, ASÍ COMO HEMOS PERDONADO A LOS QUE PECAN CONTRA NOSOTROS.

22 de junio

Amistad

Timoteo, doy gracias a Dios por ti, al mismo Dios que sirvo con la conciencia limpia tal como lo hicieron mis antepasados. Día y noche te recuerdo constantemente en mis oraciones. Tengo muchos deseos de volver a verte porque no me olvido de tus lágrimas cuando nos separamos. Y me llenaré de alegría cuando estemos juntos otra vez.

2 Timoteo 1:3-4

Timoteo era amigo de Pablo, hijo espiritual y colaborador en Cristo. Existía entre ellos una amistad pura de respeto mutuo, y las palabras de Pablo lo reflejan. Como hermanos y hermanas en Cristo, a menudo nos encontramos estableciendo conexiones fuertes con otros creyentes, lo cual nos da fuerza, ánimo y un sentido de responsabilidad —y estas relaciones son necesarias a los ojos de Dios.

Nuestras amistades que disfrutan de un amor compartido por Cristo resultan en una vida espiritual más enriquecedora y nos ayudan a prepararnos para reflejar mejor el amor de nuestro Salvador. Estas amistades también nos fortalecen y nos alejan de la tentación.

Di hoy a tus amigos que le das gracias a Dios por el vínculo que comparten y por el ánimo que te proporcionan mientras vives en honor del Rey, Cristo el Mesías.

Señor, oro hoy día por mis amigos y por tu bendición sobre ellos mientras buscan primero tu reino y gloria en todo lo que hacen. Te pido que mis amigos no creyentes lleguen a conocer tu amor, y te pido que me des las palabras para compartir tu bondad. Amén.

No permitas que cedamos ante la tentación.

23 DE JUNIO

UN FUTURO ASEGURADO

Pero yo confío en ti, oh Señor; digo: "¡Tú eres mi Dios!". Mi futuro está en tus manos; rescátame de los que me persiguen sin tregua".
SALMOS 31:14-15

Es cierto que nuestro enemigo es hábil, está bien armado y es despiadado en sus intentos de herirnos —y, si fuera posible, destruirnos por completo. Es el enemigo de Dios y el enemigo de todo lo que Dios ama. Su persecución es implacable.

La buena noticia es que nuestro futuro está sólidamente asegurado, ya que nuestra confianza está en Dios y en todo lo que Cristo realizó en nuestro favor. Aunque Satanás es implacable, él no es omnipotente; es limitado e impotente contra el Señor. Por eso, la Biblia nos anima continuamente a confiar en Dios, que tiene firmemente nuestro futuro en sus poderosas manos.

En primera de Pedro 5:9 se afirma, de forma breve pero vigorosa, cuál es la mejor manera de enfrentarse al maligno: *Manténganse firmes contra él y sean fuertes en su fe.* Aunque es implacable, el enemigo huirá cuando se le oponga resistencia. Debemos mantenernos firmes con confianza y fe en la obra terminada de Cristo que ya lo ha vencido. Nuestro futuro está asegurado.

Padre, ayúdame a discernir tu voluntad y a seguirte a lo largo de mi día bajo la dirección de tu Espíritu Santo. Ayúdame a descansar sabiendo que tengo un futuro asegurado en ti, sin importar lo que este día o esta semana me deparen, sin importar cuál sea el plan del maligno. Tú eres más grande que todas y cada una de sus estrategias. Gracias por tu redención, y gracias por tener mi futuro en tus manos. Amén.

RESCÁTANOS DEL MALIGNO.

24 DE JUNIO

Por encima de todo

Por lo tanto, Dios lo elevó al lugar de máximo honor y le dio el nombre que está por encima de todos los demás nombres para que, ante el nombre de Jesús, se doble toda rodilla en el cielo y en la tierra y debajo de la tierra, y toda lengua declare que Jesucristo es el Señor para la gloria de Dios Padre.

Filipenses 2:9-11

La Tierra está llena de evidencia del ingenio y los logros de la humanidad. Desde la antigüedad hasta nuestros días, la historia está llena de relatos de hazañas humanas, de perseverancia y competencias. Desde la Gran Muralla China hasta las Pirámides de Guiza; desde el Canal de Panamá hasta el Túnel del Canal de la Mancha, que se extiende bajo el agua a lo largo del Estrecho de Dover desde Inglaterra hasta Francia; desde la Revolución Industrial hasta la Carrera Espacial —en todas partes podemos ver obras del ingenio humano.

La propulsión por superar o sobrepasar las fronteras o limitaciones humanas es lo que impulsa la innovación en la comunidad global. Sentimos la constante presión de superar el último punto de referencia en casi todos los ámbitos humanos: competencias atléticas, desarrollo y venta de productos corporativos, proezas tecnológicas, instituciones financieras y entretenimiento.

El hombre, sin embargo, no es el ostentador del poder ni el gran innovador que presume, pues hay uno que le supera tanto que no se le puede situar categóricamente en la misma clasificación. Él es Jesucristo, gobernante por encima de todos los que gobiernan, autoridad por encima de todos los demás poderes.

Solo tú eres Señor. Solo tú estás por encima de todas las cosas. ¡Solo tú eres digno de adoración, honor, poder y toda gloria! Amén.

Tuyos son el reino y el poder y la gloria por siempre.

25 DE JUNIO

Solo Dios

Él solo extendió los cielos y marcha sobre las olas del mar.
Job 9:8

La escritura de aquí arriba fue tomada de la discusión de Job con uno de sus amigos durante el tiempo de su tribulación. En toda la difícil pérdida de Job, él reconoció la pequeñez de sí mismo y la vasta santidad de Dios. Job declara que Dios mismo creó la Tierra tal como la conocemos, y en toda su grandeza divina, extiende los cielos y camina sobre las olas del mar. Solo Dios es dueño de todo, y solo Dios es grande y santo.

¿Has visto alguna vez cómo la espesa niebla de una montaña se desplaza hasta cubrir la base de un valle? Una vez que la niebla baja desde la cima de una montaña hasta la base, esta cubre y oculta todo lo que hay en la zona. Nada es visible a través del manto de densa niebla.

Dios está mucho más allá de nuestra capacidad para describirlo y definirlo. Al igual que la niebla que lo cubre todo, el Señor es imponente y tiene dominio total. Él solo es Dios, y si quisiera, podría moverse rápidamente sobre toda la Tierra de tal manera que todo quedaría oculto por el poder de su gloria. Nosotros somos lo creado; Él es el Creador. Existimos para glorificarlo —y qué gran honor es poder hacerlo.

Padre Dios, has cubierto toda la tierra con tu gloria. Solo tú dominas todas las cosas en todo momento, y tienes planes para cada cosa creada. ¡Alabado sea tu santo nombre! Amén.

Padre nuestro que estás en el cielo, que sea siempre santo tu nombre.

26 de junio

No hay lugar para nada más

Bernabé era un hombre bueno, lleno del Espíritu Santo y firme en la fe. Y mucha gente llegó al Señor.
Hechos 11:24

A lo largo de los años, a menudo me he sentido atraído por el carácter espiritualmente rico y humilde de Bernabé, un notable siervo de Dios. En la Biblia, no se nos da la misma cantidad de información sobre Bernabé que sobre otros fieles siervos de Jesús y, sin embargo, hizo importantes contribuciones al reino de Dios a través de su sincero amor por el Señor.

¡Qué honor sería para cualquier hombre o mujer dedicado a Dios que alguien dijera que era una buena persona, llena del Espíritu Santo! Si uno está lleno del Espíritu Santo, no hay lugar para cosas que no son del Señor. El hecho de que el Espíritu Santo habitaba en Bernabé es la explicación obvia de su fortaleza en la fe.

Además de las gentiles palabras sobre el carácter de Bernabé, vemos que muchas personas fueron llevadas al Señor a través de él. Como siervos de Jesús, encontramos nuestra máxima alegría en que más personas conozcan a Cristo, y esto es algo que, estoy seguro, el propio Bernabé llegó a experimentar. Bernabé fue un instrumento que trajo a muchos a Cristo, porque no tenía lugar para nada más que para el amor de Jesús.

Padre, que cada día me parezca más a ti. Te ruego que la bondad esté firmemente arraigada en mi corazón por tu gracia. Te ruego que esté lleno de tu Espíritu en todo momento, que sea fuerte en mi fe, y que confíe plenamente en ti. Que pueda contarle al mundo tus grandes obras, tu amor eterno y tu maravillosa gracia. Que muchos lleguen a conocer tu misericordia y tu libertad cuando les hable de ti a los demás. Amén.

Que tu reino venga pronto. Que se cumpla tu voluntad en la tierra como se cumple en el cielo.

27 DE JUNIO

En el momento preciso

Pues, hay un Dios y un Mediador que puede reconciliar a la humanidad con Dios, y es el hombre Cristo Jesús. Él dio su vida para comprarles la libertad a todos. Este es el mensaje que Dios le dio al mundo justo en el momento preciso.
1 Timoteo 2:5-6

Una vez, cuando conducía hacia el Oeste, vi un cartel publicitario al lado de la interestatal que anunciaba que el "Mesías", que ahora vivía en Florida, podría ser visto en un próximo evento. En el cartel figuraban la fecha, el lugar y la hora del acontecimiento. Recuerdo que me reí a carcajadas cuando lo vi, pero enseguida me puse serio al darme cuenta de que, por desgracia, muchos sí pensarían que este impostor era su esperanza.

En Mateo 24, Jesús nos advirtió de los impostores, y muchos han ido y venido desde su advertencia. Pero podemos estar tranquilos: la Biblia declara la bondad y el carácter absoluto de Cristo y de su sacrificio redentor, y declara que Jesucristo es el único Mesías verdadero.

Hay un mediador capaz de reconciliarse verdaderamente con Dios, y es descrito e identificado en la Palabra del Señor —tanto en el Antiguo como en el Nuevo Testamento. Él dio su vida para que nosotros tuviéramos vida eterna y plena redención. No necesitamos buscarlo en ninguna otra parte, pues fue dado al mundo en el momento preciso.

¡Gracias, Jesucristo —Mesías, Salvador del mundo y Señor de todos! Gracias por darme tu amor, tu misericordia y tu gracia. Amén.

Danos hoy el alimento que necesitamos.

28 de junio

Poder sobre la ira

Líbrense de toda amargura, furia, enojo, palabras ásperas, calumnias y toda clase de mala conducta. Por el contrario, sean amables unos con otros, sean de buen corazón, y perdónense unos a otros, tal como Dios los ha perdonado a ustedes por medio de Cristo.

Efesios 4:31-32

En las últimas cuatro décadas, he conocido y servido a muchas personas oprimidas por la ira. Es fácil reconocerla, quizá porque yo también fui una vez su prisionero. Ser perdonado por Cristo —y, a su vez, perdonar a los demás— elimina el poder de la ira y la deja sin efecto en nuestras vidas.

Cuando el amor y la gracia de Cristo han llenado el corazón y el alma, ya no hay lugar para la amargura, la rabia, la ira, las palabras severas y la calumnia. Es preciso subrayarlo: el perdón en y a través de Cristo es la puerta del alma a la libertad.

El pasaje bíblico de arriba nos recuerda el poder que el perdón tiene en nuestras vidas y nuestras relaciones. Dejemos a un lado la ira y la amargura y elijamos perdonarnos unos a otros, caminando en bondad y teniendo un corazón tierno.

Padre, por el poder de tu Espíritu Santo, haz que pueda yo extender la sinceridad, la ternura de corazón, la bondad y el perdón hacia todos. Ayúdame a deshacerme de toda amargura, rabia, ira, palabras severas y calumnia en mi vocabulario, mis pensamientos y mi corazón. Amén.

Perdónanos nuestros pecados, así como hemos perdonado a los que pecan contra nosotros.

29 de junio

Una puerta abierta de par en par

Se ha abierto una puerta de par en par para hacer un gran trabajo en este lugar, aunque muchos se me oponen.
1 Corintios 16:9

En este sencillo versículo, Pablo nos da un maravilloso ejemplo de un corazón agradecido y comprometido en confiar al liderazgo de Cristo todas las cosas. En el último capítulo de 1 Corintios, Pablo concluye su carta a los cristianos de Corinto diciendo que Dios le ha dado una puerta abierta de par en par en la ciudad de Éfeso para proclamar las buenas nuevas de la gracia de Dios.

El Señor condujo a Pablo a Éfeso, y hubo mucha oposición y desafíos para él a lo largo del camino; sin embargo, la escritura de Pablo refleja su espíritu de fe y entusiasmo. Él comprendió que las mejores oportunidades siempre existen dentro del plan divino de Dios, independientemente de los desafíos.

Es cierto que la voluntad de Dios puede no ser el camino *más fácil*, pero siempre será *el mejor* camino. Aunque puedan surgir desafíos en nuestro itinerario, es de sabios resistir la tentación de tomar los caminos más fáciles, aquellos que pueden ser más cómodos, menos desafiantes, pero vacíos de la bendición de Dios. Dondequiera que Dios nos guíe, siempre será el camino más seguro y con mayor propósito. Podemos estar seguros de esta verdad.

Guíame, Señor, por tu camino y por tu voluntad, porque tu camino es perfecto y tu voluntad glorifica tu nombre. Vivir mi vida para ti es mi verdadero propósito, y no hay llamado o privilegio más alto. Amén.

No permitas que cedamos ante la tentación.

30 de junio

El camino de Cristo

Sabemos que los hijos de Dios no se caracterizan por practicar el pecado, porque el Hijo de Dios los mantiene protegidos, y el maligno no puede tocarlos. Sabemos que somos hijos de Dios y que el mundo que nos rodea está controlado por el maligno. Y sabemos que el Hijo de Dios ha venido y nos ha dado entendimiento, para que podamos conocer al Dios verdadero. Y ahora vivimos en comunión con el Dios verdadero porque vivimos en comunión con su Hijo, Jesucristo. Él es el único Dios verdadero y él es la vida eterna. Queridos hijos, aléjense de todo lo que pueda ocupar el lugar de Dios en el corazón.

1 Juan 5:18-21

¿Cuál es el papel de Dios en asegurar la vida cristiana victoriosa hasta el final, y cuál es nuestra parte en ello? Es probable que los creyentes en Cristo se hayan planteado esta cuestión a lo largo de la historia de la Iglesia.

El pasaje de aquí arriba parece mostrar rastros de una tensión similar. El Hijo ha venido, y ahora conocemos al Dios verdadero. Gracias a Cristo y a su obra en nosotros, ahora vivimos en comunión con Dios y *sabemos que somos hijos de Dios.* Aun así, se nos exhorta a mantenernos alejados de todo lo que pueda apartarnos de Dios.

Por tanto, ¿cómo podemos cumplir con nuestra parte para vencer al pecado y mantenernos en el camino que el Señor nos ha trazado? La victoria consiste en "fijar la mirada en Jesús, el campeón que inicia y perfecciona nuestra fe" (Hebreos 12:2).

Saldremos bien en esta carrera si mantenemos nuestros ojos en Jesús.

Sé el objeto de mi corazón, Señor, la voz que me guía y me conduce victorioso a través del curso de esta vida. Amén.

Rescátanos del maligno.

1 DE JULIO

Sacrificios que agradan a Dios

Por lo tanto, por medio de Jesús, ofrezcamos un sacrificio continuo de alabanza a Dios, mediante el cual proclamamos nuestra lealtad a su nombre. Y no se olviden de hacer el bien ni de compartir lo que tienen con quienes pasan necesidad. Estos son los sacrificios que le agradan a Dios.

Hebreos 13:15-16

Hay muchas expresiones de adoración y alabanza reveladas en la Biblia. Una forma de expresar nuestro amor por el Señor es mediante un sacrificio continuo de alabanza. Fuimos creados para adorar al Señor alabando su nombre, y es lo único que seguiremos haciendo cuando atravesemos el umbral de esta vida terrenal hacia la vida eterna en el cielo.

Estos versículos de Hebreos también nos recuerdan que, además de ofrecer sacrificios de alabanza y adoración, no debemos olvidarnos de "hacer bien ni de la ayuda mutua". Este tipo de sacrificio agrada a Cristo, le da gloria y honra su nombre.

No nos olvidemos de ninguna de las dos cosas: adorar a Dios con sacrificios de alabanza y hacer el bien compartiendo lo que tenemos con los necesitados. Ambas formas de sacrificio son santas y hermosas, y Dios es honrado por ambas.

Señor, hacer el bien y compartir con los necesitados es una forma de adorarte. Además de cantar y proclamar tu bondad con mis palabras, que esté atento para adorarte amando y dando a los necesitados. Por favor, dirígeme a quienes quieres que sirva. Amén.

Tuyos son el reino y el poder y la gloria por siempre.

2 DE JULIO

ÉL HACE COSAS MARAVILLOSAS

Alaben al Señor Dios, el Dios de Israel, el único que hace semejantes maravillas. ¡Alaben su glorioso nombre por siempre! Que toda la tierra se llene de su gloria. ¡Amén y amén!
SALMOS 72:18-19

La Biblia nos dice que Jesús regresará un día a la Tierra, en lo que se conoce como su segunda venida. Aparecerá en toda su majestad, culminando el fin de esta era y eventualmente dando paso a los cielos nuevos y la tierra nueva.

Todo se llenará de la gloria del Señor, y moraremos para siempre en la majestuosa belleza de su perfección: algo verdaderamente maravilloso. Sin embargo, lo más maravilloso será el privilegio que tendrá el pueblo redimido de Dios de adorarle en todo su esplendor, sin ser interrumpido ni distraído por ninguna cosa mundana.

Permaneceremos en la presencia y el portento del Padre, Hijo y Espíritu Santo, alabando el glorioso nombre de Dios por siempre.

Alabo tu nombre esta mañana, Señor. Tú y tu obra son maravillosos más allá de lo que podemos expresar con palabras. Has hecho todas las cosas para tu gloria. Que toda la tierra se llene de tu gloria. Amén.

PADRE NUESTRO QUE ESTÁS EN EL CIELO, QUE SEA SIEMPRE SANTO TU NOMBRE

3 DE JULIO

Paz en cualquier situación

Ahora, que el mismo Señor de paz les dé su paz en todo momento y en cada situación. El Señor sea con todos ustedes.
2 Tesalonicenses 3:16, 18

Una noche, cuando tenía diecisiete años, volvía a casa tarde y me quedé dormido al volante. Me deslicé por dos carriles opuestos, choqué con un árbol de tal manera que hizo volcar el carro y luego me deslicé y me estrellé de frente contra otro árbol. Estaba inconsciente cuando llegó la policía, y más tarde me dijeron que su primera impresión fue que el conductor no había sobrevivido. Lo único que recuerdo es que recobré momentáneamente el conocimiento, pedí ayuda y oí una voz que decía: "Vamos a sacarte de ahí". Lo siguiente que recuerdo es que me cosieron varias heridas en la sala de emergencias.

Llamaron a mis padres, pero mi padre estaba tan afectado emocionalmente que no pudo acompañar inmediatamente a mi madre al hospital; en su lugar, se quedó en casa y rezó por mi supervivencia. La respuesta a sus oraciones llegó pronto en la forma de la paz de Dios. Poco después, mi madre le llamó por teléfono para decirle que yo iba a estar bien, y él llegó al hospital un poco más tarde. Mi papá me dijo después que, si bien la noticia que mi madre le había dado por teléfono era la confirmación de que sus ruegos habían sido escuchados, la paz de Dios había llegado a su corazón incluso antes de recibir aquella llamada telefónica.

Pablo ha escrito que Dios es el Señor de la paz. Él es su fuente. No es una paz temporal. Él mora en sus hijos, así que tenemos la posibilidad de tener paz en todo momento y en cualquier circunstancia. Que seamos conscientes de que a lo largo de nuestro día, sean cuales sean nuestras circunstancias, tenemos paz en cualquier situación a través de Cristo Jesús.

Señor Jesús, que mi corazón y mis ojos estén puestos en ti; eres mi fuente para todas las cosas. Que camine en tu gracia y en tu paz a lo largo de este día y siempre. Amén.

Que tu reino venga pronto. Que se cumpla tu voluntad en la tierra como se cumple en el cielo.

4 DE JULIO

Ten confianza

Pongan todas sus preocupaciones y ansiedades en las manos de Dios, porque él cuida de ustedes.
1 Pedro 5:7

Hay veces en que órdenes sencillas como esta parecen distantes y difíciles de ejecutar. Cuando me siento así, suelo descubrir que este es un problema de lo que me gusta llamar simplemente *falta*: falta de fe, falta de confianza, falta de escucha o falta de obediencia.

La Biblia me dice claramente que le entregue todas mis preocupaciones a Dios porque cuida de mí, ¡y punto! Sin excusas. Sin preguntas. Estamos llamados a someternos plenamente al Señor, entregándole incluso nuestras ansiedades. De hecho, Jesús dijo que no debemos preocuparnos porque Dios conoce nuestras necesidades y las proveerá (Mateo 6:32-33).

En momentos de preocupación, el Salmo 56:3 ha sido un buen amigo: "Pero yo, cuando tenga miedo, pondré en ti mi confianza". Poder ver que David, un hombre cercano al corazón de Dios, experimentó momentos en los que la preocupación y el miedo eran reales y estaban presentes, puede ser un bálsamo para un espíritu ansioso. Podemos seguir el ejemplo de David al entregar nuestras preocupaciones al Señor: David simplemente reconoció su miedo —reconociendo al mismo tiempo su debilidad y falta de confianza— y luego pidió que Dios interviniera y eliminara su miedo y sus preocupaciones.

Señor, tú has dicho: "Busquen el reino de Dios por encima de todo lo demás y lleven una vida justa, y él les dará todo lo que necesiten" (Mateo 6:33). Tú dices solo la verdad, así que, Señor, por tu gracia y el poder de tu Espíritu Santo, ayúdame a caminar en la fe y en la confianza en ti. Guíame a buscar solo el Reino y tu justicia. Amén.

Danos hoy el alimento que necesitamos.

5 DE JULIO

La promesa de libertad de Dios

Pero las Escrituras declaran que todos somos prisioneros del pecado, así que recibimos la promesa de libertad que Dios hizo únicamente por creer en Jesucristo.
Gálatas 3:22

La humanidad clama apasionadamente por una auténtica libertad. Anhelamos la verdadera libertad: libertad de preocupaciones, dificultades, ataduras, dificultades financieras, problemas de salud, decepciones, culpa y vergüenza —la lista podría ser interminable.

La máxima guerra por la libertad es la lucha por el alma humana. El enemigo trabaja sin descanso para mantener a las personas esclavizadas a la oscuridad y la desesperación, pero Dios diseñó un plan impecable más allá del alcance del mal para liberar el corazón humano de la esclavitud más cruel. Dios ha declarado la independencia para todos y cada uno de los que reciban la gracia liberadora proporcionada por Jesucristo, el único Hijo de Dios.

En el pecado estamos aprisionados, pero en Cristo somos libres. Alabado sea el Señor por su promesa de libertad. ¡Recibe a Cristo, recibe la libertad!

Señor, estoy agradecido por tener muchas libertades, pero sobre todo por la libertad de mi alma, que es posible gracias a la gracia y al perdón de Jesús, el mayor libertador. Amén.

Perdónanos nuestros pecados, así como hemos perdonado a los que pecan contra nosotros.

6 de julio

En casa con nosotros

Jesús contestó:
—Todos los que me aman harán lo que yo diga. Mi Padre los amará, y vendremos para vivir con cada uno de ellos.
Juan 14:23

En el pasaje de hoy, Jesús promete a todos los que le amen y le obedezcan que se quedará a vivir con ellos. Por supuesto, Cristo se refiere a la residencia en el corazón, pero ¿qué pasaría si habitara físicamente en tu casa? ¿Cómo cambiaría eso tu vida? Seguro que sería emocionante, pero tu rutina diaria probablemente estaría marcada por una nueva diligencia espiritual y un estilo de vida radicalmente cristiano.

Si supiéramos que cada mañana Jesús se dirige al pasillo que da a la cocina para tomar el café con nosotros, nuestras vidas sin duda se vivirían con una mayor preocupación por evitar la tentación y con mayor intencionalidad.

Como creyentes, el Espíritu Santo mora dentro de nosotros y está disponible para aconsejarnos y guiarnos. Por tanto, ¿no deberían nuestras vidas estar marcadas por la diligencia espiritual y un estilo de vida radicalmente cristiano? No por la ley o el legalismo, sino por un profundo amor y respeto a su presencia. Tenemos la capacidad de estar en constante relación con el Señor y disfrutar de su amistad, todo porque Dios elige construir su hogar dentro de nosotros.

Gracias por residir en mi corazón, Señor Jesús. Guíame lejos de todas las cosas vanas y condúceme hacia todas las cosas que sean fructíferas. Rezo para que yo te honre en todas las actividades de este día mientras lo recorremos juntos. Amén.

No permitas que cedamos ante la tentación.

7 de julio

Confianza en la verdad de Dios

Pero jamás dejaré de amarlo ni de cumplir la promesa que le hice. Por nada romperé mi pacto; no retiraré ni una sola palabra que he dicho. Le hice un juramento a David y por mi santidad no puedo mentir.
Salmos 89:33-35

La verdad es un tesoro muy valioso, especialmente la verdad de las promesas del Señor. La palabra *verdad* se utiliza a menudo, pero al menos en la cultura occidental moderna, las declaraciones falsas o engañosas se utilizan con tanta frecuencia y facilidad en los medios de comunicación y las opiniones son declaradas tan comúnmente como hechos que ya casi no sabemos a quién o qué creer.

Sin embargo, todavía hay un bastión de certeza, una fuente de credibilidad pura y una verdad sin engaños o motivaciones erróneas: el Señor y su Palabra eterna. Cuando leemos o escuchamos la Biblia, sabemos que las promesas de Dios son dignas de confianza, exactas e impecables. Estemos descansados sabiendo que podemos confiar plenamente en las directivas y promesas que Dios nos ha dado a través de las Escrituras —son lo mejor para nosotros.

En el pasaje bíblico de hoy, vemos la promesa de Dios de no dejar nunca de amar a su pueblo. Solo Dios es capaz de hacer promesas que contienen verdad plena. ¡Y qué verdad tan dulce se encuentra en el Salmo 89! Él nunca dejará de amarnos, nunca faltará a su palabra y no es capaz de mentir. ¡Qué Dios tan bueno en verdad!

Tú, Padre celestial, eres la fuente de la verdad. Gracias por las promesas que son siempre verdaderas, siempre justas y siempre buenas. Amén.

Rescátanos del maligno.

8 DE JULIO

Él está sobre todas las cosas

Tuyos, oh Señor, son la grandeza, el poder, la gloria,
la victoria y la majestad. Todo lo que hay en los cielos
y en la tierra es tuyo, oh Señor, y este es tu reino.
Te adoramos como el que está por sobre todas las cosas.
1 Crónicas 29:11

Antes de conocer a Cristo, a menudo nos consideramos a nosotros mismos o a nuestros logros como superiores y poderosos y valoramos nuestros éxitos como un tesoro. A menudo consideramos valioso el poder, el prestigio y la acumulación de riquezas y elogios terrenales, y utilizamos nuestro estatus o nuestra riqueza para ascender en las cadenas de mando humanas.

Pero entonces Dios entra en escena, y nuestros corazones y nuestras vidas cambian radicalmente. Todo se pierde bajo su sombra. Una vez que hemos conocido a Cristo y experimentado el amor de Dios, no hay nada comparable a su gloria. Desde lo más grande hasta lo más pequeño, todo es de Dios. Él es el Creador de todas las cosas, el Sustentador de todas las cosas. Todas las cosas existen por su buena voluntad y para glorificar su reino. Él tiene todo el poder, todo el prestigio, toda la riqueza —y se merece todos los elogios. Nada en la Tierra se le puede comparar.

Te adoro, Señor, porque eres el único lo suficientemente glorioso
y digno de ser adorado. Te adoro esta mañana, Rey de reyes
y Dios sobre todas las cosas. ¡Glorificado seas! Amén.

Tuyos son el reino y el poder y la gloria por siempre.

9 DE JULIO

Un solo Dios y Padre

Todas las naciones que hiciste vendrán y se inclinarán ante ti, Señor; alabarán tu santo nombre. Pues tú eres grande y haces obras maravillosas; solo tú eres Dios.
Salmos 86:9-10

Una de las armas más eficaces del enemigo es la confusión. Trabaja para engañar a la humanidad presentando múltiples opciones religiosas y diferentes enfoques filosóficos de la vida. El mal intenta disfrazar réplicas ingeniosamente diseñadas (pero defectuosas) de la verdad de Dios para confundir y frustrar a la gente para que no conozca al único Dios verdadero, Yahvé.

Aquellos que eligen otras religiones o el ateísmo pueden argumentar con fuertes y apasionadas negaciones en contra de la verdad de Dios, pero al final, a los engañados solo les quedarán el arrepentimiento, la decepción y la separación eterna del Padre de toda vida. Los que se entregan a Dios y a sus propósitos disfrutarán para siempre de su presencia eterna y de la comunión divina.

Hay un solo Dios, Yahvé, y es verdaderamente el gran Dios de los prodigios. Su corazón desea que todas las personas conozcan su profundo amor por ellas como el Padre de todo prodigio. Su deseo de que lo conozcamos es tan grande que no denegó nada, ni siquiera a su Hijo único, para que podamos ser perdonados, recibamos la gracia y entremos en una relación santa con él y con todo lo que es bueno.

Padre, que tu nombre sea honrado y alabado este día.
¡Eres grande y todo lo que haces es maravilloso! Amén.

Padre nuestro que estás en el cielo, que sea siempre santo tu nombre.

10 DE JULIO

ALZA TU VOZ

Entonces dije: "Aquí estoy. Como está escrito acerca de mí en las Escrituras: me complace hacer tu voluntad, Dios mío, pues tus enseñanzas están escritas en mi corazón". A todo tu pueblo le conté de tu justicia. No tuve temor de hablar con libertad, como tú bien lo sabes, oh Señor. No oculté en mi corazón las buenas noticias acerca de tu justicia; hablé de tu fidelidad y de tu poder salvador. A todos en la gran asamblea les conté de tu fidelidad y tu amor inagotable.

SALMOS 40:7-10

Este salmo de David refleja su profundo agradecimiento por todas las cosas de Dios, y que él consideraba un privilegio y un honor declarar las cualidades del Señor y de su reino a cualquier persona, siempre que hubiera oportunidad. Él entendió que alzar su voz era la voluntad de Dios para su vida.

A Jesús le alegraba y le satisfacía cumplir la voluntad del Padre, no la suya propia. No deberíamos necesitar un recordatorio constante para compartir las buenas nuevas de Cristo u obedecer el llamado de Dios. Amar y obedecer a Dios debe consumir siempre nuestros corazones y nuestros días.

Cuando hablamos de la bondad de Dios, nuestras declaraciones deben ser valerosas y estar facultadas por el espíritu de Dios. Podemos proclamar con confianza su justicia perfecta y santa, las buenas nuevas de su amor fiel e inagotable y su gracia salvadora inigualable. El mensaje de su reino no fue destinado a permanecer oculto del mundo, sino a manifestarse osadamente.

Señor, esta mañana me ofrezco de nuevo a ti. Úsame para proclamar la vida y la libertad de tu gracia, de tu fidelidad y tu amor inagotable. Por favor, usa mi vida como tu portavoz para hablar de ti, de tu corazón y de tus planes inquebrantables e infalibles. Amén.

QUE TU REINO VENGA PRONTO. QUE SE CUMPLA TU VOLUNTAD EN LA TIERRA COMO SE CUMPLE EN EL CIELO.

11 DE JULIO

Rezar con fervor

Les manda saludos Epafras, un miembro de la misma comunidad de fe que ustedes y siervo de Cristo Jesús. Siempre ora con fervor por ustedes y le pide a Dios que los fortalezca y perfeccione, y les dé la plena confianza de que están cumpliendo toda la voluntad de Dios. Puedo asegurarles que él ora intensamente por ustedes y también por los creyentes en Laodicea y en Hierápolis.

Colosenses 4:12-13

¡Oh, que todos tuviéramos personas como Epafras en nuestras vidas! Él era un auténtico amante de Cristo. Al parecer, había renunciado, al menos temporalmente, a la familiaridad de su tierra natal para acompañar a Pablo en sus misiones. Pablo lo consideraba un siervo de Cristo y un elemento valioso para la edificación de la iglesia. Era miembro de la iglesia de Colosas, por lo que conocía la personalidad, los retos, las cualidades y el potencial de sus miembros.

Pablo debió de oír a Epafras orar a menudo, pues menciona esas oraciones fervientes e intensas por su familia espiritual y su comunidad. ¿Y cuál era el contenido de su oración por sus hermanos y hermanas en la fe? Que fueran fuertes en Cristo, perfectos en Cristo, que tuvieran plena confianza en Cristo, y que siguieran *toda* la voluntad de Dios.

Los que son como Epafras son una de las maravillosas, hermosas y necesarias provisiones de Dios para apoyar y acrecentar nuestra labor mientras llevamos a cabo la voluntad del Padre. Que nosotros también seamos como Epafras, intercediendo fervientemente en favor de nuestra familia espiritual.

Señor, te ruego que en la familia de Dios surjan muchas más personas que oren con fervor y fidelidad. También te pido que yo pueda ser una de esas personas en el cuerpo de creyentes que interceda fielmente en favor de mis hermanos y hermanas. Amén.

Danos hoy el alimento que necesitamos.

12 de julio

Privilegio

Les escribo a ustedes, que son hijos de Dios, porque sus pecados han sido perdonados por medio de Jesús.
1 Juan 2:12

Me pregunto cómo se sentirían los destinatarios de la carta de Juan al leer estas palabras. ¡Qué alegría contarse entre aquellos cuyos pecados han sido perdonados! La carta estaba dirigida a los que encontraban una nueva libertad en su decisión de seguir a Cristo; eran nuevos destinatarios de la grande y maravillosa gracia de Dios. ¡Ahora eran hijos de Dios!

Es impresionante y asombroso que Dios mismo perdone nuestros pecados y, a su vez, nos proporcione libertad espiritual —¡todo a través de sí mismo! ¿Quiénes somos nosotros para recibir semejante privilegio? Nuestra carnalidad sin valor es transformada, y somos recibidos como miembros de la familia real de Dios.

Sí, esta carta se dirige al grupo específico de creyentes a quienes Juan escribe, pero su contenido es también para nosotros. Está dirigida a todos los hijos de Dios, así que léela, escúchala y préstale atención.

Silencioso, agradecido y humilde. Señor, así es como me siento en esta vigilia matutina temprana. Estoy agradecido por mi libertad en ti. Amén.

Perdónanos nuestros pecados, así como hemos perdonado a los que pecan contra nosotros.

13 DE JULIO

La provisión de la vista

Jesús habló una vez más al pueblo y dijo: "Yo soy la luz del mundo. Si ustedes me siguen, no tendrán que andar en la oscuridad porque tendrán la luz que lleva a la vida".
Juan 8:12

Una noche llegué tarde a una pequeña cabaña situada en una ladera boscosa. Entré, dejé la mochila en el suelo e inmediatamente encendí un fuego en una vieja estufa de leña. Una vez que las llamas estuvieron firmes, decidí salir por la puerta trasera para echar un vistazo. Era una noche nublada y, aunque sabía que había un hermoso valle que contemplar, no podía ver nada. De hecho, no podía ver nada más allá de unos diez pies hacia adentro del bosque. Sin embargo, a la mañana siguiente, la luz del sol reveló uno de los muchos valles sorprendentes de los Ozarks.

La luz hace visibles las cosas que no se ven. Parece una afirmación simple, pero a través de la lente del pasaje bíblico de hoy, es una promesa poderosa. Fuera de mi cabaña en el bosque, la luz del amanecer dejaba al descubierto parte de un hermoso paisaje del sur de Misuri, pero nunca habría intentado explorar el paisaje mientras el valle estuviera envuelto en la oscuridad y no se viera nada.

Jesús es la luz del mundo, y las tinieblas no pueden ocultarlo. Él es nuestra provisión de la vista. Si seguimos su brillante santidad y verdad, siempre seremos guiados lejos de la tentación. Él iluminará nuestros caminos, equipándonos para el viaje que tenemos por delante.

Jesús, en ti tenemos la luz que conduce a la vida. Gracias por guiarme, protegerme y alejarme de la tentación. Amén.

No permitas que cedamos ante la tentación.

14 DE JULIO

LA MAYOR LIBERACIÓN

Así es, un solo pecado de Adán trae condenación para todos, pero un solo acto de justicia de Cristo trae una relación correcta con Dios y vida nueva para todos.

ROMANOS 5:18

La muerte y resurrección del Hijo de Dios lo cambió todo —hizo que las garras mortales de Satanás sobre la yugular de la humanidad se soltaran para siempre. Cristo puso fin a los efectos del pecado, que iban a separarnos para siempre de Dios Padre. Como hijos e hijas de Dios, ya no estamos condenados.

Por medio de su muerte y resurrección, Jesús construyó un puente indestructible para todos los que creyeran y le recibieran como Cristo, el puente que da acceso a una relación con el Señor en las Alturas. Jesús es el Mesías, el Hijo único de Dios, y nos regocijamos de su magnífico don de gracia y de la máxima forma de liberación.

Solo a través de Cristo podemos entrar en una relación correcta con Dios. Al atravesar el umbral redentor de la gracia, somos liberados del maligno; escapamos de las tinieblas e ingresamos a una vida nueva: la vida eterna.

¡Alabado seas esta mañana, mi Libertador! Amén.

RESCÁTANOS DEL MALIGNO.

15 DE JULIO

El propósito de toda vida

¡Que todo lo que respira cante alabanzas al Señor!
¡Alabado sea el Señor!
Salmos 150:6

Para el corazón apasionadamente enamorado del Creador de todas las cosas, cantar alabanzas al Señor es un privilegio emocionante. Curiosamente, la alabanza al Señor se muestra aquí no como una sugerencia, sino como un mandato. Aun así, para el amante de Dios, no parece en absoluto una orden, sino una invitación a experimentar el mayor de los honores de la vida.

Dios diseñó y produjo todos los seres vivos para que alcanzaran su mayor logro: glorificarle. Cuando lo hacemos, nos encontramos con la experiencia humana en su máxima belleza. ¡Sí, todo lo que respira debe adorar al Señor! La alabanza al Señor es para ser oída, para ser cantada. ¡Es una alabanza al dador de vida, al que ha compuesto en nosotros la canción suprema! Es el canto de vida de los redimidos.

En los tiempos venideros, veremos cómo es realmente que todo lo que respira alabe al Señor. ¡Qué impresionante será! Las limitaciones y las barreras que experimentamos en esta vida terrenal desaparecerán en la presencia del Divino. Prorrumpiremos en un canto eterno con toda la creación, y no nos cansaremos ni nos fatigaremos de cantar alabanzas al que es Santo.

¡Alabado seas, Señor del cielo y de la tierra! Solo tú eres Dios
y tu reino y tu dominio permanecen para siempre.
¡Santo es tu nombre! Amén.

Tuyos son el reino y el poder y la gloria por siempre.

16 DE JULIO

AUTÉNTICA REALEZA

¡Exaltemos al Señor, nuestro Dios!
¡Póstrense a sus pies porque él es santo!
SALMOS 99:5

Antiguamente, la gente se inclinaba para rendir honor y respeto a las autoridades o a quienes ocupaban puestos de honor. Este acto suponía un reconocimiento visual de la superioridad de los reyes y reinas terrenales, los poderosos y las personas de alta estima. En algunas culturas, no mostrar tal reverencia podía significar el encarcelamiento o la muerte. La reverencia mostraba una actitud de adoración, cortesía, honor y gratitud.

No existe soberano más alto que Jehová Dios. Nuestro Señor es exaltado por encima de todo, ya que es el Creador de todo. En verdad, Dios es el único soberano real digno de adoración, y un día, todos se inclinarán ante su presencia en reconocimiento de su superioridad.

Por la obra reconciliadora de Cristo, nosotros alabamos como hijos e hijas del Altísimo; somos herederos adoptivos. Los redimidos celebran al Santo con corazones totalmente liberados. Sin embargo, más adelante nos espera el acontecimiento más emocionante y dinámico que jamás se haya producido; superará inconmensurablemente la experiencia actual de adoración. Es la reunión de todos los redimidos junto con las huestes angélicas para celebrar en perfección, sin impedimentos y en dimensiones ilimitadas, al Señor Altísimo.

Padre, eres exaltado por sobre todas las cosas.
Yo te exalto, te honro y te adoro. Amén.

PADRE NUESTRO QUE ESTÁS EN EL CIELO, QUE SEA SIEMPRE SANTO TU NOMBRE.

17 DE JULIO

El jardinero principal

Yo soy la vid verdadera, y mi Padre es el labrador. Él corta de mí toda rama que no produce fruto y poda las ramas que sí dan fruto, para que den aún más.
Juan 15:1-2

Cuando leo esto, me imagino una escena matutina en la que el sol ilumina con lentitud una ladera suavemente inclinada, cubierta de hectáreas de un viñedo fructífero, vibrante y sano. En mi mente, hay un anciano en medio del viñedo que mueve sus manos metódicamente entre las ramas, apartando las hojas con cuidado e inspeccionando el estado de cada parte de la planta, desde el tallo y la hoja hasta el fruto en ciernes.

Él conoce bien su viñedo y sabe exactamente cómo cuidarlo para obtener una cosecha óptima en calidad y cantidad. De vez en cuando, corta lo que parece un brote verde perfectamente sano y capaz de dar fruto. Para el ojo inexperto, esta acción puede parecer contraproducente, pero el viejo y sabio viñador sabe que es el procedimiento necesario para obtener la mejor cosecha potencial.

Nuestro Padre es amoroso, pero perfecto; es santo en todos los sentidos. Cuida su viña, el cuerpo de Cristo, y cada una de las ramas que la componen. Él es paciente, intencional, cuidadoso y amorosamente vigilante. Nunca cortaría una rama de forma irreflexiva, despreocupada o premeditada. Tiene un propósito en todas y cada una de sus acciones, pequeñas o grandes. Su meta es la viña más sana y fructífera para la mayor de las cosechas.

Señor, tú me conoces mucho mejor de lo que yo llegaré a conocerme a mí mismo. Te ruego que me ayudes a conocer tu voluntad y cumplirla. Mi deseo es producir para ti la mejor cosecha potencial de mi vida. Dame el valor y la fuerza para orar como lo hizo Cristo: que no se haga mi voluntad, sino la tuya. Amén.

Que tu reino venga pronto. Que se cumpla tu voluntad en la tierra como se cumple en el cielo.

18 DE JULIO

Amor eterno y fiel

¡Den gracias al Señor, porque él es bueno!
Su fiel amor perdura para siempre.
Salmos 136:1

Se nos anima a honrar y adorar a Dios con un corazón agradecido. El Salmo 136 incluye una larga lista de logros y bendiciones de Dios, y comienza celebrando su bondad. La palabra hebrea para "bueno", *tob*, significa "favorable; festivo; agradable; placentero; correcto y mejor".[19] Enfática, absoluta e infinita es la bondad de Dios.

En una ocasión, durante una conversación con mi pequeño nieto, él preguntó: "¿Alguna vez Dios no es bueno?". Mi respuesta fue: "No, Dios nunca es no bueno". Aunque puede ser que no haya sido gramaticalmente correcta, mi respuesta contenía una verdad inequívoca.

Veintiséis veces a lo largo del Salmo 136, el salmista utiliza la frase "su amor fiel permanece para siempre". La bondad de Dios es manifestada en su amor perfecto. Su amor carece de cualquier característica deficiente o defectuosa. Su amor es imperecedero —nunca decrece, ni se debilita, ni disminuye en lo más mínimo— ya que Dios es amor y nunca mengua, ni se debilita, ni cambia.

Cuando una persona redimida y cuidada por el amor de Dios se detiene a contemplar el tesoro divino que llena su corazón, el agradecimiento fluye en forma de lágrimas agradecidas. El corazón entona melodías santas solo aptas para los oídos de Dios, cuyo amor es eterno, cuyo amor es bueno.

Señor, te doy gracias esta mañana por tu provisión de bondad y amor, que es ilimitada y eterna. Amén.

Danos hoy el alimento que necesitamos.

19 de julio

Vivos con Cristo

Ustedes estaban muertos a causa de sus pecados y porque aún no les habían quitado la naturaleza pecaminosa. Entonces Dios les dio vida con Cristo al perdonar todos nuestros pecados. Él anuló el acta con los cargos que había contra nosotros y la eliminó clavándola en la cruz. De esa manera, desarmó a los gobernantes y a las autoridades espirituales. Los avergonzó públicamente con su victoria sobre ellos en la cruz.
Colosenses 2:13-15

Él perdonó *todos nuestros pecados*. A lo largo de los años, he mantenido muchas conversaciones con personas a las que les costaba creer que Dios pudiera perdonarles *todos* sus pecados. Decían que seguramente Dios esperaba que hicieran algún tipo de trabajo para empezar a entrar en su buena gracia, pero esto dista mucho de ser verdad. A nosotros nos corresponde simplemente arrepentirnos. Luego aceptamos a Cristo y se nos concede el perdón.

Algunos dirán que es demasiado sencillo, pero el Padre sabía que solo había un modo de rescatar a la gente para sí mismo: ¡la gracia! Su único Hijo —Jesús, el Cordero inmolado sin mancha— fue la ofrenda por nuestros pecados. Él se merece toda la gloria por nuestra libertad y restauración. Nuestra parte es rendirnos.

La muerte ya no gobierna en el lugar donde Cristo mora. Todos los cargos que nos imputa el maligno son anulados, eliminados por el poder de la cruz de Cristo. Ahora permanecemos vivos con Cristo y vivimos como vasos para honra —santificados y útiles— para nuestro Señor y Rey.

Padre, me regocijo esta mañana al recordar cuando me liberaste a través del poder de tu vida de resurrección. He sido perdonado y liberado para ser solo tuyo. Amén.

Perdónanos nuestros pecados, así como hemos perdonado a los que pecan contra nosotros.

20 DE JULIO

MARAVILLOSA LUZ

Pero ustedes no son así porque son un pueblo elegido. Son sacerdotes del Rey, una nación santa, posesión exclusiva de Dios. Por eso pueden mostrar a otros la bondad de Dios, pues él los ha llamado a salir de la oscuridad y entrar en su luz maravillosa.
1 PEDRO 2:9

A menudo, por las mañanas, cuando el primer rayo de luz asoma por el horizonte, me quedo quieto y sobrecogido por la grandeza de Dios. La luz misma me permite contemplar y apreciar la maravilla y magnificencia de la creación.

En el pasaje de hoy, Pedro escribe a los primeros cristianos para alentarlos. En el versículo anterior, Pedro explica que la gente tropieza porque no obedece la Palabra de Dios. Sin embargo, como cristianos, somos el pueblo elegido de Dios y posesión suya. Nuestro llamado es mostrar a todos la bondad del Señor y sus caminos de justicia, porque Cristo ha iluminado nuestras vidas, antes oscuras, y nos ha permitido ver su belleza y su gloria.

Esta es la maravilla de las maravillas: Cristo, quien es la luz del mundo, nos ha invitado a seguirle. Su luz nos hace conscientes de cosas que antes ocultaba la oscuridad.

Padre, separados de ti no tenemos la capacidad de ver. En el principio, trajiste la luz física a la tierra, y a través de la obra redentora de Cristo, trajiste la luz espiritual. Gracias a tu luz, hay esperanza. Eres la luz del mundo. Amén.

NO PERMITAS QUE CEDAMOS ANTE LA TENTACIÓN.

21 DE JULIO

SIEMPRE LA VERDAD

Les digo la verdad, ¡todo el que obedezca mi enseñanza jamás morirá!
Juan 8:51

Cuando buscamos la verdad en fuentes terrenales, rara vez la encontramos. Con demasiada frecuencia, en nuestro mundo actual se presentan cosas como verdad y luego se descubre que son falsas. El resultado es una cultura de la duda, la sospecha y la desesperación generalizada. Es difícil confiar en aquellos en posiciones de autoridad terrenal o en las noticias —lo que conduce una ansiedad sobre nuestro mundo y su futuro.

Existe, sin embargo, una voz libre de defectos y falsedades. Uno cuyas palabras son sumamente precisas, carentes del más mínimo error y —cuando son observadas— traen luz a la oscuridad, esperanza a los desesperanzados, y vida abundante y eterna: Jesús.

Cuando Jesucristo dijo "Les digo la verdad", era realmente la verdad, sigue siendo la verdad y lo seguirá siendo para siempre. Que busquemos y observemos sabiamente sus palabras, porque traen vida y alimento al alma hambrienta.

Jesús, tus palabras son vivas, tus palabras nunca fallan, y en tus palabras se puede confiar. Que me envuelva la verdad de tu Palabra y obedezca las enseñanzas vivificantes que nos das. Amén.

RESCÁTANOS DEL MALIGNO.

22 DE JULIO

El glorioso mandato

¡Alaben al Señor desde los cielos! ¡Alábenlo desde el firmamento! ¡Alábenlo, todos sus ángeles! ¡Alábenlo, todos los ejércitos celestiales! ¡Alábenlo, sol y luna! ¡Alábenlo, todas las estrellas brillantes! ¡Alábenlo, los altos cielos! ¡Alábenlo, los vapores que están mucho más allá de las nubes! Que toda cosa creada alabe al Señor, pues él dio la orden y todo cobró vida. Puso todo lo creado en su lugar por siempre y para siempre. Su decreto jamás será revocado.

Salmos 148:1-6

Para quien ama a Dios, toda la creación es una maravilla y una muestra del magnífico y absoluto poder creador de Dios, un recordatorio de que todo es hecho por Dios y para Dios. ¡Alabado sea el Señor!

Aunque el Salmo 148 no se atribuye específicamente a David, se parece mucho a su poesía. David podría inspirarse en sus muchas experiencias en la naturaleza como pastor, custodio de las ovejas al amanecer. Supongo que podría fácilmente cerrar los ojos e imaginar la quietud de los pastos de ovejas soñolientas. Recordaría lo que era mirar al cielo con asombro por las estrellas, sabiendo que solo Dios conocía su número y sus nombres.

Servimos a un Creador maravilloso, asombroso e inspirador. Él no tenía por qué crear un reino natural lleno de tanta belleza, pero lo hizo mediante su glorioso mandato. Puso todas las cosas en su lugar para glorificarlo, y es merecedor de todo honor y alabanza.

Me siento humilde al estar en tu presencia esta mañana, mi Señor, Rey y Salvador. ¿Quién es como tú? ¡Nadie! Eres magnífico, y, me maravillo de todo lo que has hecho. Eres digno de toda alabanza. Gracias por tu amor, tu misericordia, tu gracia, y por darme una vida genuina para adorarte para siempre. Amén.

Tuyos son el reino y el poder y la gloria por siempre.

23 DE JULIO

¡ACLAMEN!

¡Griten alabanzas alegres a Dios, habitantes de toda la tierra!
¡Canten de la gloria de su nombre!
SALMOS 66:1-2

La velada fue electrizante cuando unos mil líderes cristianos rusos se reunieron en un auditorio del centro de Moscú. En 1991, el presidente Boris Yeltsin había prohibido el partido comunista y, poco después, los líderes cristianos de Estados Unidos fueron invitados a reunirse con sus homólogos rusos para darse ánimo, capacitarse y celebrar abiertamente al Señor, tras décadas de ocultamiento y silencio bajo el régimen comunista.

Un pastor estadounidense subió al escenario central para inaugurar la conferencia y dijo en inglés: "¡Alabemos a Dios!". Su traductor ruso repitió la frase y, de repente, el auditorio estalló en aclamaciones casi ensordecedoras de alabanza a Dios.

Permanecí de pie en los pasillos laterales del escenario con varios otros pastores y líderes estadounidenses llorando y regocijándome en el Señor por mis hermanos y hermanas rusos en Cristo.

Nuestro Padre celestial es digno de toda alabanza, honor y gloria. Cuando encontramos mandatos en las Escrituras, como el de hoy, debemos tomarlos al pie de la letra. Dios *merece* exclamaciones de alabanza enfáticas y decisivas, y es un privilegio que se nos permita hacerlo libremente. A Dios se le deben cantos de alabanza —y mucho, mucho más. No tengas miedo de gritar de alegría de vez en cuando, porque nuestro Dios es digno de toda alabanza.

Señor, nos has hecho para alabarte. Nos has dado el mandato de cantar, inclinarnos ante ti, estar quietos, levantar las manos y, sí, gritar de júbilo. ¡Alabado seas, Señor! Amén.

PADRE NUESTRO QUE ESTÁS EN EL CIELO, QUE SEA SIEMPRE SANTO TU NOMBRE

24 DE JULIO

PRUEBA DE AMOR

Ante todo les digo que, mediante Jesucristo, le doy gracias a mi Dios por todos ustedes, porque en todas partes del mundo se habla de la fe que tienen en él. Dios sabe cuántas veces los recuerdo en mis oraciones. Día y noche hago mención de ustedes y sus necesidades delante de Dios, a quien sirvo con todo mi corazón anunciando la Buena Noticia acerca de su Hijo.

ROMANOS 1:8-9

Pablo recibía aliento y alegría al oír hablar de los buenos frutos producidos como resultado del crecimiento de la fe en respuesta a la difusión del Evangelio. En su carta a la iglesia romana, él afirmó y elogió su fidelidad al Evangelio, del que se hablaba en todo el mundo. Les dio ánimo, diciéndole a la iglesia que rezaba por ellos a menudo.

La última parte de este pasaje es nuestro énfasis de hoy. Pablo dice que la prueba de su amor a Dios es la continua difusión de la buena nueva de Cristo. Tal vez podría decirse de otro modo: *Sirvo [a Dios] con todo mi corazón anunciando la Buena Noticia acerca de su Hijo.*

¿Cómo podemos saber si realmente amamos a Dios? Una manifestación es nuestro deseo de compartir con los demás lo que el Señor ha hecho por nosotros. Cuando estamos gozosamente llenos de amor por alguien o por algo, no podemos evitar contarlo a los demás.

Señor, me has dado una nueva vida, esperanza y un futuro. Quiero que hoy me encuentres compartiendo con los demás la fuente de mi amor y de mi vida en honor a ti. Amén.

QUE TU REINO VENGA PRONTO. QUE SE CUMPLA TU VOLUNTAD EN LA TIERRA COMO SE CUMPLE EN EL CIELO.

25 de julio

Unas palabras sobre el hogar

No dejen que el corazón se les llene de angustia; confíen en Dios y confíen también en mí. En el hogar de mi Padre, hay lugar más que suficiente. Si no fuera así, ¿acaso les habría dicho que voy a prepararles un lugar? Cuando todo esté listo, volveré para llevarlos, para que siempre estén conmigo donde yo estoy. Y ustedes conocen el camino que lleva adonde voy.

Juan 14:1-4

Cuando Jesús empezó a compartir con sus discípulos los acontecimientos de su misión que iban a suceder, incluida su partida y la incapacidad de ellos para seguirle, ellos se preocuparon profundamente. Sus discípulos necesitaban información que les diera tranquilidad, y Jesús se la dio. El respondió inmediatamente a sus inseguridades y preocupaciones y les dijo que no se preocuparan, sino que siguieran confiando en Él.

Jesús compartió con ellos la esperanza y la visión de sus preparativos para el futuro de ellos y de todos los creyentes. Sí, iba a dejarlos, pero al hacerlo, iba a prepararles un lugar en la casa de su Padre.

Este planeta en el que existimos es una obra que Dios completó en seis días. Pero piensa en cuántos años Jesús ha estado ausente desde que hizo la declaración anterior. ¡Qué asombrosa maravilla nos espera! Cuando esta vida termine, entraremos no en cualquier otro lugar, sino en el lugar específico de provisión para el que nuestros corazones fueron diseñados. Estaremos en casa para siempre.

Alabado sea tu nombre, bondadoso Señor, por tu amor, tu provisión y tu promesa. ¡Permíteme servirte a ti y a tus propósitos hoy y todos los días siguientes, hasta que esté contigo en la casa de tu Padre para siempre! Amén.

Danos hoy el alimento que necesitamos.

26 DE JULIO

Por eso debes perdonar

No juzguen a los demás, y no serán juzgados.
No condenen a otros, para que no se vuelva en su contra.
Perdonen a otros, y ustedes serán perdonados.
LUCAS 6:37

Al explorar cada día los temas del padrenuestro, nos encontramos semanalmente con el perdón. Quizás Jesús lo incluyó en su oración sabiendo que necesitaríamos que nos recordaran continuamente la necesidad de caminar por la senda del perdón.

En Lucas 6:37, Cristo subraya de nuevo la importancia de extender la gracia a los demás y el principio vivificante del perdón. Jesús perdonó todo pecado y toda ofensa, independientemente de la intensidad de su oscuridad. Cuando pedimos perdón sinceramente y nos arrepentimos de nuestras transgresiones, Jesús nos perdona, y punto.

Si queremos ser como Jesucristo, debemos perdonar de la misma manera. Debemos extender el perdón a los que nos han ofendido. Así como nuestra salvación nació de la gracia de Cristo —no de nuestras propias obras o acciones— la gracia de perdonar a otros debe también provenir de la misma fuente.

Gracias, Señor Jesús, por tu gracia de perdonarme. En mi pecado no era digno de ser perdonado, y sin embargo moriste por mí incluso antes de que naciera. Te pido tu gracia para perdonar a los que me ofenden. Amén.

PERDÓNANOS NUESTROS PECADOS, ASÍ COMO HEMOS PERDONADO A LOS QUE PECAN CONTRA NOSOTROS.

27 DE JULIO

Continúa su voluntad

Ahora mi alma está muy entristecida. ¿Acaso debería orar: "Padre, sálvame de esta hora"? ¡Pero esa es precisamente la razón por la que vine! Padre, glorifica tu nombre. Entonces habló una voz del cielo: "Ya he glorificado mi nombre y lo haré otra vez".
Juan 12:27-28

Hace varios años, pasé por un periodo de desánimo. Me preguntaba si mi vida y mi trabajo ministerial estaban realmente cambiando algo. Llamé a uno de mis mentores para que me orientara. Durante la conversación con él, reuní el valor suficiente para preguntarle si alguna vez había sentido el impulso de abandonar la vida de ministerio; inmediatamente respondió: "¡Casi todos los lunes!".

Incluso Jesús —que conocía la historia de su propia vida de principio a fin y sabía que terminaría con una victoria total— experimentó conflictos internos. Vemos esto en el pasaje de hoy: "¿Acaso debería orar: 'Padre, sálvame de esta hora?'".

Pero Jesús no dejó de orar después de esa pregunta. Jesús continuó con su oración recordando su propósito en la tierra y pidiendo traer gloria al nombre de su Padre. Que se hiciera la voluntad del Padre, no la suya. Jesús se elevó por encima de este momento de profunda tribulación y continuó la voluntad del Señor. Terminó su carrera victoriosamente. Porque Cristo nos guía en el camino que debemos seguir, nosotros podemos también llegar a la meta eficaz y victoriosamente.

Señor, cuando me sienta débil, preocupado y con ganas de dejarlo todo, recuérdame que tú eres la fuente de todo lo que necesito para cumplir tu voluntad. Tú me guías. Tu voluntad es mi mayor llamado, mi mayor privilegio y mi mayor aventura. Amén.

No permitas que cedamos ante la tentación.

28 de julio

El acto de liberación

Hagan justicia al pobre y al huérfano; defiendan los derechos de los oprimidos y de los desposeídos. Rescaten al pobre y al indefenso; líbrenlos de las garras de los malvados.
Salmos 82:3-4

Mediante la obra redentora de Cristo, el Padre proveyó una manera para que todos los que siguieran a Jesús experimentaran la liberación definitiva del mal. Nuestro Salvador también nos ha invitado a unirnos en el continuo ministerio de declarar y proclamar las buenas nuevas para que otros también alcancen la salvación.

Como hijos e hijas de Dios, se nos invita a formar parte de la labor de mitigar los temores y los efectos de la pobreza, y a proporcionar seguridad y refugio a los huérfanos. Se nos invita a declarar lo que es justo y a hacer lo correcto en un mundo injusto. Y se nos invita a ponernos de pie y anunciar que la verdadera liberación de la opresión reside en Cristo y en una relación con él.

Sí, estamos llamados a participar con Cristo en la misión de rescate más importante y enorme de todo el mundo: ¡ser su voz, sus manos, sus pies! Él nos ha dado las facultades para que su causa sea nuestra causa. Hoy no es un día para dejarse llevar por la indiferencia y la incomodidad, para buscar nuestro propio camino o ceder a los placeres del mundo. Hoy, y todos los días siguientes, es el día de permanecer en el poder de su fuerza contra las asechanzas del enemigo, contra el mal. Porque donde está el espíritu del Señor, allí hay libertad y el mal es vencido (2 Corintios 3:17).

Jesús, ¡que tu nombre, tus caminos y tu fama se mantengan gloriosamente fuertes, sobresaliendo por encima de todos los poderes de la oscuridad! Amén.

Rescátanos del maligno.

29 DE JULIO

SU GLORIA RESPLANDECIENTE

Exaltado seas, oh Dios, por encima de los cielos más altos;
que tu gloria brille sobre toda la tierra.
SALMOS 57:11

Este canto y oración refleja el corazón del salmista, un corazón rebosante de pensamientos y de exaltación de Dios en medio de su presencia. La declaración de su oración es que Dios sea exaltado sobre todas las cosas, sobre el lugar más alto en lo más alto de los cielos, ¡y que la gloria de Dios brille resplandeciente sobre toda la tierra, sin que falte en ningún espacio la gloriosa maravilla de Dios!

A los hijos e hijas de Dios se le confiere un gran propósito, y el cumplimiento de este gran propósito se lleva a cabo en la manifestación de nuestro más alto llamado. ¿Y cuál es nuestro mayor llamado? Adorar a Dios con todo nuestro ser.

Aunque ciertamente reflejamos la gloria de Dios en nuestros servicios de adoración colectiva de la iglesia, esa es solo una parte de cómo enaltecemos al Señor. Nuestras vidas vividas en constante reconocimiento y acción de gracias al Señor son la forma en que la belleza de la gloria de Dios brilla con su santo resplandor. Cuando vivimos vidas de adoración entre los pobres, los quebrantados y los heridos, compartiendo la esperanza y ofreciendo ayuda, ahí se refleja la gloria de Dios. Cuando caminamos con integridad absoluta dentro de un mundo que acostumbra a redefinir la verdad y la rectitud, entonces la gloria de Dios brilla intensamente.

Padre, que tu gloria brille sobre toda la tierra. Que toda criatura, sí, todo lugar, se llene hasta rebosar de la maravilla de tu reino. Amén.

TUYOS SON EL REINO Y EL PODER Y LA GLORIA POR SIEMPRE.

30 DE JULIO

YO SOY EL SEÑOR TU DIOS

Yo soy el Señor tu Dios,
quien te rescató de la tierra de Egipto, donde eras esclavo.
ÉXODO 20:2

En efecto, no existe otro sujeto o ser vivo más complejo que Dios. Nada —ningún estudio prolongado o contemplación intensa— podría empezar siquiera a develar su profundidad y amplitud. El más sabio entre nosotros no podría siquiera empezar a entender ni la más pequeña de sus verdades sin la ayuda de Dios. Sin embargo, como creyentes, tenemos el privilegio de intentar conocer profundamente a nuestro Padre divino. Esta es la mayor aventura, el glorioso itinerario y la búsqueda del creyente.

En el transcurso de esta exploración divina, llegamos a disfrutar de la verdadera e indescriptible belleza del Señor. Vivimos maravillados por su gloria y su amor. Esta mañana, regocíjate en la verdad asombrosa y vivificante de que —en todo su vasto poder, fuerza y conocimiento— Dios declara fielmente: "Yo soy el Señor tu Dios".

Señor, hay momentos en los que todo lo que puedo hacer es alegrarme por la verdad de que soy tu hijo y tú eres mi Dios. Gracias por rescatarme de la esclavitud del pecado. Tú eres el Señor mi Dios, y te estoy agradecido. Amén.

PADRE NUESTRO QUE ESTÁS EN EL CIELO, QUE SEA SIEMPRE SANTO TU NOMBRE.

31 de julio

Siempre el mejor plan

Pues yo sé los planes que tengo para ustedes —dice el Señor—. Son planes para lo bueno y no para lo malo, para darles un futuro y una esperanza. En esos días, cuando oren, los escucharé. Si me buscan de todo corazón, podrán encontrarme.

Jeremías 29:11-13

Estos versículos se utilizan a menudo para impartir esperanza y bendición a las personas. Muchos estudiantes de preparatoria y universitarios han recibido una tarjeta de graduación que incluye estos versículos. Pero no se suelen incluir los versículos que vienen justo antes y después, que hablan de los setenta años de cautiverio de Israel en Babilonia. Los versículos de hoy revelan el resultado final para el bien de Israel, pero están intercalados en el relato de una gran dificultad.

Tal vez eso hace que estas palabras sean aún más valiosas. A menudo nos apresuramos a pasar por alto las muchas adversidades que se mencionan en la Biblia junto a promesas tan hermosas como esta. La vida de los que elegimos servir a Cristo no estará exenta de dificultades. ¿Deberíamos entonces anticiparlas, temerlas, negarlas o intentar construir una teología libre de ellas? Si lo hacemos, el resultado puede ser la decepción.

Esta vida terrenal es un reto, y necesitamos la gracia y la provisión de Dios para enfrentar sus desafíos. Sin embargo, podemos descansar sabiendo que el Señor ya tiene un plan para nosotros, y que es el mejor plan. Quienes buscan a Dios de todo corazón recibirán una bondad indescriptible.

Señor Dios mío, hoy te busco de todo corazón. Haz dicho que los que te buscan te encontrarán. No hay nadie a quien anhele como a ti, porque no hay nadie que sea como tú. Eres mi esperanza, mi futuro, mi heredad y mi tesoro. Amén.

Que tu reino venga pronto. Que se cumpla tu voluntad en la tierra como se cumple en el cielo.

1 DE AGOSTO

La promesa del Padre

Padre de los huérfanos, defensor de las viudas,
este es Dios y su morada es santa.
Salmos 68:5

Aunque las estadísticas mundiales de huérfanos varían, está claro que hay millones de niños menores de dieciocho años sin padres. Las principales causas de esta tragedia humana son las enfermedades, la pobreza, la guerra, los desastres naturales, el abandono y los accidentes. Si añadimos a los niños que viven en condiciones en las que sus cuidadores están agobiados por la adicción a las drogas, las cifras aumentan. Y si tenemos en cuenta los innumerables hogares biparentales con padres cargados con exceso de trabajo, ausentes y desconectados, las cifras se hacen todavía mayores.

Siempre recordaré que, mientras trabajaba como voluntario en un ministerio de ayuda a niños desamparados, una niña pequeña se me acercó entre una multitud. La saludé y, mientras me miraba con sus grandes ojos marrones, preguntó con voz sincera y desgarradora: "¿Podrías ser mi papá, por favor?".

Dios es el Padre perfecto en todos los sentidos. Es perfecto en carácter, amor, motivo y cuidado. A través de la obra de Cristo, Dios ha eliminado los efectos eternos del espíritu de orfandad para todos los que entran bajo su cuidado. Él es la esperanza y el sanador para los heridos y anhelantes del afecto de su santa paternidad. Promete a sus hijos e hijas no desampararlos ni abandonarlos jamás. Él es para siempre nuestro Padre.

Padre, en ti está la esperanza de la máxima provisión de influencia paterna. Gracias por tu corazón de Padre perfecto, gracias por ser el Padre perfecto —nuestro Padre celestial, nuestro Padre para siempre. Amén.

Danos hoy el alimento que necesitamos.

2 DE AGOSTO

EL EJEMPLO PERFECTO

Les di mi ejemplo para que lo sigan.
Hagan lo mismo que yo he hecho con ustedes.
JUAN 13:15

Inmediatamente después de lavar los pies a sus discípulos, Jesús pronunció estas palabras. El tema de este versículo, por supuesto, es aceptar el glorioso y fructífero ministerio de servir a Dios, someternos a su voluntad y vivir una vida dedicada al servicio de los demás. Estas palabras de Cristo tienen implicaciones de largo alcance.

Debemos seguir el ejemplo de Cristo en todos los aspectos de la vida. Él nos mostró cómo vivir en honor del Padre celestial y —con su resurrección, ascensión y envío del Espíritu Santo— nos dio la capacidad de hacerlo.

Cuando intentamos "obrar como Cristo lo ha hecho con nosotros", una de las tareas más difíciles es extender el perdón de la misma manera que Jesús. Los creyentes no tenemos otra opción que perdonar como Cristo perdonó, quien dejó claro que, si deseamos ser perdonados, debemos, a la vez, perdonar (Mateo 6:14-15). Sí, este es un principio que parece más fácil decir que hacer, pero ciertamente no es imposible —Cristo nos abrió el camino como nuestro ejemplo victorioso.

Señor, te pido gracia, poder y sabiduría para seguir adelante en este día. Te pido que tu Espíritu Santo me guíe para caminar como tú caminas, amar como tú amas y perdonar como tú perdonas. Amén.

PERDÓNANOS NUESTROS PECADOS, ASÍ COMO HEMOS PERDONADO A LOS QUE PECAN CONTRA NOSOTROS.

3 de agosto

Ilumina la oscuridad

Enciendes una lámpara para mí.
El Señor, mi Dios, ilumina mi oscuridad.
Salmos 18:28

Una noche, una tormenta en nuestra zona provocó un apagón, y aunque ya oscura, esa noche se oscureció más al no haber ninguna fuente de luz. Me levanté de la cama, recorrí la casa y me pregunté si no habría dejado los zapatos o la mochila en el suelo, lo que significaría un peligro de tropezar. Otro relámpago me iluminó lo suficiente como para ver el contenido de la habitación y tranquilizarme. Podía avanzar sin obstáculos en mi camino.

Hay muchos obstáculos en este mundo. Intentar avanzar con nuestras propias fuerzas y únicamente con nuestra propia sabiduría nos hará tropezar en la oscuridad. Dios es nuestra fuente de luz; no es solo un destello momentáneo. Es una luz constante que ilumina las tinieblas y nos aleja del peligro.

¿Hay algún aspecto de tu vida que necesite ser iluminado por la luz de Cristo? Él es lámpara fiel a nuestros pies y luz en nuestro camino. Entrégale esta área de tu vida y observa cómo actúa en ella.

En un mundo de tinieblas, Señor, tú provees luz. Revelas las cosas tal como son para que podamos ver lo que en nuestro camino nos hace tropezar. Las revelas, nos garantizas un paso seguro a su alrededor, o nos permites esperar hasta que las eliminas. Cuando iluminas las tinieblas, la oscuridad deja de ser una amenaza para mí. Busco y acepto tu luz, porque tú eres la luz del mundo. Amén

No permitas que cedamos ante la tentación.

4 de agosto

Él guía con misericordia

Como Lot todavía titubeaba, los ángeles lo agarraron de la mano, y también a su esposa y a sus dos hijas, y los llevaron enseguida a un lugar seguro fuera de la ciudad, porque el Señor tuvo misericordia de ellos.
GÉNESIS 19:16

¿Qué padre o abuelo no tiene alguna anécdota que contar sobre cómo rescató a su hijo o a su nieto de una situación peligrosa? Recuerdo que mi familia visitaba a menudo la granja de mi tío en Indiana. Esas visitas casi siempre incluían un largo paseo con mi padre explorando el campo.

Durante uno de estos paseos, recuerdo que mi padre me sujetó del hombro de repente y gritó: "¡Víbora!". Yo titubeé y él tiró de mí para ponerme a salvo. Aunque más tarde identificó la serpiente como no venenosa, su primera reacción fue apartarme de lo que él percibía como un peligro potencial.

No tenemos ni idea del número de intervenciones que nuestro Padre celestial ha realizado en nuestro favor. Él nos ama, vigila nuestros pasos, nos sustenta y nos protege. El Señor es nuestro Buen Pastor siempre presente y vigilante, una verdadera fuente de seguridad. Él nos guía con su misericordia fiel.

Gracias, Señor, por guiarme con tu mano hábil y misericordiosa. Gracias por ser mi Pastor, mi guía en cada momento de esta vida y más allá de ella. Amén.

RESCÁTANOS DEL MALIGNO.

5 DE AGOSTO

EL DUEÑO DE TODO

Mira, los cielos más altos, y la tierra y todo lo que hay en ella pertenecen al Señor tu Dios.
DEUTERONOMIO 10:14

¡Dios es dueño de todo, en todas partes y en todo momento! Quizás esto suene como la respuesta de un niño a la cuestión de la propiedad de Dios, pero sin duda es suficiente. Una exploración profunda de este tema suele estar reservada a las mentes teológicas más brillantes y a menudo se sitúa dentro de largas páginas llenas de verbosidad de apologética cristiana. Sin embargo, al final de la discusión, podemos concluir que Dios es dueño de todo, en todas partes, todo el tiempo.

Él es el Creador de todo lo que ha existido, existe y existirá. El asombro y la apreciación aumentarán en nosotros a medida que continuemos descubriendo su infinidad cuando, a través de nuevos avances tecnológicos, encontremos gemas previamente ocultas dentro de la creación del Señor.

Los programas espaciales a menudo descubren "nuevos" planetas, galaxias y otras maravillas del universo a través de la exploración, pero estas maravillas han estado allí todo el tiempo —solo son nuevas para nosotros. En la próxima década, ¿cuántas estrellas y planetas adicionales serán "descubiertos" por la humanidad a medida que avance la tecnología?

Mientras tanto, Dios lo hizo todo, lo mantiene todo y debe ser glorificado por todo ello.

Señor, tu reino es eterno y lo abarca todo. Tu poder es ilimitado, sin restricción, y todas las cosas creadas son débiles en comparación a ti. Tu gloria es omnipresente y eterna, y yo te adoraré en toda tu gloria. Amén.

TUYOS SON EL REINO Y EL PODER Y LA GLORIA POR SIEMPRE.

6 DE AGOSTO

El Creador y Sustentador

El Señor hizo la tierra con su poder, y la preserva con su sabiduría. Con su propia inteligencia desplegó los cielos.
JEREMÍAS 10:12

El Ottauquechee es un pequeño y hermoso río que pasa por Woodstock, Vermont. En un recodo del río, justo al borde del pueblo, el agua suele correr suavemente por una zona poco profunda cubierta de cientos de rocas de diversos tamaños. Produce un sonido tan apacible que es capaz de adormecer hasta a la más apresurada de las personas si se le presta la atención suficiente.

Un cuarto de milla río abajo, una colina cubierta de árboles espera a todo explorador aficionado a la fotografía que lleve una cámara de algún tipo. Y a primera hora de la mañana, la luz del sol devela una sorprendente gama de hermosas tonalidades.

Este no es más que un lugar diminuto dentro del inconfundible despliegue de ingenio, belleza y poder creativos de Dios —una pequeña porción de la tierra creada por Dios, que muestra su radiante obra y su inconfundible huella e insignia divinas. Él es la única fuente capaz de crear algo de la nada con una simple palabra.

¿Quién o qué tiene la capacidad y el poder de crear algo de la nada? ¿Quién o qué puede introducir luz de la oscuridad? ¿Quién o qué puede crear vida de la nada? Nadie sino el Anciano de Días, el que se llama Jehová —el Señor de los cielos y de la tierra, y el Sustentador y mantenedor de todo.

Solo Tú eres el Dios de toda la creación, y tu nombre es santo. Amén.

PADRE NUESTRO QUE ESTÁS EN EL CIELO, QUE SEA SIEMPRE SANTO TU NOMBRE.

7 DE AGOSTO

CORRER PARA GANAR

¿No se dan cuenta de que en una carrera todos corren, pero solo una persona se lleva el premio? ¡Así que corran para ganar! Todos los atletas se entrenan con disciplina. Lo hacen para ganar un premio que se desvanecerá, pero nosotros lo hacemos por un premio eterno. Por eso yo corro cada paso con propósito. No solo doy golpes al aire.

1 CORINTIOS 9:24-26

En este pasaje, Pablo usa la imagen de los corredores de una carrera para describir la tenacidad con la que nosotros, como seguidores de Jesucristo, debemos aplicarnos en nuestro enfoque de amar y servir a Jesús. ¡Jesús es nuestra meta, y la eternidad en su presencia es nuestro premio!

Por lo tanto, debemos correr nuestra carrera con excelencia, concentración y persistencia, porque el premio recibido en la línea de meta no es un premio efímero, como los que se exhiben en algún estante para acumular polvo. Es uno que nunca pierde valor: la eternidad con Dios.

Como dice Pablo, no estamos simplemente haciendo boxeo de sombra, dando golpes al aire. El enemigo es real, y el trabajo al que Dios nos llama como hijos e hijas suyos es vital. Debemos proclamar la bondad y la verdad del Evangelio de Jesucristo, amar a los perdidos, cuidar de las viudas y los huérfanos, y dedicarnos al bien de nuestro prójimo. No nos distraigamos; corramos para ganar.

Señor, el deseo de mi corazón es correr para ganar. Guíame y fortaléceme por tu Espíritu Santo, y haz que mis ojos se fijen en ti como mi premio. Amén.

QUE TU REINO VENGA PRONTO. QUE SE CUMPLA TU VOLUNTAD EN LA TIERRA COMO SE CUMPLE EN EL CIELO.

8 DE AGOSTO

El Pastor y Guardián de las almas

Él nunca pecó y jamás engañó a nadie. No respondía cuando lo insultaban ni amenazaba con vengarse cuando sufría. Dejaba su causa en manos de Dios, quien siempre juzga con justicia. Él mismo cargó nuestros pecados sobre su cuerpo en la cruz, para que nosotros podamos estar muertos al pecado y vivir para lo que es recto. Por sus heridas, ustedes son sanados. Antes eran como ovejas que andaban descarriadas. Pero ahora han vuelto a su Pastor, al Guardián de sus almas.

1 Pedro 2:22-25

Humilde y agradecido. Estas son las únicas palabras que pueden describir lo que siento al leer este pasaje. ¿Cómo pudo Cristo, perfecto y sin pecado, amar a alguien tan imperfecto, egocéntrico y quebrantado como yo? No soy el único. Sin Cristo, todos nos encontramos atrapados bajo el peso del pecado.

Solo hay uno verdaderamente capaz de resucitar al alma apática. Él ha traído luz a las tinieblas y vida donde antes reinaba la muerte. Él es nuestro Pastor, el Guardián de nuestras almas.

El pastoreo tiene una historia de miles de años de existencia y aún hoy se practica. Los pastores cuidan diligentemente del bienestar de sus rebaños de múltiples maneras y se comprometen a protegerlos y atender todas sus necesidades. El pastor es el ejemplo elegido por Dios para ilustrar su cuidado de su pueblo.

Cristo es el Gran Pastor y, también, el Cordero inmolado. Cristo ha curado nuestras heridas espirituales, ha restaurado nuestra relación con nuestro Padre celestial y nos ha liberado del aguijón del pecado y de la muerte. Él es digno de toda alabanza, honor, gloria y poder, hoy y siempre.

Señor, tú eres mi Pastor. Me cuidas fiel y cuidadosamente. Estoy agradecido por la libertad y la curación que he recibido a través de ti, y sé que eres un Padre fiel y bondadoso. Amén.

Danos hoy el alimento que necesitamos.

9 DE AGOSTO

LA CLAVE PARA PERDONAR

El amor es paciente y bondadoso. El amor no es celoso ni fanfarrón ni orgulloso ni ofensivo. No exige que las cosas se hagan a su manera. No se irrita ni lleva un registro de las ofensas recibidas. No se alegra de la injusticia sino que se alegra cuando la verdad triunfa. El amor nunca se da por vencido, jamás pierde la fe, siempre tiene esperanzas y se mantiene firme en toda circunstancia.

1 CORINTIOS 13:4-7

Si escudriñamos las profundidades del pasaje de hoy, y por la gracia y el poder de Dios, aplicamos la sabiduría del contenido de la Biblia, el resultado será una vida que honre a Dios. Puede ser fácil elegir ser voluntario en el ministerio, servir al prójimo y amar a los perdidos, pero es otra cosa muy distinta cuando se nos pide que dejemos a un lado nuestra propia amargura e ira —incluso la ira justificada— para perdonarnos libremente unos a otros. Como seres humanos imperfectos y egocéntricos, nos puede resultar difícil perdonar incluso las ofensas más pequeñas, pero está claro que la clave del perdón es un amor por los demás como el que se describe en 1 Corintios 13:4-7.

Aunque este pasaje suele recitarse en las bodas, este tipo de amor debe mostrarse a lo largo de toda nuestra vida y en todas nuestras relaciones como cristianos. Aquí Pablo delinea cómo deben amar los seguidores de Cristo, y vemos que se requiere un gran amor desinteresado para perdonar exitosamente, uno que es demostrado por Cristo y fortalecido por su Espíritu.

Padre, a menudo subestimamos o ignoramos el poder de tu amor y de tu perdón. Mi carácter y mis acciones durante esta vida terrenal han de ser como los tuyos, Señor Jesús. Por tu Espíritu, mantén ante mí las cualidades de tu amor y ayúdame a aplicarlas en mi caminar diario. Amén.

PERDÓNANOS NUESTROS PECADOS, ASÍ COMO HEMOS PERDONADO A LOS QUE PECAN CONTRA NOSOTROS.

10 de agosto

La gran herencia

Es más, dado que estamos unidos a Cristo, hemos recibido una herencia de parte de Dios, porque él nos eligió de antemano y hace que todas las cosas resulten de acuerdo con su plan.
Efesios 1:11

El milagro redentor de Cristo eliminó nuestra separación del Padre a causa del pecado y abrió el camino hacia la restauración y la relación con nuestro Dios santo. Además, por su generosidad y perfecto amor por sus hijos e hijas redimidos, nos colma de dones, y nos promete una herencia.

¡Hemos recibido una herencia de Dios en Cristo Jesús! Los receptores de esta herencia divina nunca comprenderemos plenamente la profundidad de esta frase; solo podemos maravillarnos ante la generosidad de Dios, el dador de todo.

¿Cuál es la respuesta adecuada a semejante regalo? Incluso una comprensión parcial de la generosidad de Dios genera un asombro y una admiración impresionantes, seguidos de corazones agradecidos que son llevados a expresarle una devoción sin límites mientras nos guía en su plan. Si se lo permitimos y nos sometemos a su voluntad, puede guiarnos y nos guiará por esta vida terrenal victoriosamente. Él es capaz de proporcionarnos una vida espiritual vibrante mientras disfrutamos del descubrimiento de su rica herencia.

Con un corazón agradecido y humilde, esta mañana te adoro, Señor de la vida y dador de los mejores dones. Tú has establecido un plan y el camino acertado hacia el destino al que me conduces. Guíame por sendas rectas y aléjame de los obstáculos que me puedan hacer tropezar. Amén.

No permitas que cedamos ante la tentación.

11 DE AGOSTO

Jesús intercede

No te pido que los quites del mundo,
sino que los protejas del maligno.
Juan 17:15

Toda la preciosa Palabra de Dios es gloriosamente vivificante. Escudriñar sus ricos campos para recoger verdades y recolectar las gemas que nos aguardan, trae alegría y esperanza a los hijos de Dios. Durante los primeros años de mi experiencia cristiana, un sabio mentor me desafió a pasar una larga temporada leyendo repetidamente el evangelio Juan, de los capítulos 14 al 17. El resultado fue un fluir desbordante de tesoros espirituales.

Juan 17:15 es una de esas gemas de valor incalculable. Antes de su oración en Juan 17, Cristo terminó su prédica diciendo a sus oyentes que, mientras estuvieran en la Tierra, tendrían tribulaciones y penas, pero que tuvieran ánimo porque él había vencido al mundo (Juan 16:33). Luego se dirigió a su Padre celestial para interceder por los que estaban a su cuidado.

Pidió al Padre que mantuviera alejado al maligno de los que son ciudadanos del cielo, una oración respaldada posteriormente por la victoria obtenida cuando Cristo fue crucificado y sepultado, y resucitó de las garras de la muerte. En Cristo vivimos, nos movemos y vencemos. Él intercede por nosotros.

En mis viajes, tú estás ahí; en mis batallas, tú estás ahí;
en mi liberación, ¡tú estás ahí! Gracias porque intercedes
por mí para mantenerme a salvo. Amén.

Rescátanos del maligno.

12 DE AGOSTO

PERPETUA

Entonces, así como el pecado reinó sobre todos y los llevó a la muerte, ahora reina en cambio la gracia maravillosa de Dios, la cual nos pone en la relación correcta con él y nos da como resultado la vida eterna por medio de Jesucristo nuestro Señor.
ROMANOS 5:21

Ninguno de los grandes imperios de la historia imaginó su desaparición durante su reinado como superpotencia. Sin embargo, cada uno de los grandes imperios de la historia acabó cediendo y perdiendo su posición, antes fuerte e impenetrable. Los fracasos se atribuían típicamente al hambre, la guerra, las enfermedades, las luchas internas por el poder y la división, o algún desastre natural. Así ha sido el ciclo y así seguirá siendo.

¿Por qué? Porque, sin excepción, todos los imperios o reinos de este mundo han sido o son gobernados por humanos y, sin excepción, la humanidad es imperfecta y eventualmente fallará o dejará de existir.

El reino, el gobierno y la autoridad del Señor son desde siempre y hasta siempre, y su gracia perpetua y maravillosa gobierna ahora en su lugar. Él no puede ser subyugado, y resiste todos los desafíos grandes y pequeños. Un día, un reino singular reinará sin ser desafiado, ya que no existirá ningún otro reino. Como nos lo recuerda Apocalipsis 11:15-16: "Ahora el mundo ya es el reino de nuestro Señor y de su Cristo, y él reinará por siempre y para siempre". ¡Miremos hacia adelante con gran expectación!

Señor, te pido por el poder facilitador de tu Espíritu Santo que yo te sirva a ti y a tu reino con diligencia y afecto, y te ruego que muestre gracia a todos. Tuyo es el único reino digno de servir, como tuyo es el único reino que reinará por siempre. Amén.

TUYOS SON EL REINO Y EL PODER Y LA GLORIA POR SIEMPRE.

13 de agosto

Por siempre y para siempre

Antes de que nacieran las montañas, antes de que dieras vida a la tierra y al mundo, desde el principio y hasta el fin, tú eres Dios.
Salmos 90:2

Tres millas al sur de la pequeña ciudad de Paris, Arkansas, se encuentra la Abadía de Subiaco, una pequeña comunidad establecida a finales del siglo xix. Detrás de la abadía hay un centro de retiro abierto a todos los que buscan un poco de contemplación tranquila y un respiro del ruido y la complejidad cotidianos. Está enclavado en una hermosa finca con un paisaje de verdes colinas onduladas.

Me pregunto cuáles han sido los acontecimientos, actividades e historias que han tenido lugar en los confines de esta abadía desde su fundación. No obstante, antes de que la abadía fuera un pensamiento en el corazón de algún visionario, este telón de fondo de colinas ya tenía una historia más antigua y profunda. Y, sorprendentemente, antes de que nacieran las colinas —incluso antes de que existiera la Tierra— ya existía Dios. Desde la eternidad pasada hasta la eternidad futura, está Dios, y sin Dios no hay nada.

En verdad, en el Señor se mantienen unidas todas las cosas: las montañas, las estrellas, las verdes colinas, la Abadía de Subiaco, y tú y yo. Él estaba aquí antes de todo, y estará aquí una vez que el tiempo, tal como lo conocemos, se haya completado. Él es Dios de principio a fin.

Alabado seas, misericordioso y eterno Padre celestial.
Que tu nombre sea adorado ahora y por toda la eternidad. Amén.

Padre nuestro que estás en el cielo, que sea siempre santo tu nombre.

14 DE AGOSTO

UNA ESTRECHA COMUNIÓN CON DIOS

Noé era un hombre justo, la única persona intachable que vivía en la tierra en ese tiempo, y anduvo en íntima comunión con Dios.
GÉNESIS 6:9

Noé era un hombre justo, de carácter recto y elevados valores morales. En el pasaje de hoy, se utiliza la palabra *intachable* para describirlo. Este versículo también nos dice que Noé caminaba en estrecha comunión con Dios, y tal vez así es como llegó a ser irreprochable. Antes de Génesis 6:9, aprendemos que Noé encontró el favor de Dios. A partir de estas pocas líneas de las Escrituras, se puede decir con seguridad que Noé pasó mucho tiempo en comunión con Dios y amó y respetó profundamente al Señor. ¿Por qué otra razón pasaría Noé tanto tiempo con el Señor? ¿Y qué otra explicación podría haber para explicar su estrecha comunión? Buscamos y dedicamos tiempo a aquellas cosas que amamos y que son valiosas para nosotros.

Como hijos e hijas de Dios que hemos entrado en relación con el Señor a través de Cristo Jesús, debemos esforzarnos por tener una estrecha comunión con nuestro Padre celestial. Es un don inestimable poder acudir al Señor libremente, ser acogidos en su presencia, que nuestras oraciones sean escuchadas. No demos por sentado este tesoro de la estrecha comunión con nuestro Creador, porque es el tesoro más precioso de todos.

Padre, tu amor, tu amistad y tu comunión me son tan queridos como necesarios. Te ruego que tu Espíritu proteja mi corazón y mi tiempo. Permite que mi corazón te busque diligentemente y que pase tiempo en tu presencia. Amén.

QUE TU REINO VENGA PRONTO. QUE SE CUMPLA TU VOLUNTAD EN LA TIERRA COMO SE CUMPLE EN EL CIELO.

15 DE AGOSTO

LA FUENTE DE VIDA

Pues en él vivimos, nos movemos y existimos. Como dijeron algunos de sus propios poetas: "Nosotros somos su descendencia".
HECHOS 17:28

Elogia al trabajador, admira al emprendedor, aplaude al esforzado y felicita al visionario. Todos estos rasgos y muchos otros son saludables y dignos de elogio. Sin embargo, nuestras mayores hazañas, nuestros esfuerzos más asombrosos, todos los logros que creíamos haber producido por nosotros mismos —realmente nada existe por sí mismo. Todo y todos encuentran su capacidad de vivir solo en Dios.

Esta fuente de vida se llama Yahvé, y es el único Creador y gobernador divino, misericordioso, justo y maravilloso de todas las cosas. Él es quien toma las decisiones en última instancia, y en algún momento futuro de su elección, todas las cosas formadas por manos humanas dejarán de cumplir sus propósitos, mientras que su voluntad permanecerá para siempre.

Señor, tú eres la fuente de la vida, nuestro proveedor. Tú defines todo el orden creado y sostienes todas las cosas creadas. Tú eres santo, y solo tú eres digno de honor y adoración. Amén.

DANOS HOY EL ALIMENTO QUE NECESITAMOS.

16 DE AGOSTO

MISERICORDIA

Por lo tanto, es Dios quien decide tener misericordia. No depende de nuestro deseo ni de nuestro esfuerzo.
ROMANOS 9:16

Era una mañana temprana en una solitaria carretera rural de dos carriles en Arkansas. No había otro vehículo a la vista. Acababa de poner piloto automático a siete millas por hora por encima del límite de velocidad establecido y empezaba a disfrutar del amanecer matutino cuando, de repente, un carro en el carril contrario exhibió unas luces azules intermitentes.

Inmediatamente me aparté a un lado de la carretera, y el auto de policía giró y se detuvo detrás de mí. Le entregué mi licencia de manejo al agente y me preguntó: "¿Por qué tanta prisa, Sr. Smith?". Confesé que había cometido un error, y cuando volvió de su coche tras comprobar mi historial me dijo: "Solo una advertencia. Vaya un poco más despacio".

Con alivio y agradecimiento le contesté: "Gracias por su piedad". Yo había hecho algo que no estaba bien y merecía pagar la pena por mi infracción. No tuve elección en la decisión del agente y, aunque ciertamente no tenía por qué hacerlo, el agente optó por la clemencia.

Todos merecemos ser juzgados y condenados por nuestras transgresiones contra Dios. No tenemos argumentos ni justificación para nuestro pecado. Estamos equivocados, pero Dios, en su amor sin límites, decidió extender su misericordia a través de su Hijo, Jesucristo.

Gracias, Padre, por extenderme tu misericordia. Gracias por perdonarme y exonerarme. Gracias por darme una vida nueva. Amén.

PERDÓNANOS NUESTROS PECADOS, ASÍ COMO HEMOS PERDONADO A LOS QUE PECAN CONTRA NOSOTROS.

17 DE AGOSTO

VALENTÍA INQUEBRANTABLE

Estén alerta. Permanezcan firmes en la fe.
Sean valientes. Sean fuertes.
1 CORINTIOS 16:13

Jesucristo, a quien debemos imitar, nos enseñó muchas cualidades valiosas y vivificantes durante su estancia en la Tierra. En este pasaje se enumeran cuatro.

Jesús estaba atento a la actividad y las artimañas del maligno. Era firme en el seguimiento de la voluntad del Padre celestial —sin importar cuál era la petición, sin importar hacia dónde tendría que dirigirse y sin importar cuáles fueran las probabilidades. Jesús también mostraba una valentía intrépida cuando se enfrentaba a la oposición, y su valentía estaba arraigada en las fieles promesas de Dios.

Nosotros también podemos mantenernos firmes ante la tentación y las trampas del enemigo, porque la fuente de nuestra fuerza es nuestra fe en Dios y no en nuestra propia capacidad. Podemos reconocer humildemente que, por nuestra propia fuerza natural, somos incapaces, pero en Cristo somos lo suficientemente fuertes, audaces y valientes para cumplir la voluntad de Dios.

Padre, guíame por tu Espíritu. Mantén mis ojos y oídos espirituales vigilantes contra los ataques del enemigo, y ayúdame a mantenerme fuerte y valiente por tu sabiduría y poder divinos. Amén.

NO PERMITAS QUE CEDAMOS ANTE LA TENTACIÓN.

18 de agosto

Fuerza impenetrable

Pero el Señor es fiel; él los fortalecerá y los protegerá del maligno.
2 Tesalonicenses 3:3

Aunque invisibles a nuestros ojos naturales, hay dos anillos en forma de rosquilla de intensa radiación que rodean el planeta Tierra. Se llaman cinturones de radiación de Van Allen. Según la NASA, estos cinturones fueron "el primer descubrimiento de la era espacial, medido con el lanzamiento de un satélite estadounidense… en 1958"[20]. No fue sino hasta más de cincuenta años después cuando los científicos descubrieron que los cinturones actúan como una barrera casi impenetrable y totalmente protectora que resguarda la Tierra de los electrones de alta potencia que viajan por el espacio.

Sin duda, es reconfortante saber que nuestro planeta lleva incorporada una protección contra los electrones altamente volátiles que vagan por el universo. Sin embargo, hay otra barrera de protección invisible e impenetrable que es mucho más superior y vital para nosotros que el descubrimiento de Van Allen: el Señor nuestro Dios.

Nuestro Padre celestial no solo es el Creador y Sustentador de todas las cosas —incluidas cosas como el planeta Tierra y sus cinturones de radiación Van Allen— sino que también es nuestro Dios implacablemente amoroso que nos fortalece y nos protege espiritualmente. El Señor, en su fidelidad inquebrantable, es capaz de protegernos contra los planes destructivos del maligno. Y el mismo Creador todopoderoso que puso en marcha el universo camina contigo día tras día.

Señor, en tu fuerza encuentro la capacidad de resistir los planes del enemigo. Te alabo por tu fidelidad como mi Protector y Libertador. Amén.

Rescátanos del maligno.

19 DE AGOSTO

EL ÚNICO DIOS SABIO

Toda la gloria sea para el único sabio Dios eternamente por medio de Jesucristo. Amén.
ROMANOS 16:27

En Romanos parece que Pablo, con su ingenio, sabiduría y habilidades para el debate filosófico, decidió exaltar al Señor en su supremacía divina y, al mismo tiempo, tachar de necias y bufonescas a todas las deidades falsas y autoproclamadas. Porque solo hay "un Dios sabio", de lo que se infiere que todos los demás no lo son.

En efecto, no hay más que un Creador, un Rey eternamente reinante y un único Dios sabio. De hecho, todas las demás fabricaciones impotentes formadas por la imaginación de hombres y mujeres engañados no existen en realidad.

Que este versículo te anime hoy: sirves a un Dios sabio, al *único* Dios sabio. Podemos descansar en su sabiduría, sabiendo que ya ha planeado cada uno de nuestros días —y que también ha planeado proporcionarnos exactamente lo que necesitamos para cumplir su voluntad, vencer la tentación, servir a los demás y adorarlo plenamente.

Padre, que tu nombre sea adorado y glorificado. ¡Porque tú, Señor, eres el único Dios! Tú eres el único Creador y Sustentador de todas las cosas creadas. Solo tú eres digno de toda alabanza y honor. ¡Toda la gloria sea dada a tu nombre! Amén.

TUYOS SON EL REINO Y EL PODER Y LA GLORIA POR SIEMPRE.

20 DE AGOSTO

LA VOCACION MÁS ELEVADA

¡A Dios sea toda la gloria por siempre y para siempre! Amén.
2 TIMOTEO 4:18

Nuestro llamado más elevado, nuestro mayor propósito, nuestro destino divino y nuestro camino hacia la libertad están en glorificar a Dios. Nuestra resolución ante la indiferencia, nuestro esfuerzo más exitoso, y las soluciones a nuestros problemas internos más confusos y complejos están en glorificar a Dios. El viaje más satisfactorio para nuestros corazones y la vida más impactante para vivir ahora y para siempre están en glorificar a nuestro Señor y Hacedor de todo corazón.

El pueblo redimido de Dios ha sido liberado para correr duro, correr fuerte y correr bien en una vida totalmente dedicada al que es Santo. El más mínimo atisbo de su presencia, revelado al corazón que es liberado por el Señor, nos deja sin aliento en asombro y honor. ¡Que el corazón creyente y confiado estalle en alabanzas de agradecimiento!

Que tu nombre sea glorificado por mí en este día. Amén.

PADRE NUESTRO QUE ESTÁS EN EL CIELO, QUE SEA SIEMPRE SANTO TU NOMBRE.

21 DE AGOSTO

BUSCANDO LA RESPUESTA MÁS PROFUNDA

Mientras caminaba, Jesús vio a un hombre
que era ciego de nacimiento.
—Rabí, ¿por qué nació ciego este hombre? —le preguntaron sus discípulos—. ¿Fue por sus propios pecados o por los de sus padres?
—No fue por sus pecados ni tampoco por los de sus padres —contestó Jesús—Nació ciego para que todos vieran el poder de Dios en él.
JUAN 9:1-3

Podemos ver en el pasaje de hoy que los discípulos, en su pregunta a Jesús, no solo se limitaron a sí mismos, sino que también limitaron las posibilidades de un Dios ilimitado. En su pregunta, revelaron y asumieron que solo había dos razones posibles para la ceguera del hombre. Jesús, sin embargo, introdujo una tercera opción y también la reveló como la voluntad de Dios: "Nació ciego para que todos vieran el poder de Dios en él".

Cuando examinamos su Palabra más profundamente, este pasaje bíblico nos recuerda varias verdades importantes. En primer lugar, Dios no se limita a lo natural, lo lógico o lo razonable. En segundo lugar, la voluntad de Dios no siempre parece placentera, y a menudo *no lo es*. Por último, los planes y propósitos de Dios no siempre sirven a una teología de la razón natural y la comodidad personal, pero aun así, sus planes siempre traen gloria.

He aquí una verdad sólida a la que podemos aferrarnos en momentos de preocupación, duda, confusión o desesperación: su plan es para su gloria y para nuestro bien. Podemos confiar plenamente en Cristo Jesús.

Te pido sabiduría para hacerte las preguntas correctas, Señor, para que no intente limitarte en cuanto a tu voluntad para mí. Ayúdame a buscar tu reino y tus planes por encima de los míos. Amén.

QUE TU REINO VENGA PRONTO. QUE SE CUMPLA TU VOLUNTAD EN LA TIERRA COMO SE CUMPLE EN EL CIELO.

22 DE AGOSTO

EL MILAGRO DE DAR Y RECIBIR

Todo lo que den es bien recibido si lo dan con entusiasmo. Y den según lo que tienen, no según lo que no tienen. Claro, con eso no quiero decir que lo que ustedes den deba hacerles fácil la vida a otros y difícil a ustedes. Solo quiero decir que debería haber cierta igualdad. Ahora mismo ustedes tienen en abundancia y pueden ayudar a los necesitados. Más adelante, ellos tendrán en abundancia y podrán compartir con ustedes cuando pasen necesidad. De esta manera, habrá igualdad. Como dicen las Escrituras: "A los que recogieron mucho, nada les sobraba, y a los que recogieron solo un poco, nada les faltaba".

2 CORINTIOS 8:12-15

La Palabra de Dios es a la vez mística y práctica. Por un lado, se nos presentan elementos y dimensiones sobrenaturales y, por otro, se nos dan claras y sencillas instrucciones diarias para vivir en el Reino de Dios.

El apóstol Pablo instruía a una iglesia en el principio del Reino: dar y recibir. Sí, Dios puede proveer poniendo una moneda en la boca de un pez (Mateo 17:24-27). Sin embargo, también nos ha invitado a experimentar la bendición de trabajar con y junto a Él para traer su reino a la tierra.

Si hay algunos que están realmente necesitados, pasando penurias, y no pueden proveerse a sí mismos, dales gratuitamente como tú has recibido gratuitamente. Puede que algún día las cosas cambien y seas tú quien necesite de la ayuda de los demás En ese caso, recibirás de la misma manera que has dado.

¿Cómo, Señor, conoceremos el poder de tu esposa viva y palpitante, a menos que actuemos de acuerdo con tu voluntad? Guíame para que sea valiente en la forma en que vivo mi vida, tanto al dar como al recibir mi pan de cada día. Amén.

DANOS HOY EL ALIMENTO QUE NECESITAMOS.

23 de agosto

Tierno perdón

Líbrense de toda amargura, furia, enojo, palabras ásperas, calumnias y toda clase de mala conducta. Por el contrario, sean amables unos con otros, sean de buen corazón, y perdónense unos a otros, tal como Dios los ha perdonado a ustedes por medio de Cristo.

Efesios 4:31-32

El egoísmo y el orgullo parecen ser la causa de la mayoría de las disputas —así como lo son también la ira, los celos, los chismes y un sinfín de otras características similares desgastantes que afectan negativamente nuestra vida. Pablo ofrece soluciones a estos aguijonazos dañinos, instándonos a deshacernos de estas obsesiones —deshaciéndonos de ellas, desechándolas, porque no representan a Cristo ni tienen cabida en donde Cristo reside.

Como hijos redimidos de Dios, debemos ser conocidos por la gracia y la bondad. Sustituyan la amargura, la rabia, la ira, las palabras duras y la calumnia por la bondad hacia los demás, y muestren compasión y sensibilidad espiritual hacia todos.

Como hijos e hijas, debemos mostrar un espíritu de tierno perdón, el espíritu de Jesús. Puesto que recibimos el perdón gratuitamente, debemos darlo gratuitamente.

Padre, en repetidas ocasiones tu Palabra nos revela que el camino de la libertad se descubre en el poder del perdón. Concédeme el poder y la gracia para que pueda caminar rectamente por él, porque esta es tu voluntad, y esta es tu provisión para nuestra vida en Cristo. Amén.

Perdónanos nuestros pecados, así como hemos perdonado a los que pecan contra nosotros.

24 DE AGOSTO

CUANDO MI CORAZON ESTÁ ABRUMADO

Desde los extremos de la tierra, clamo a ti por ayuda cuando mi corazón está abrumado. Guíame a la imponente roca de seguridad.
SALMOS 61:2

Tengo un amigo que vive en Texas Hill Country. La región es hermosa, pero puede volverse peligrosa cuando fuertes lluvias repentinas hacen que el agua suba de nivel rápidamente y se precipite por sus numerosos cañones. Los habitantes de la zona conocen bien los peligros de las inundaciones repentinas y evitan cruzar los caminos bajos durante estos tiempos.

Una noche, mi amigo calculó mal la profundidad del agua en una carretera inundada y se vio rápidamente atrapado en las peligrosas aguas turbulentas. Pudo escapar de su auto, pero la fuerza de las aguas lo arrastró violentamente río abajo. Estaba desesperado y rezaba durante el suceso; la corriente le empujó de repente contra la ladera de una enorme roca. Sorprendentemente, pudo subirse a la roca y permaneció allí hasta que el agua se retiró lo suficiente como para poder escapar. Cuando contó la historia más tarde, comentó lo agradecido que estaba por haber encontrado refugio en la roca gigante.

Las Escrituras se refieren al Señor como nuestra roca de refugio y fuente de seguridad, un lugar seguro al que podemos correr cuando nos sentimos abrumados. Dios es nuestro líder perfecto y poderoso que nos guía a los lugares seguros en Cristo. Cuando tu corazón se sienta abrumado, corre hacia Él.

Padre, guíame al lugar de refugio en ti y permíteme permanecer en tu paz. Amén.

NO PERMITAS QUE CEDAMOS ANTE LA TENTACIÓN.

25 de agosto

Refugio seguro

Porque tú eres mi amparo seguro, una fortaleza donde mis enemigos no pueden alcanzarme.
Salmos 61:3

Dios no es un refugio temporal ni un lugar de escape momentáneo —no tenemos necesidad de un defensor más grande, más fuerte, más permanente. En verdad, Dios es el *único* refugio seguro capaz de liberarnos definitivamente, no importa cuán grande sea el enemigo o cuán grave sea el peligro.

Jehová es el único refugio seguro. Él es la fortaleza cuyos muros no se pueden escalar. Todas las armas y artimañas que se utilicen para intentar conquistar sus posesiones —los súbditos de su reino (a quienes, por cierto, considera sus hijos y amigos)— caerán rotas y vencidas ante su presencia como astillas de fragmentos destrozados e inútiles.

Las intenciones del enemigo de dañarnos terminan siendo vanas, fallidas e infructuosas cuando moramos bajo la protección de Dios. Él es la fortaleza impenetrable.

Padre, tú eres mi única fuente de liberación segura y certera del maligno. Gracias por tu rescate y por la seguridad de permanecer en tu santo poder. Amén.

Rescátanos del maligno.

26 de agosto

Alfa y omega

Yo soy el Alfa y la Omega, el principio y el fin —dice el Señor Dios—. Yo soy el que es, que siempre era y que aún está por venir, el Todopoderoso.
Apocalipsis 1:8

El Antiguo Testamento comienza revelando la existencia de Dios antes de la creación de lo que conocemos como el mundo, el universo y todo lo que contiene. Él estaba allí antes y fue quien le dio forma con su poder. Aunque la humanidad sigue avanzando y desarrollándose, todas las cosas que declaramos "nuevas" están hechas a partir de cosas existentes. Dios, por el contrario, hizo algo de la nada —una hazaña realizada solo por Él.

Alfa y omega son la primera y la última letra del alfabeto griego respectivamente. Cuando el Señor habló y se refirió a sí mismo como el principio y el fin, no se refería a su principio, pues no tenía ninguno. En esencia, declaró que todo comienza y termina con Él. Esta fue también su manera de decir en el pasaje de hoy que todas las cosas en Apocalipsis que estaban a punto de ser reveladas sucederían.

En una breve declaración de claridad y precisión, Dios comunicó su posición inigualable. Para los que aman, confían y sirven a Cristo, estas son palabras de esperanza y vida. Él es Dios, ¡y no hay otro!

¡Bendice al Señor, alma mía, y que todo mi ser bendiga el maravilloso, hermoso y santo nombre de Dios! Amén.

Tuyos son el reino y el poder y la gloria por siempre.

27 DE AGOSTO

EL ANCIANO

Mientras continuó mi visión esa noche, vi a alguien parecido a un hijo de hombre descender con las nubes del cielo. Se acercó al Anciano y lo llevaron ante su presencia. Se le dio autoridad, honra y soberanía sobre todas las naciones del mundo, para que lo obedecieran los de toda raza, nación y lengua. Su gobierno es eterno, no tendrá fin. Su reino jamás será destruido.

DANIEL 7:13-14

El Anciano, también llamado el Anciano de Días, es el título de Dios mencionado solo tres veces en la Biblia, y cada vez que se usa este título, se usa en la visión de Daniel.

En la visión de Daniel, Dios Padre da a Dios Hijo el dominio sobre toda la tierra para el máximo honor y gloria de Dios, que será adorado para siempre por todos los pueblos. Su reino es sólido, fiable y verdadero, y nunca será destruido. Podemos tener paz cada día sabiendo que la soberanía de nuestro Señor es verdadera y digna de confianza.

Todas las cosas creadas, grandes y pequeñas, llegarán un día a su fin. Sin embargo, ¡Dios siempre gobernará y reinará, y los redimidos del Señor permanecerán en su presencia por la eternidad, alabando su nombre!

Señor, el más mínimo vistazo al futuro de la eternidad, donde podré adorar ante tu trono y en tu presencia, es sobrecogedor e indescriptible. Me llenará de inmensa alegría estar en tu presencia todos mis días. Amén.

PADRE NUESTRO QUE ESTÁS EN EL CIELO, QUE SEA SIEMPRE SANTO TU NOMBRE.

28 de agosto

El objetivo más alto

¡Que el amor sea su meta más alta!
1 Corintios 14:1

Planificamos, tramamos, trabajamos y nos esforzamos por conseguir lo que consideramos que merece la pena. Nos esforzamos por ser diligentes y disciplinados. Todas ellas son cualidades nobles. Pero mientras los premios y galardones adornan las paredes y estanterías de hogares, instituciones públicas y museos de todo el mundo, ¿cuál es realmente el mayor logro de toda una vida?

Nuestro mayor y más elevado objetivo debería ser amar a Dios con todo nuestro corazón y amar a nuestro prójimo como a nosotros mismos. Junto a Cristo y a través del amor de Dios, deberíamos luchar para conquistar lo que parece inconquistable, para ver lugares oscuros transformados por su luz, y para trabajar con un sentido de propósito y destino para llevar el evangelio al mundo.

No es de extrañar que el pasaje de hoy nos exhorte y nos anime a hacer del amor nuestra meta más elevada —el amor que solo se encuentra en, y que proviene de, la fuente más pura y poderosa: Jehová Dios.

Que camine en tu amor, Señor, y te honre. Amén.

Que tu reino venga pronto. Que se cumpla tu voluntad en la tierra como se cumple en el cielo.

29 DE AGOSTO

¿QUIÉN ES ESTE HOMBRE?

Los discípulos quedaron asombrados y preguntaron: "¿Quién es este hombre? ¡Hasta el viento y las olas lo obedecen!".
MATEO 8:27

¿Cuántas veces habían visto milagros los discípulos desde que conocieron y siguieron a Jesús? Seguro que este es el Mesías, aquel del que hemos oído hablar y esperado, aquel del que anunciaron los profetas. A estas alturas ya le habían observado actuar en el ámbito de lo milagroso varias veces.

Sin embargo, cuando Cristo traspasó las fronteras y limitaciones del orden natural para cumplir la voluntad de su Padre celestial y calmar la tempestad, como se ve en Mateo 8:23-27, los discípulos se quedaron llenos de asombro y admiración. Observaron cómo las propias fuerzas de la naturaleza abandonaban su curso natural para alinearse con las palabras de mando de este hombre, Jesucristo.

A través de la fuerza facilitadora del Espíritu Santo, Cristo continúa realizando los planes de Dios y suministrando la provisión requerida para aquellos que están llevando a cabo su misión. Cuando es necesario, se extiende más allá del orden natural de las cosas para satisfacer las necesidades de aquellos llamados a cumplir sus propósitos. Cuando lo hace, todavía hay quienes se asombran y se preguntan: *¿Quién es este hombre?*

Señor, confiar en ti sigue siendo el camino hacia la paz y el cumplimiento de tu voluntad. Por el poder de tu Espíritu Santo, ayúdame a crecer en confianza en ti. Proporcióname lo necesario para ser obediente a tu llamado y cumplir tu voluntad. Amén.

DANOS HOY EL ALIMENTO QUE NECESITAMOS.

30 de agosto

El perdón nunca cambia

Todo lo que es bueno y perfecto es un regalo que desciende a nosotros de parte de Dios nuestro Padre, quien creó todas las luces de los cielos. Él nunca cambia ni varía como una sombra en movimiento. Él, por su propia voluntad, nos hizo nacer de nuevo por medio de la palabra de verdad que nos dio y, de toda la creación, nosotros llegamos a ser su valiosa posesión.
Santiago 1:17-18

Una mañana, durante un viaje misionero, me planteé estas preguntas desde la ladera de una montaña que domina cientos, quizá miles, de hectáreas de llanuras africanas: *Me pregunto cuántas vidas humanas y formas de vida habrán vivido o pasado por esta región a lo largo de los siglos. ¿Cómo serán estas mismas llanuras en el futuro?*

Algunas llanuras africanas, como la que observé, se convierten en vastos lagos durante las estaciones lluviosas, transformando temporalmente los ecosistemas. Algunas zonas cambian a medida que la gente se muda ahí, se asienta y desarrolla la tierra. Cuando se produce una grave sequía, pueblos enteros abandonan una región, se trasladan y la naturaleza vuelve a reclamar su propiedad.

Las llanuras africanas y los cambios que experimentan entre estaciones y asentamientos son solo un ejemplo de cambio continuo. Las personas, los gobiernos y naciones enteras cambian. Sin embargo, Dios nos promete seguridad interna, paz, libertad y estabilidad inmutables. Estos son dones buenos y perfectos que se encuentran en Dios Padre, que nunca cambia. ¿Dónde está el camino que conduce a esa libertad? Solo se encuentra en el perdón, el lugar de la misericordia y la gracia. Como Dios mismo, la oferta de su perdón divino nunca cambia.

Padre, de ti, por ti y en ti está la seguridad prometida de la libertad a través de tu perdón. Gracias por tu misericordia. Amén.

Perdónanos nuestros pecados, así como hemos perdonado a los que pecan contra nosotros.

31 DE AGOSTO

LA SENDA DE DIOS HACIA EL DESTINO

Me guías con tu consejo y me conduces a un destino glorioso.
SALMOS 73:24

El consejo y la orientación buenos, precisos y eficaces de un médico respetado, en un momento de necesidad, son valorados y apreciados. De hecho, el acertado consejo de buenos consejeros en cualquier área de nuestras vidas es muy valorado, especialmente cuando los resultados son eficaces y útiles para nosotros.

Cada uno de nosotros tiene la oportunidad de ser dirigido y guiado por el mejor entrenador y consejero de la vida: el Espíritu Santo. Sus instrucciones, direcciones y planes están diseñados individualmente para cada uno de nosotros, con el fin de que vivamos una vida óptima para Cristo. Seguir su guía mientras seguimos el llamado del Señor en nuestra vida nos lleva en última instancia al lugar que el salmista define como un *destino glorioso.*

Si actuamos con sabiduría, dejaremos a un lado la auto orientación y los remedios para la vida diseñados por nosotros mismos, ya que nos conducirán a adversidades no deseadas. El plan de Dios es infalible. Su Espíritu Santo es un guía fiel y siempre presente.

Esta mañana rezo la misma oración que el salmista, Señor.
Por favor, guíame con tu sabio consejo y condúceme
por tu camino perfecto. Amén

NO PERMITAS QUE CEDAMOS ANTE LA TENTACIÓN.

1 de septiembre

El Señor nuestro auxiliador

Nuestra ayuda viene del Señor,
que hizo el cielo y la tierra.
Salmos 124:8

Una mañana, durante una fuerte lluvia, mi vehículo patinó repentinamente en la autopista y giró de repente frente a un gran semirremolque que se acercaba a gran velocidad. Por fortuna, mi vehículo siguió girando fuera de la trayectoria del camión y en dirección a un terraplén empinado.

Una señora que pasaba por allí se detuvo y me preguntó si estaba bien. Le respondí y le agradecí su preocupación por mí. Entonces, un caballero en una camioneta se detuvo, se bajó y dijo: "¡Tengo lo que se necesita para sacarlo de ahí!".

Agarró un cable de su camioneta, lo enganchó a mi vehículo y tiró de mi coche rápidamente hasta el borde recto de la carretera. Le di las gracias; él hizo un gesto de despedida, subió a su camioneta y se marchó. Aunque estaba agradecido con la señora por mostrar su preocupación, el caballero de la camioneta tenía todo lo que yo necesitaba para resolver el problema al que me enfrentaba.

Nuestro ayudador y liberador no es un transeúnte comedido sin lo necesario para brindar ayuda. Él es el hacedor del cielo y de la tierra, y es capaz de librarnos de nuestros desafíos, batallas y problemas. ¡Nuestra ayuda viene del Señor!

Señor Jesús, tú eres mi auxiliador, salvador y liberador
del maligno. Con un corazón agradecido, adoro,
alabo y glorifico tu nombre. Amén.

Rescátanos del maligno.

2 DE SEPTIEMBRE

Desde la eternidad hasta la eternidad

Cuando se cumplió el tiempo, yo, Nabucodonosor, levanté los ojos al cielo. Recuperé la razón, alabé y adoré al Altísimo y di honra a aquel que vive para siempre. Su dominio es perpetuo, y eterno es su reino.

Daniel 4:34

Los libros de historia contienen decenas de capítulos llenos de relatos de reyes, reinos, emperadores, imperios y naciones fracasados y caídos. Están llenos de innumerables páginas que contienen personas y lugares que una vez tuvieron gran influencia, poder y prestigio en el mundo.

Estas fuerzas se consideraban antaño muy poderosas, y sus palabras se creían tan invencibles e impenetrables como sus reputaciones. Sin embargo, nuevos conquistadores e ideales se alzaron, hundieron a los antiguos e iniciaron un nuevo ciclo de poder. Y así continuará la historia hasta que la Tierra misma experimente su ocaso final.

En el pasaje de hoy, vemos a Nabucodonosor mirar al cielo para adorar al Señor en las alturas. Se nos recuerda que solo Dios mismo tiene un dominio perpetuo, y solo su reino es permanente y eterno. Dios, Yahvé, vive, rige, permanece desde la eternidad hasta la eternidad. ¡Su reino no tiene ocaso; no tiene fin!

¡Gloria, honor y alabanza a ti, el único Dios —el Dios altísimo! Amén.

Tuyos son el reino y el poder y la gloria por siempre.

3 DE SEPTIEMBRE

NUESTRO PADRE ES SANTO

Ahora me voy del mundo; ellos se quedan en este mundo, pero yo voy a ti. Padre santo, tú me has dado tu nombre; ahora protégelos con el poder de tu nombre para que estén unidos como lo estamos nosotros.

JUAN 17:11

¿Quién es nuestro Padre celestial? Es Yahvé, el eterno que siempre está presente, así que nunca estamos solos. Él es fiel y sus promesas son verdaderas, así que no debemos temer el abandono. Él es la esencia del amor, y sus intenciones son honorables y buenas, así que no debemos desconfiar.

En el versículo de hoy, vemos a Jesús pidiendo a sus seguidores que mantengan unidos en el Padre Santo como él —el Hijo de Dios— lo está. Vemos a Cristo intercediendo en nuestro favor, pidiéndole al Señor que nos proteja mientras estemos en este mundo recorriendo el camino que nos ha trazado. En última instancia, vemos garantizada nuestra seguridad en Cristo al acogernos en familia con Dios mismo como hijos e hijas de Dios.

Él es nuestro Padre y nosotros somos sus hijos; no debemos preocuparnos, temer el rechazo ni sentirnos inseguros. Él es el Padre perfecto, nuestro Padre amoroso que no tiene defectos, no peca, no manipula y da abundante misericordia y gracia a sus hijos. Es santo en todas sus acciones y pensamientos.

Tú eres mi Padre celestial y el Padre de mi Señor y Salvador, Jesús. Tú eres el Padre santísimo. Amén.

PADRE NUESTRO QUE ESTÁS EN EL CIELO, QUE SEA SIEMPRE SANTO TU NOMBRE.

4 de septiembre

La vida del cristiano

Queridos amigos, siempre siguieron mis instrucciones cuando estaba con ustedes; y ahora que estoy lejos, es aún más importante que lo hagan. Esfuércense por demostrar los resultados de su salvación obedeciendo a Dios con profunda reverencia y temor. Pues Dios trabaja en ustedes y les da el deseo y el poder para que hagan lo que a él le agrada.

Filipenses 2:12-13

No trabajamos para ganar la salvación o el favor de Dios. La salvación es gratuita para todos a través del arrepentimiento y la sumisión a Cristo, y el favor de Dios nos es prodigado solo por su gracia. Sin embargo, cuando entramos en una relación genuina con Cristo se produce un despertar en nuestras vidas:

Misteriosa y maravillosamente, la gratitud llena nuestros corazones y, a su vez, nuestras vidas se caracterizan por la dedicación a sus causas. Otras ambiciones y planes son dejados de lado ante el sobrecogimiento de vivir una vida en obediencia a su llamado.

Afortunadamente, no tenemos que hacerlo solos. Dios mismo nos guía y nos capacita para cumplir su voluntad con excelencia, para su gloria. Se nos concede el privilegio y el honor de vivir las cualidades del reino de Dios y compartir su amor y su gracia con todos. Es asombroso que Dios mismo —el ser todopoderoso que imaginó y dio origen a todo lo que existe— opte por actuar en la vida del cristiano y a través de ella.

Padre, me siento humilde ante el impacto y el poder de este pasaje. Que tu Espíritu Santo guíe y dé poder a cada momento de mi vida. Lléname con el despliegue de tu salvación mientras obras en mí. Gracias por el deseo y tu poder divino para hacer lo que te agrada. Es mi propósito y mi alegría en la vida. Amén.

Que tu reino venga pronto. Que se cumpla tu voluntad en la tierra como se cumple en el cielo.

5 de septiembre

Atención al detalle

Cuando llegó el tiempo, zarpamos hacia Italia. A Pablo y a varios prisioneros más los pusieron bajo la custodia de un oficial romano llamado Julio, un capitán del regimiento imperial. También nos acompañó Aristarco, un macedonio de Tesalónica. Salimos en un barco matriculado en el puerto de Adramitio, situado en la costa noroccidental de la provincia de Asia. El barco tenía previsto hacer varias paradas en distintos puertos a lo largo de la costa de la provincia. Al día siguiente, cuando atracamos en Sidón, Julio fue muy amable con Pablo y le permitió desembarcar para visitar a sus amigos, a fin de que ellos pudieran proveer a sus necesidades.

Hechos 27:1-3

Aunque el pasaje de hoy no parezca inspirador o desafiante a primera vista, nos muestra la atención al detalle que el Señor presta a sus planes y provisiones cotidianas para nosotros.

Nuestra falta de confianza es uno de los obstáculos más comunes para seguir el plan de Dios. Esperamos cumplir su plan mientras permanecemos en nuestro espacio cómodo y seguro. Sin embargo, el Señor no siempre revela todos sus métodos y eso nos desagrada.

Los versículos de hoy no nos dicen si Julio era creyente, solo que era capitán del regimiento imperial. Fue amable con Pablo y le dio permiso para desembarcar, de modo que sus amigos pudieran atender sus necesidades. Julio no tenía por qué conceder el permiso, pero lo hizo. Dios usó una fuente inesperada para asegurarse de que las necesidades de Pablo fueran satisfechas. Presta atención para reconocer al Julio que Dios ponga en tu camino.

Gracias, Señor, por todas las veces que has cuidado de mis necesidades y por todas las veces que proveerás para mí en el futuro. Te agradezco que cuando me pides que haga tu voluntad, prestas atención a todos los detalles y me proporcionas el método y los medios para cumplirla. Amén.

Danos hoy el alimento que necesitamos.

6 de septiembre

Correr sin obstáculos

Por lo tanto, ya que estamos rodeados por una enorme multitud de testigos de la vida de fe, quitémonos todo peso que nos impida correr, especialmente el pecado que tan fácilmente nos hace tropezar. Y corramos con perseverancia la carrera que Dios nos ha puesto por delante. Esto lo hacemos al fijar la mirada en Jesús, el campeón que inicia y perfecciona nuestra fe. Debido al gozo que le esperaba, Jesús soportó la cruz, sin importarle la vergüenza que esta representaba. Ahora está sentado en el lugar de honor, junto al trono de Dios.

Hebreos 12:1-2

Los corredores olímpicos llevan ropa ligera y se deshacen de todo artículo innecesario para aumentar las probabilidades de ganar la carrera. Y, sin importar si es corredor olímpico o no, ningún maratonista competitivo corre con una cartera en el bolsillo, un bolso en el brazo o una mochila sobre los hombros. Sería un estorbo y ciertamente los retrasaría.

Dios ha puesto una carrera espiritual delante de nosotros. Los obstáculos en esta carrera pueden aparecer en forma de juicios, celos, críticas, materialismo, lujuria, y mucho más, pero la falta de perdón encabeza la lista. Puede hacer que incluso los corredores más fuertes, brillantes y mejores se rindan ante el agotamiento espiritual.

¿Cómo podemos librarnos del peso debilitante de la falta de perdón? Fijando nuestra mirada en Aquel que nos abre el camino hacia la victoria final. Él es el campeón, el perfeccionador de nuestra fe. ¡Él es Jesucristo!

Espíritu Santo, enfoca mis ojos en Cristo. Que siempre lo vea, lo escuche y lo siga. Y que, por tu poder, sabiduría y gracia, pueda ganar la carrera que tengo por delante. Amén.

Perdónanos nuestros pecados, así como hemos perdonado a los que pecan contra nosotros.

7 DE SEPTIEMBRE

LUZ QUE CONDUCE A LA VIDA

Jesús habló una vez más al pueblo y dijo: "Yo soy la luz del mundo. Si ustedes me siguen, no tendrán que andar en la oscuridad porque tendrán la luz que lleva a la vida".
JUAN 8:12

Mi nieto de cinco años estaba de visita una tarde fresca y nublada de otoño. De pronto, con unos ojos llenos de aventura, dijo: "¡Abuelo, vamos a pasear en la moto de cuatro ruedas por el bosque!". Estaba casi completamente oscuro afuera, pero ya se sabe cómo son los abuelos. Unos minutos más tarde, estábamos con nuestros abrigos puestos y recorriendo el bosque.

Tras unos quince minutos por el sendero, las luces delanteras se apagaron de repente. Yo frené rápidamente y allí nos quedamos, rodeados de completa oscuridad. Mi nieto estaba un poco preocupado, pero me di cuenta de que, accidentalmente, había apagado el interruptor de los faros. Un clic y la luz reveló claramente el camino a casa para tomar chocolate caliente.

Jesús dijo que, si le seguíamos, no caminaríamos en la oscuridad, porque él es la luz del mundo. Su luz penetra en las situaciones más oscuras y es la única luz que conduce a la vida. Afortunadamente, no importa cuáles sean nuestras circunstancias actuales, no tenemos que viajar por este mundo sin su luz, una luz que nos aleja de las trampas que pueden atraparnos y, más bien, nos conduce a la vida, a la seguridad, a la protección, a la provisión y a su gloriosa presencia.

Señor, sé que si me guías con tu luz, no debo temer a la oscuridad. Con tu guía, soy capaz de ver los caminos que debo tomar y los obstáculos que debo evitar. Padre, guíame hacia tu voluntad. Amén.

NO PERMITAS QUE CEDAMOS ANTE LA TENTACIÓN.

8 DE SEPTIEMBRE

RESCATADOS DE LA MUERTE

Pues me rescataste de la muerte; no dejaste que mis pies resbalaran. Así que ahora puedo caminar en tu presencia, oh Dios, en tu luz que da vida.

SALMOS 56:13

En las tinieblas acechan cosas desconocidas, cosas ocultas. El enemigo de nuestras almas se esfuerza por dañarnos e impedir que hagamos la voluntad del Señor. Satanás espera para ver si tropezamos ciegamente en su trampa, con la esperanza de herirnos y, si es posible, destruirnos.

En la escritura de hoy, la muerte parecía inminente para el salmista, pero este pasaje revela que Dios intervino. Él impidió que el salmista fuera llevado a la destrucción.

El motivo de Dios para el rescate era claro: que el salmista pudiera caminar en su presencia, en su luz vivificadora. Este ha sido el propósito de Dios desde el principio, tener a su pueblo en su presencia, y este es el motivo por el que Dios nos rescata del pecado y de la muerte. La luz de Dios conduce a la vida porque nos rescata de la muerte.

Señor, estoy agradecido y lleno de humildad por tu intervención divina; gracias por rescatarme del maligno, de la muerte. Amén.

RESCÁTANOS DEL MALIGNO.

9 DE SEPTIEMBRE

LA CANCIÓN IMPERECEDERA

Y entonces oí a toda criatura en el cielo, en la tierra, debajo de la tierra y en el mar que cantaban: "Bendición y honor y gloria y poder le pertenecen a aquel que está sentado en el trono y al Cordero por siempre y para siempre". Y los cuatro seres vivientes decían: "¡Amén!". Y los veinticuatro ancianos se postraron y adoraron al Cordero.

APOCALIPSIS 5:13-14

Mi padre coleccionaba música de la época en que él y mi madre estaban recién casados. A veces ponía las grabaciones en las reuniones familiares y nos decía que eran los clásicos de siempre, aunque mi abuelo no estaba de acuerdo. Mi abuelo pensaba que las canciones de *su* juventud eran los clásicos. Cada generación tiene sus clásicos, y yo ahora tengo una selección de mis años de juventud. La verdad es que, en algún momento, todas las canciones y letras —antiguas y nuevas, clásicas o no— se desvanecerán en la memoria o caerán en el olvido.

Sin embargo, hay una canción imperecedera: la del pasaje de hoy. Esta canción y su letra hablan de una creación redimida, más allá de lo que podemos imaginar en esta vida terrenal. La canción es perfecta, interpretada perfectamente por cada criatura que existe en la presencia de Dios.

Estas palabras sonarán y resonarán para siempre en los salones sagrados de la morada de Dios. Nunca serán pronunciadas con falsedad. Nunca se desvanecerán, envejecerán o se volverán irrelevantes. Reflejan la verdad, la única verdad que permanecerá para siempre.

Señor, tus hijos esperan el día en que toda la creación declare esta verdad ante ti de la manera más reverente. Bendición y honor y gloria y poder al que está sentado en el trono y al Cordero por siempre. Amén.

TUYOS SON EL REINO Y EL PODER Y LA GLORIA POR SIEMPRE.

10 DE SEPTIEMBRE

NUESTRO PADRE PARA SIEMPRE

Y yo seré su Padre, y ustedes serán mis hijos e hijas, dice el Señor Todopoderoso.
2 CORINTIOS 6:18

Una paternidad buena y piadosa es necesaria para el sano desarrollo mental y emocional de los individuos y para el bienestar de culturas enteras. La falta o ausencia de un buen padre puede tener múltiples efectos a largo plazo.

Sin embargo, hay esperanza —¡una gran esperanza! Una relación auténtica e íntima con el Padre celestial espera a todos los que la desean. Él quiere ejercer su labor de padre ejemplificando las mejores cualidades de paternidad que existen. Él es siempre fiel, siempre perfecto en su amor hacia sus hijos, y siempre correcto al guiarnos.

Si le permitiéramos a Dios Padre ser un padre para nosotros a través de la obra redentora de Cristo, podríamos ver un vibrante efecto dominó: los corazones se sanarían, los espíritus serían liberados, los dolores y las heridas se resolverían. Porque eso es lo que Dios nuestro Padre hace.

Padre mío que estás en los cielos, santo es tu nombre. Estoy agradecido por tu paternidad y deseo honrarte mientras me conduces y me guías por medio de tu Espíritu Santo. Anhelo parecerme cada día más a Jesús, honrando a mi Padre celestial. Amén.

PADRE NUESTRO QUE ESTÁS EN EL CIELO, QUE SEA SIEMPRE SANTO TU NOMBRE.

11 DE SEPTIEMBRE

¡QUE TU LUZ BRILLE!

Ustedes son la luz del mundo, como una ciudad en lo alto de una colina que no puede esconderse. Nadie enciende una lámpara y luego la pone debajo de una canasta. En cambio, la coloca en un lugar alto donde ilumina a todos los que están en la casa. De la misma manera, dejen que sus buenas acciones brillen a la vista de todos, para que todos alaben a su Padre celestial.

MATEO 5:14-16

Una breve ojeada a los titulares de las noticias podría alarmar a cualquiera. El bienestar del futuro, al menos desde el punto de vista secular, parece volátil, ya que las autoridades carentes de integridad siguen conspirando para socavar las cosas que son rectas, equitativas, verdaderamente justas y moralmente sanas.

En estos tiempos, los sentimientos de preocupación y desesperación pueden intensificarse. Las tinieblas parecen avanzar y someter a la luz. Sin embargo, es entonces cuando más brilla la esperanza en Cristo, porque en el Señor reside la única posibilidad de superar las tinieblas. En Cristo somos vencedores.

La Iglesia, la familia de Dios, tiene una gran oportunidad de hacer avanzar el Evangelio en los tiempos difíciles de nuestro mundo. Podemos y debemos optar por vivir y compartir un cristianismo genuino y vivificante ante un mundo confundido, engañado, traicionado, desilusionado y desesperanzado. ¡Somos dispensadores de esperanza! Estamos aquí para hacer brillar su luz.

Señor, tú eres el Dios de la esperanza, tú reinas para siempre, y tu deseo es que toda la humanidad llegue a experimentar tu gracia y la esperanza de tu reino. Mantenme centrado en los objetivos y mandatos de tu corazón. Permíteme aprovechar las oportunidades que me brindas hoy para compartir el amor de Cristo, porque suya es la única esperanza segura y cierta. Amén.

QUE TU REINO VENGA PRONTO. QUE SE CUMPLA TU VOLUNTAD EN LA TIERRA COMO SE CUMPLE EN EL CIELO.

12 DE SEPTIEMBRE

NUESTRO PAN DE CADA DÍA

Danos hoy el alimento que necesitamos.
MATEO 6:11

Un aleccionador paseo por los barrios marginales de Kampala, Uganda, modificó mi definición de provisión. En polvorientas callejuelas de tierra, llenas de basura, niños escasamente vestidos extendían la mano con la esperanza de recibir algún bocado de comida, un caramelo o una moneda.

En una de las callejuelas, había un grupo de chozas de mampostería. Una mujer con un bebé en la cadera y varios niños pequeños, sonrió y nos invitó a entrar en su humilde casa. No había sitio para todos, así que dos de nosotros esperamos fuera. No tenía comida suficiente para ella y sus hijos, pero aun así nos ofreció una bebida en un gesto de generosa hospitalidad.

Cuando meditamos sobre el pasaje de hoy nos damos cuenta de que nuestra *percepción* de lo que necesitamos en comparación con lo que *realmente* necesitamos para cumplir la voluntad de Dios es muy diferente.

La mujer que nos ofreció una bebida aquel día en Uganda dio desde su pobreza para acoger a desconocidos; más tarde me contaron que ella consideraba un privilegio y un honor bendecir a los demás. Su gesto, era su forma de ayudar a alguien en necesidad, a un transeúnte sediento. Quizás hoy sea el día de replantearse las palabras de nuestro Señor. Tal vez nuestra necesidad real del día sea muy diferente, mucho menor, de lo que pensamos que necesitamos para nosotros mismos.

Oro por el suministro de lo que es verdaderamente la provisión necesaria para hoy. Y te ruego que me enseñes a ser agradecido por lo que tengo. Tú, Señor, eres un dador —rezo para que yo también lo sea. Amén.

DANOS HOY EL ALIMENTO QUE NECESITAMOS.

13 de septiembre

Padre, perdónalos

Jesús decía: "Padre, perdónalos, porque no saben lo que hacen". Y los soldados sortearon su ropa, tirando los dados.
Lucas 23:34

Jesús sabía que era inocente de toda acusación y cargo contra Él. Sabía que se habían utilizado mentiras, engaños y manipulaciones para ponerlo sobre los maderos de la cruz, donde sufriría físicamente y moriría. Conocía los pensamientos de los que le observaban mientras soportaba la iniquidad, la burla y el ridículo. Sabía que había personas reunidas en el área de su crucifixión que se sentían vencidas por la tristeza, el dolor y la incredulidad al ver a su héroe, su conquistador y amigo encontrar aparentemente su muerte.

También era consciente de que otros estaban llenos de amargura y celos, pensando que pronto se librarían de este hombre que estaba suscitando controversia, haciendo que la gente cuestionara sus elevadas posiciones religiosas y su autoridad mundana.

En todo esto, Jesús también sabía que una legión de ángeles podía ser convocada para su rescate inmediato si lo pedía, pero comprendía que la única esperanza posible para la liberación de la humanidad del cautiverio del infierno dependía de su decisión de cumplir su misión. Para convertirse en el Salvador del mundo, debía dar su vida como rescate por la humanidad. En medio de la injusticia de la cruz, también sabía que debía rezar una oración poderosísima por sus acusadores, captores y asesinos —pero también por cada uno de nosotros: "Padre, perdónalos".

Gracias por tu misericordia, Señor Jesús, y por tu don redentor de la gracia, que trae una vida de abundancia. Gracias por tu perdón. Amén.

Perdónanos nuestros pecados, así como hemos perdonado a los que pecan contra nosotros.

14 DE SEPTIEMBRE

DETALLE DIVINO

El Señor dirige los pasos de los justos; se deleita en cada detalle de su vida.
SALMOS 37:23

¿Se molesta Dios cuando acudimos a su presencia con cosas que podríamos considerar insignificantes? ¡No! De hecho, Dios se complace cuando le involucramos en los detalles de nuestras vidas, como vemos en el versículo de hoy. El Señor fue meticuloso en la creación de la Tierra, y es meticuloso en el desarrollo de cada uno de nuestros días cuando le invitamos a participar en ellos.

Dios es ilimitado en su imaginación creadora y en sus capacidades. Le encantan los detalles; relee el Pentateuco y las instrucciones para el Tabernáculo como prueba de esto. Desea participar a nuestro lado en los detalles de su relación con nosotros y en el cumplimiento de su voluntad. Cuando le hacemos partícipe, nos aleja de los peligros y nos guía hacia campos abiertos donde podemos correr con Él. Actuamos con sabiduría al invitar al que se deleita en los detalles para guiar nuestros pasos. Él nos conducirá con su precisión divina en las direcciones que nos harán triunfar en el seguimiento de Cristo y en nuestra formación a su semejanza.

Padre, guíame por los detalles de este día y de cada día de mi vida futura. Tus caminos me alejan de los peligros que causarían mi perdición. Gracias por tu divina dirección. Amén.

NO PERMITAS QUE CEDAMOS ANTE LA TENTACIÓN.

15 DE SEPTIEMBRE

ÉL NOS AYUDARÁ

No tengas miedo, porque yo estoy contigo; no te desalientes, porque yo soy tu Dios. Te daré fuerzas y te ayudaré; te sostendré con mi mano derecha victoriosa.

ISAÍAS 41:10

Mi nieto era aún muy pequeño cuando le llevé a dar su primer paseo por el campo que hay frente a nuestra casa. Se lo estaba pasando muy bien hasta que se metió en un zarzal. Las espinas le atravesaron los pantalones vaqueros hasta las piernas, y cuanto más intentaba apartarse, más le dolían. Gritó pidiéndome ayuda, y yo me volví rápidamente, vi sus ojos mirándome en busca de ayuda, e inmediatamente acudí para liberarle del malvado espinoso. Liberarle de su dilema no supuso ningún esfuerzo por mi parte, pero él lo vio como un logro mucho mayor.

Los problemas que encontramos como cristianos pueden exceder nuestras habilidades para resolverlos, pero nunca están más allá de la ayuda del Señor. Él no es un limitado personaje confinado a las páginas de un libro de cuentos para leer a la hora de dormir; ¡Él es el Señor de todos los cielos y la tierra! Es nuestro Dios Creador, cuya autoridad y posición superan los mayores poderes y logros de personas, naciones e imperios.

Cuando lanzamos un grito de auxilio genuino y humilde a nuestro Padre celestial, Él nos escucha y nos rescata de las trampas más astutas, de las noches más oscuras y de los enemigos más feroces. Sí, el Señor Dios Jehová, Creador del cielo y de la tierra, nos fortalecerá en nuestros momentos de necesidad.

Señor, te ruego que me ayudes y me protejas cuando los problemas articulen su oposición. Confiaré en ti, mi entrega y mi esperanza. Amén.

RESCÁTANOS DEL MALIGNO.

Dios es por siempre victorioso

¡A Dios sea toda la gloria por siempre y para siempre! Amén.
Gálatas 1:5

A la bandera estadounidense se le conoce como "Old Glory" (Gloria Antigua), y a los años de juventud de una persona se les llama a veces "los días gloriosos". De hecho, la palabra *gloria* se utiliza para referirse a muchas cosas. Si tuviera el poder para hacerlo, yo declararía que la palabra *gloria* es sagrada, reservada para un único propósito: referirse a Dios Padre en su divina y particular singularidad.

Únicamente Dios no tiene necesidad de nada: de ninguna otra persona ni de ninguna otra cosa. Él existió en la eternidad pasada y existirá en la eternidad futura. Solamente Dios puede crear algo de la nada. Solamente Dios es la fuente de la luz eterna, del amor puro, de la esperanza pura y de la vida eterna. No hay otro como Dios.

Yahvé, el único Dios, es digno de todo honor. Él y nadie más posee una reputación de carácter genuino y perfecto, de santidad perfecta. Él es el Señor de toda gloria, digno de toda gloria.

Padre, tu nombre es exaltado; tu nombre es alabado y adorado.
Tu nombre, oh, Señor, es glorificado por los siglos de los siglos. Amén.

Tuyos son el reino y el poder y la gloria por siempre.

17 DE SEPTIEMBRE

El regalo del Padre

La gracia, la misericordia y la paz que provienen de Dios Padre y de Jesucristo —el Hijo del Padre— permanecerán con nosotros, los que vivimos en la verdad y el amor.
2 Juan 3

Como cristianos, los dones disponibles para nosotros a través de Cristo suelen transformar los tonos grises y apagados de esta vida en colores brillantes, profundidad y belleza. Si no fuera por Cristo, el amor verdadero y duradero, la alegría y la esperanza estarían regularmente fuera del alcance del corazón humano, pero un regalo del Padre lo cambió todo.

Cuando entregamos nuestras vidas a Cristo, tenemos acceso a tesoros que el dinero no puede comprar y que el tiempo no nos puede robar —tesoros como los mencionados en el versículo de hoy: gracia, misericordia y paz. Y estos tesoros no nos son dados con moderación, sino que el Padre los derrama abundantemente sobre nosotros todos los días.

A través de Cristo, Dios derrama gracia, misericordia y paz sobre quienes lo reciben. Esto no significa que no experimentaremos problemas en esta vida; sin embargo, el plan redentor del Padre hizo un camino para que la humanidad tenga para siempre refugio en su santo hogar y una vida abundante llena de bondad inmensurable y duradera.

Padre, tú das regalos de gracia, misericordia y paz. Diste el regalo de Cristo y la vida eterna. Nos das vida, amor y todas las cosas buenas y justas. Eres nuestro Padre celestial, siempre presente, siempre bueno, siempre santo. Amén.

Padre nuestro que estás en el cielo, que sea siempre santo tu nombre

18 DE SEPTIEMBRE

Seguir la voluntad de Dios de todo corazón

Como esclavos de Cristo, hagan la voluntad de Dios con todo el corazón.
Efesios 6:6

A menudo escuchamos la frase "la voluntad de Dios" en conversaciones y oraciones cristianas. Hay ocasiones en las que la voluntad del Señor es fácil de entender, y hay momentos en que parece muy compleja. ¿Cuál es la causa de esta paradoja?

La complejidad puede hacerse presente cuando intentamos ordenar y aclarar nuestras vidas individuales, y durante estas etapas en que intentamos descifrar su voluntad para nosotros, hay dos preguntas cruciales que debemos hacernos: primero, ¿el camino que sigamos nos llevará a aumentar nuestro amor por Dios? Y segundo, ¿nuestra elección reducirá y eliminará propósitos y deseos egoístas para que así podamos servirle y compartir la esperanza de sus buenas nuevas con los demás?

Cuando respondemos honestamente estas dos preguntas, podemos ver con mayor claridad cuáles son nuestros verdaderos motivos en nuestra toma de decisiones. Que nuestros corazones siempre estén dirigidos hacia la voluntad de Cristo y los objetivos de su reino, y que busquemos su voluntad sinceramente, haciendo la voluntad de Dios de todo corazón.

Señor, oro para que tu voluntad se cumpla en todos los asuntos que tengo ante mí hoy. Por favor, ayúdame a buscar tu reino por encima de todo lo demás. Amén.

Que tu reino venga pronto. Que se cumpla tu voluntad en la tierra como se cumple en el cielo.

19 DE SEPTIEMBRE

La provisión milagrosa de Dios

Luego le dijo a la gente que se sentara sobre la hierba. Jesús tomó los cinco panes y los dos pescados, miró hacia el cielo y los bendijo. Después partió los panes en trozos y se los dio a sus discípulos, quienes los distribuyeron entre la gente. Todos comieron cuanto quisieron, y después los discípulos juntaron doce canastas con lo que sobró. Aquel día, ¡unos cinco mil hombres se alimentaron, además de las mujeres y los niños!

Mateo 14:19-21

En este pasaje, los discípulos enfrentaron un gran reto cuando Jesús les dijo que no era necesario despedir a la gente para que fueran a comer. En lugar de eso, ellos tenían que alimentar a la multitud. Parecía una misión imposible, y vaya que lo era con los recursos limitados de los discípulos.

Sin embargo, Jesús vio esta misión a través de la provisión de Dios. Cuando los discípulos obedecieron a Jesús y le entregaron lo que había, Él tomó lo poco que tenían que ofrecer —cinco panes y dos pescados— lo bendijo, y realizó un milagro. El resultado fue un festín abundante más allá de lo que podían haber imaginado. Estaban asombrados —¡y fue Dios, no el hombre, quien fue honrado y glorificado!

La misión de Dios supera nuestras habilidades naturales y requiere que entreguemos lo que tenemos para que lo bendiga. Luego, mientras actuamos movidos por la fe en una misión para su reino, el Señor intercede con su intervención sobrenatural y *cumple* la misión. Esta es su manera de obrar. De este modo, al final, nosotros estaremos asombrados y el Señor recibirá el reconocimiento y será glorificado.

Pido que me des valor para hacer tu obra, Padre. Me entrego a ti y a tu voluntad, ya que este es el mejor camino y la mejor provisión. Amén.

Danos hoy el alimento que necesitamos.

20 DE SEPTIEMBRE

ÉL NOS PERDONÓ NUESTROS PECADOS

Dios es tan rico en gracia y bondad que compró nuestra libertad con la sangre de su Hijo y perdonó nuestros pecados. Él desbordó su bondad sobre nosotros junto con toda la sabiduría y el entendimiento.

EFESIOS 1:7-8

Nuestro Padre celestial lo posee todo en abundancia; al fin de cuentas, es dueño de todo (Salmos 50:9-12). Pero qué bueno es que se nos recuerde también que es "rico en bondad y gracia". ¡Qué alegría inunda el corazón cuando se nos recuerda esta verdad contenida en el pasaje de hoy!

Cuando los hijos e hijas redimidos de Dios reflexionamos sobre el sacrificio de Cristo para proveer libertad a nuestras almas, se experimenta una serie de emociones sobrecogedoras. Cristo murió en nuestro lugar por nuestros pecados, pero resucitó para que pudiéramos conocer el perdón, el cual recibimos de la bondad y la gracia abundantes del Padre.

No pueden ser medidos estos regalos mientras Dios los derrama sobre nosotros, porque son verdaderamente abundantes. Tan solo podemos experimentar la esperanza y la alegría contenidas en ellos y alabarlo con corazones agradecidos.

Me has colmado de tu bondad. Me has cubierto con tu amor, tu misericordia y tu gracia, Señor. Te agradezco por tu perdón, por elegir darme vida cuando lo que merecía era la muerte. Gracias, Padre, por tu rescate. Amén.

PERDÓNANOS NUESTROS PECADOS, ASÍ COMO HEMOS PERDONADO A LOS QUE PECAN CONTRA NOSOTROS.

21 DE SEPTIEMBRE

La provisión de luz

Envía tu luz y tu verdad, que ellas me guíen.
Que me lleven a tu monte santo, al lugar donde vives.
Allí iré al altar de Dios, a Dios mismo, la fuente de toda mi alegría. Te alabaré con mi arpa, ¡oh Dios, mi Dios!
Salmos 43:3-4

La luz amenaza los efectos de la oscuridad. La luz revela todo lo oculto en la oscuridad, esas cosas que podrían hacernos tropezar. El objetivo de la luz y la verdad de Dios es proporcionar una visibilidad inconfundible que conduzca a su presencia y a su voluntad. Él ha moldeado nuestros corazones de tal manera que prosperan cuando tenemos una buena relación con Él.

Dentro de cada uno de nosotros hay un "mecanismo de localización espiritual", por así decirlo. Dios creó el corazón espiritual para que encuentre su paz en él y no en lo que el mundo ofrece. Seguir su luz, por su Espíritu, nos guía hacia una alegría verdadera, una esperanza verdadera, una vida verdadera. Todos buscamos y anhelamos un lugar de libertad y descanso, un lugar donde podamos ser amados plena y completamente. ¡Ese lugar se encuentra en la presencia de Dios!

Tristemente, algunos eligen otros caminos y buscan otras cosas de menor importancia en su intento de alcanzar un sentido de plenitud. Sin embargo, cuando entregamos nuestras vidas a Cristo Jesús, por medio de la obra redentora de Cristo, podemos habitar en la presencia de Dios, el lugar que el Padre desde siempre nos tenía previsto y en el que siempre deseó que estuviéramos.

Guíame con tu luz, lejos de las ofertas de gratificación pasajera, hacia tu presencia por el divino faro de tu Espíritu Santo. Allí me aguarda la alegría de mi corazón y mi alma. Amén.

No permitas que cedamos ante la tentación.

22 de septiembre

Levántate y ayúdanos

¡Levántate! ¡Ayúdanos!
Rescátanos a causa de tu amor inagotable.
Salmos 44:26

Hay temporadas en las que, desde nuestras limitadas perspectivas, los conflictos y desafíos parecen ser impuestos insensatamente sobre nosotros. Puede resultar aún más preocupante cuando las intrusiones del maligno parecen no ser desafiadas por Dios. A veces, en estos tiempos, Dios parece callado e impasible. Cuando nos sentimos frustrados y agotados espiritualmente ante los conflictos y las dificultades, podemos fácilmente dudar de Dios y tacharlo de insensible e indiferente, pero ¿realmente lo es?

El Salmo 44 es una súplica por la liberación divina. El cántico incluye reflexiones sobre las intervenciones pasadas de Dios y reconoce su indiscutible capacidad para dar la victoria sobre el enemigo. El salmista cree que ha sido fiel a Dios y no entiende por qué Dios no ha acudido en su ayuda.

Las últimas palabras de este salmo revelan el corazón del salmista al reconocer el amor inquebrantable de Dios. No existe otro lugar en donde podamos buscar ayuda o liberación genuina. ¡Redímenos, Señor, por tu misericordia y tu amor fiel!

Señor, cuando necesite ayuda y no pueda entender la demora, ayúdame a recordar tus liberaciones pasadas y tu fidelidad. Ayúdame a recordar que estás avanzando de acuerdo con tus planes divinos y no me has abandonado. Estás trabajando y mi confianza está en ti. Te suplico, ¡levántate! Ven en mi ayuda por tu gran misericordia. Amén.

Rescátanos del maligno.

23 DE SEPTIEMBRE

PERPETUO

Pues tu reino es un reino eterno; gobiernas
de generación en generación.
El Señor siempre cumple sus promesas;
es bondadoso en todo lo que hace.
SALMOS 145:13

El tiempo es una medida para las cosas desde el comienzo hasta el final. La espera de treinta minutos en el consultorio del médico para un examen físico, un vuelo de dos horas, diez horas manejando de una ciudad a otra. Cuatro años para completar la escuela preparatoria, otros cuatro para terminar la universidad, y entre tres y seis años más para los programas de posgrado. Entendemos el tiempo porque es el marcador principal de cómo medimos nuestras vidas y nuestras limitaciones.

Los organismos vivientes se miden por la duración de su periodo de vida. Los árboles viven entre ochenta y ciento veinte años, algunas flores florecen durante un par de semanas mientras que otras duran solo días y, en promedio, las personas viven entre setenta y noventa años. Incluso medimos etapas de la historia por sus comienzos y finales: la Edad de Piedra, el Renacimiento, la Revolución Industrial, la Era de la Información.

¡Luego está Dios! No se le mide por un comienzo o un final porque no tiene ninguno. No se le mide por un término o un período de gobierno sobre una nación o naciones, porque ha gobernado sobre todas las cosas medidas por el tiempo y todas las cosas que son eternas, para siempre. ¡Nuestro Dios ha gobernado a lo largo de todas las generaciones, y siempre cumple sus promesas!

Toda la gloria, honor y poder son tuyos para siempre. Amén.

TUYOS SON EL REINO Y EL PODER Y LA GLORIA POR SIEMPRE.

24 DE SEPTIEMBRE

Dios el Padre

Yo, Judas, esclavo de Jesucristo y hermano de Santiago, les escribo esta carta a todos los que han sido llamados por Dios Padre, quien los ama y los protege con el cuidado de Jesucristo.

Judas 1:1

La magnitud de consuelo, aliento y esperanza que se encuentra en este breve verso es asombrosa. Para los desamparados, los desesperanzados y los huérfanos, este es un mensaje de esperanza: la promesa de una familia y un hogar. Para las personas abusadas, maltratadas y quienes han sido encarcelados injustamente, esta es la declaración de libertad y un lugar de refugio para el corazón y el alma.

Para aquellos en busca de un amor verdadero y duradero, un compromiso de amor o el fruto del amor, este es el pacto ansiado. El amor de nuestro Dios no falla, no manipula, no condena ni nos hiere. Él es el padre perfecto, lleno de abundante gracia, misericordia y fidelidad.

El Creador mismo del cielo y la tierra se ofrece a ser el padre de todos y cada uno de nosotros que respondamos a su invitación. Él siempre amará con amor perfecto y santo, y siempre nos mantendrá a salvo bajo el cuidado de Jesucristo.

¡Alabado sea tu nombre, Padre celestial! Gracias por tu gracia y cuidado. Gracias por tu divina paternidad. Amén.

Padre nuestro que estás en el cielo, que sea siempre santo tu nombre.

25 DE SEPTIEMBRE

CONFIAR EN TU PALABRA ETERNA

Tu eterna palabra, oh Señor, se mantiene firme en el cielo. Tu fidelidad se extiende a cada generación, y perdura igual que la tierra que creaste. Tus ordenanzas siguen siendo verdad hasta el día de hoy, porque todo está al servicio de tus planes.
SALMOS 119:89-91

Encontrar un punto en la historia cuando la paz total estuviera presente en el mundo y la humanidad estuviera libre de preocupaciones e inquietudes es realmente imposible. Aunque hubo períodos de niveles de temor mucho mayores resultantes de guerras globales, hambrunas y enfermedades, nunca ha habido una temporada completamente libre de preocupaciones. Nuestra etapa actual en la historia no es diferente.

Ya sea que experimentemos tiempos de abundancia o de escasez, que estemos disfrutando de un puesto y de autoridad indiscutible o que estemos retrocediendo a la oscuridad de las cavernas, o que nuestros días estén llenos de una jovialidad desenfadada o plagados de desafíos e incertidumbre, siempre está la oferta de cierta esperanza y buenas resoluciones.

¿En dónde se encuentra esta esperanza que no decepciona y siempre permanece constante? En Dios a través de Cristo. Él ha prometido esperanza para aquellos que confían en su promesa eterna, que confían en su Palabra eterna. A través de todas las generaciones, el Señor es la esperanza de todos los tiempos.

Señor, como eres el Creador y Hacedor de todas las cosas, estoy seguro de que tus planes y promesas se desarrollarán según tu voluntad y designio. Estoy tranquilo sabiendo que verás tu nombre glorificado, y mi jornada en tu voluntad tendrá éxito. Todo sirve a tus planes, en los que estoy incluido, y mi confianza en tu inagotable esperanza es mi objetivo. Amén.

QUE TU REINO VENGA PRONTO. QUE SE CUMPLA TU VOLUNTAD EN LA TIERRA COMO SE CUMPLE EN EL CIELO.

26 DE SEPTIEMBRE

¿QUÉ QUIERES QUE YO HAGA POR TI?

Al acercarse Jesús a Jericó, un mendigo ciego estaba sentado junto al camino. Cuando oyó el ruido de la multitud que pasaba, preguntó qué sucedía. Le dijeron que Jesús de Nazaret pasaba por allí. Entonces comenzó a gritar: "¡Jesús, Hijo de David, ten compasión de mí!". "¡Cállate!", le gritaba la gente que estaba más adelante. Sin embargo, él gritó aún más fuerte: "¡Hijo de David, ten compasión de mí!". Cuando Jesús lo oyó, se detuvo y ordenó que le trajeran al hombre. Al acercarse el ciego, Jesús le preguntó:
—¿Qué quieres que haga por ti?
—Señor—le dijo—, ¡quiero ver!
Jesús le dijo:
—Bien, recibe la vista. Tu fe te ha sanado.
LUCAS 18:35-43

Dios, Creador y Sustentador de toda materia, ilimitado en todos los aspectos, respondió a la súplica de un hombre ciego preguntándole: "¿Qué quieres que haga por ti?".

Cristo dijo: "Les digo, ustedes pueden orar por cualquier cosa y si creen que la han recibido, será suya"[21]; "Ese día, no necesitarán pedirme nada. Les digo la verdad, le pedirán directamente al Padre, y él les concederá la petición, porque piden en mi nombre"[22].

La secuencia en la oración del padrenuestro comienza primero honrando a Dios. Luego se reza para que venga su reino y se haga su voluntad. Después sigue la súplica para que Dios suministre las provisiones necesarias para hacer su voluntad.

¿Cuál es la voluntad de Dios en alguna circunstancia y qué es necesario para que esta se cumpla? Esta pregunta nos ayuda a definir la necesidad solicitada cuando respondamos al Señor en caso de que nos pregunte: "¿Qué quieres que haga por ti?".

Padre, oro por tu voluntad y todo lo que sea necesario para cumplirla. Proporcióname aquello que mejor te honre a ti y a tu reino. Amén.

DANOS HOY EL ALIMENTO QUE NECESITAMOS.

27 DE SEPTIEMBRE

Libres de condena

Luego oí una fuerte voz que resonaba por todo el cielo: Por fin han llegado la salvación y el poder, el reino de nuestro Dios, y la autoridad de su Cristo. Pues el acusador de nuestros hermanos —el que los acusa delante de nuestro Dios día y noche— ha sido lanzado a la tierra. Ellos lo han vencido por medio de la sangre del Cordero y por el testimonio que dieron. Y no amaron tanto la vida como para tenerle miedo a la muerte.

Apocalipsis 12:10-11

Satanás es implacable en su empeño por condenarnos, encontrar defectos y criticarnos. Como creyentes, somos acosados por la oscuridad hasta nuestro último momento en la Tierra, ya que el maligno intenta perseguirnos y se opone a cualquier persona y a todas las personas que se hayan entregado a sí mismos a Dios.

El enemigo intenta separarnos del Señor; nos miente sobre nuestro valor en Cristo, el perdón que hemos recibido a través de la obra en la cruz y la libertad que tenemos en la redención comprada por Jesús para nosotros. Si Satanás pudiera salirse con la suya, todos olvidaríamos la bondad de Dios y sus abundantes dones de gracia.

Aunque el maligno nos recuerde nuestros pecados y faltas cometidas en un intento de llenarnos de condenación y vergüenza, ya no nos definen nuestras debilidades y fracasos. Aunque el acusador continúa exigiendo nuestra perdición y destrucción, nosotros permaneceremos resguardados por la rectitud de Cristo, libres de culpa ante Dios por la sangre redentora de Cristo que nos cubre de cualquier acusación.

Gracias, Dios Redentor, por el perdón de mis pecados.
Gracias por triunfar sobre mis debilidades
y fracasos a través de tu acto en la cruz. Amén.

PERDÓNANOS NUESTROS PECADOS, ASÍ COMO HEMOS PERDONADO A LOS QUE PECAN CONTRA NOSOTROS.

28 DE SEPTIEMBRE

ESTE ES EL CAMINO —SÍGUELO

Tus oídos lo escucharán. Detrás de ti, una voz dirá: "Este es el camino por el que debes ir", ya sea a la derecha o a la izquierda.
ISAÍAS 30:21

La dirección del Espíritu Santo es correcta, clara y precisa —¡justo como lo describe este versículo! Dios es el Padre perfecto y quiere guiarnos y cuidarnos en todas las facetas de nuestra vida. Quiere que sepamos con exactitud por dónde caminar. Según Hechos 10:34, Dios no muestra favoritismos, por tanto, es seguro que revelará sus instrucciones claramente a quienes acuden a Él.

Existimos en esta vida para cumplir la voluntad de Dios y glorificar su nombre. Por consiguiente, podemos asumir correctamente que quiere que veamos y entendamos, sin lugar a duda, por dónde nos guía, ya que esto está vinculado con su mayor y mejor propósito. Podemos tener fe y continuar acudiendo a Dios y escuchando su voz de todo corazón mientras tratamos de discernir cuál es su voluntad.

Afortunadamente, nuestro Padre celestial quiere guiar a sus hijos detalladamente. No estamos solos en esta vida, y en los pormenores de nuestras decisiones cotidianas construimos una vida bien vivida para su gloria.

Que mis ojos y oídos se mantengan alerta a la orientación detallada y efectiva que ofreces, oh, Señor. Y que tu Espíritu Santo en su poder me conduzca a seguirlo con éxito y de todo corazón. Amén.

NO PERMITAS QUE CEDAMOS ANTE LA TENTACIÓN.

29 DE SEPTIEMBRE

MANTENERSE FIRME

Por lo tanto, pónganse todas las piezas de la armadura de Dios para poder resistir al enemigo en el tiempo del mal. Así, después de la batalla, todavía seguirán de pie, firmes. Defiendan su posición, poniéndose el cinturón de la verdad y la coraza de la justicia de Dios. Pónganse como calzado la paz que proviene de la Buena Noticia a fin de estar completamente preparados. Además de todo eso, levanten el escudo de la fe para detener las flechas encendidas del diablo. Pónganse la salvación como casco y tomen la espada del Espíritu, la cual es la palabra de Dios.

EFESIOS 6:13-17

En tiempos de tensión y conflicto, los hijos e hijas de Dios deben anunciar luz y esperanza en Cristo. En tiempos en los que la moral y la integridad son distorsionadas o ignoradas, debemos mantenernos firmes usando las armas del reino de Dios. Debemos dispensar compasión, misericordia, gracia, perdón, gentileza, autocontrol y bondad. Debemos incluso *amar* a nuestros enemigos.

Debemos permanecer en la verdad, con la verdad y del lado de la verdad, ¡y la Palabra de Dios es la verdad absoluta! Aunque la vida cristiana a menudo se oponga a la vida mundana, debemos mantenernos firmes. Nuestra guerra no es contra enemigos de carne y hueso; nuestra guerra es espiritual, y las armas con las que luchamos son espirituales (2 Corintios 10:4).

¿Puedes oír la voz de Dios? Él dice: "¡Mantente firme!". Mantente en la oración; mantente en su verdad, mantente viviendo la vida de Cristo en un mundo oscuro, frágil, caído y desesperanzado.

Padre, ayúdame a mantenerme firme en tu sabiduría y tu fuerza por medio de tu Espíritu Santo. Hazme ser como Cristo, tu único Hijo y el Salvador del mundo. Anhelo representar su voluntad y sus deseos de la misma manera en que Jesús lo ha hecho. Amén.

RESCÁTANOS DEL MALIGNO.

30 DE SEPTIEMBRE

Nuestro Dios perdura por siempre

Tu trono, oh Dios, permanece por siempre y para siempre.
Tú gobiernas con un cetro de justicia.
Salmos 45:6

Yo andaba perdido en un camino rural cuando vi a un hombre mayor vestido con overoles de mezclilla que caminaba por el carril. Detuve mi auto junto a él y le pedí indicaciones para llegar a mi destino. Me dijo: "Bueno, sigue este camino —te parecerá interminable— luego llegarás al final y darás vuelta a la derecha". Desde luego, el camino no fue interminable y al final yo sí llegué a mi destino.

Nada en este mundo, ni el universo, de hecho, durará para siempre. Todo llegará a su fin. La única excepción es el Dios único, Yahvé. El salmista declara que Dios, su trono, su dominio y su gobierno durarán "por siempre y para siempre". El gobierno de Dios no solo perdurará eternamente fuera de las limitaciones del tiempo, sino que también es un gobierno *justo*. Nuestro Padre celestial creó la justicia y la mantiene eternamente.

Aunque la frase "por siempre y para siempre" suena redundante, el escritor enfatiza su punto: Dios es el único eterno. Sí, los redimidos de Dios a través de Cristo viven hasta la eternidad, pero solo Dios ha existido desde la eternidad pasada y continuará existiendo en la eternidad futura. No tuvo comienzo y no tendrá fin. Vive por siempre y para siempre, y gobierna por siempre y para siempre.

¡Te alabo, eterno, Dios único, el más alto sobre todas las cosas!
Gobiernas y permaneces para siempre, eres justo y misericordioso,
y tu reino no tiene fin. Amén.

Tuyos son el reino y el poder y la gloria por siempre.

1 de octubre

Él nunca cambia

Hace mucho tiempo echaste los cimientos de la tierra y con tus manos formaste los cielos. Ellos dejarán de existir, pero tú permaneces para siempre; se desgastarán como ropa vieja. Tú los cambiarás y los desecharás como si fueran ropa. Pero tú siempre eres el mismo; tú vivirás para siempre. Los hijos de tu pueblo vivirán seguros; los hijos de sus hijos prosperarán en tu presencia.

Salmos 102:25-28

Vivimos en un mundo y en un momento de la historia donde las cosas cambian en un abrir y cerrar de ojos. No solo experimentamos esto en elementos naturales como el clima, las estaciones y los ecosistemas, sino que también lo experimentamos en los rápidos cambios de la tecnología, la economía y nuestras creencias sociales. En este mundo, la estabilidad es escasa.

Sin embargo, nuestro Padre celestial siempre es el mismo. Nunca cambia y siempre es confiable. Es la Roca de la estabilidad, el guardián de las promesas y nuestro lugar constante de refugio. Es nuestro perfecto Padre para siempre. Nunca toma decisiones equivocadas, nunca da consejos tentativos y nunca vacila en su amor.

Cuando parece que el mundo está lleno de caos, confusión y —por supuesto— cambios, podemos estar tranquilos como hijos e hijas de Dios. Él es nuestro Padre y Rey fiel, y encontramos seguridad en su presencia.

Te alabo esta mañana, Padre celestial. Santo es tu nombre y perfectas son todas tus maneras de actuar. Amén.

Padre nuestro que estás en el cielo, que sea siempre santo tu nombre.

2 DE OCTUBRE

Estar a solas con Dios

A la mañana siguiente, antes del amanecer,
Jesús se levantó y fue a un lugar aislado para orar.
Marcos 1:35

Para todos los que somos receptores de la maravillosa gracia de Dios, la voluntad del Padre es que permitamos que el Espíritu Santo nos transforme a imagen de Jesucristo. ¡Somos llamados cristianos, seguidores de Cristo! Debemos esforzarnos por ser como Jesús en todos los sentidos. Una de las prácticas espirituales más importantes que Jesús manifestó y que quiere que sigamos es el profundo deseo y el compromiso de orar.

La encarnación es un misterio y un desafío para la mente humana, y, sin embargo, Jesucristo es Emanuel, Dios con nosotros; es completamente Dios, pero también completamente humano. Ya que Cristo era completamente Dios, ¿necesitaba orar durante su vida en la Tierra? Es una pregunta verdaderamente intrigante. Sin embargo, sabemos esto con certeza: Jesús oró, oró a menudo, y su propósito es que nosotros hagamos lo mismo. Él estableció el patrón de oración que podemos imitar para poder experimentar vidas espirituales saludables, productivas y efectivas mientras estamos en esta tierra.

¿La práctica de la oración requiere encontrar un lugar callado donde estés a solas con Dios temprano por la mañana? A veces sí. No he conocido a una sola persona que haya incorporado estar a solas con Dios en su vida espiritual que no considere esta práctica un honor, un privilegio y un gozo puro.

Gracias, Padre Dios, por la oportunidad y la libertad de convivir
y de adorarte profundamente en los lugares silenciosos.

QUE TU REINO VENGA PRONTO. QUE SE CUMPLA TU VOLUNTAD
EN LA TIERRA COMO SE CUMPLE EN EL CIELO.

3 DE OCTUBRE

LAS INTENCIONES CUENTAN

Aun cuando se lo piden, tampoco lo reciben porque lo piden con malas intenciones: desean solamente lo que les dará placer.
SANTIAGO 4:3

Los motivos cuentan para Dios. Sí. Él es el buen Padre; su amor no tiene límites y siempre es fiel. De hecho, es perfecto en todos sus caminos. Nunca le faltan recursos; nunca niega ningún recurso; nunca está ocupado para peticiones o consultas.

Nos invita a unirnos a su plan fantástico para la humanidad. A los que caminan con el Señor se les promete tener éxito tal como Él lo define, no según nuestras propias definiciones. Proveerá todo lo necesario para completar su plan para nosotros mientras le servimos en la parte que nos toca de esta aventura divina.

Sin embargo, cuando parece que no nos ha proporcionado lo necesario, es porque no siempre vemos su plan y sus propósitos más amplios en acción. Hay ocasiones en las que podemos pensar que no ha suministrado un recurso, pero en realidad la razón más profunda para lo que se percibe como una "falta de respuesta" a una oración es un "no" porque hemos pedido con malas o equivocadas intenciones. La verdad es que Dios nos proporcionará todo lo necesario para llevar a cabo su voluntad. De eso podemos estar seguros.

Señor, por favor, proporcióname todo lo necesario para cumplir los deseos de tu corazón hoy. Y por el poder de tu Espíritu Santo, por favor, trae tu santa convicción a mi vida cuando pido algo con intenciones equivocadas. Amén.

DANOS HOY EL ALIMENTO QUE NECESITAMOS.

4 DE OCTUBRE

Setenta veces siete

Luego Pedro se le acercó y preguntó:
—Señor, ¿cuántas veces debo perdonar a alguien que peca contra mí? ¿Siete veces?
—No siete veces—respondió Jesús—, sino setenta veces siete.
MATEO 18:21-22

En el pasaje de hoy, Pedro le preguntó a Jesús cuántas veces debería otorgarse el perdón a un hermano o hermana que ha cometido una ofensa. Antes de que Jesús pudiera responder, Pedro expresó lo que para Él sería una respuesta muy generosa ante el agresor: siete veces.

Cuando Jesús respondió, exageró su respuesta; así, Pedro sabría que la idea del perdón es perdonar genuina y generosamente. Cuando ofrecemos perdón a quien nos ha hecho mal, nuestra respuesta debe ser darlo en abundancia y con una actitud piadosa —igual que Jesús.

Esto puede ser difícil, especialmente si hemos sido gravemente ofendidos. Sin embargo, incluso si necesitamos alejarnos de la persona o abandonar la relación, nuestra respuesta debe ser otorgar el perdón. Afortunadamente, no tenemos que tratar de reunir esos sentimientos de perdón por nuestra propia fuerza. Por el Espíritu Santo y sometiéndole completamente nuestro corazón, Cristo Jesús nos llevará a un lugar donde podamos perdonar con una generosidad de "setenta veces siete".

Cristo, perdóname cuando busco mis propias definiciones de perdón en lugar de las tuyas. Tu gracia y misericordia exceden los límites humanos, y el poder de tu Espíritu Santo me llevará a perdonar genuinamente. Amén.

PERDÓNANOS NUESTROS PECADOS, ASÍ COMO HEMOS PERDONADO A LOS QUE PECAN CONTRA NOSOTROS.

5 DE OCTUBRE

El líder de nuestro destino

Por lo tanto, él hará conmigo lo que tiene pensado;
él controla mi destino.
Job 23:14

Job compartió estas palabras durante su temporada de difíciles pruebas, y estas revelan la resolución de Dios para liderar y cumplir sus propósitos en la vida de Job. El Señor estaba trabajando para ayudarlo a cumplir su llamado y su propósito más altos: ¡glorificar a Dios! Esta era la historia de Job, y esta es también nuestra historia.

El Espíritu Santo guía a los hijos de Dios por un camino predeterminado. Este camino es creado por Dios, marcado por Dios y protegido por Dios. Caminamos sobre el camino bajo el liderazgo del Señor. Incluso si, como Job, experimentamos momentos de desesperación y prueba, podemos estar seguros de que la gloria de Dios para nuestro bien está esperando al otro lado de los tiempos difíciles. Él es siempre fiel a sus hijos, y su amor es misericordioso y justo.

El Señor es el líder de nuestro destino. Somos creados por Dios para sus propósitos. Como sus hijos e hijas, estamos marcados y protegidos. Vivir una vida de honor para el Señor es nuestro propósito más alto, un plan y destino que Dios controla, ya que somos maravillosamente creados para su gloria.

Padre, tú me guías por el camino de tu elección. Mi vida está diseñada por ti con el propósito de glorificarte a ti y a tu reino. Gracias por guiarme y controlar mi destino. Amén.

No permitas que cedamos ante la tentación.

6 DE OCTUBRE

LUZ INAGOTABLE

Entonces Jesús les preguntó: "¿Acaso alguien encendería una lámpara y luego la pondría debajo de una canasta o de una cama? ¡Claro que no! Una lámpara se coloca en un lugar alto, donde su luz alumbre".
MARCOS 4:21

Una fresca noche de otoño, poco después de mudarnos a una zona rural de Arkansas, salí y vi que la mayoría de las hojas coloridas se habían caído de los árboles, exponiendo la ladera boscosa detrás de nuestra casa. Noté lo que parecía ser una luz en la cima de la colina. Seguido por la curiosidad, caminé lenta y cuidadosamente colina arriba, hacia la luz.

Después de recorrer un buen trecho, descubrí que la fuente de luz era una pequeña bombilla incandescente en el porche trasero de una casa. Habíamos vivido allí durante unas semanas, pero esa fue la primera vez que supe que había otra casa más allá del bosque. Normalmente no caminaría por el bosque de noche, pero esa luz tenue me dio una sensación de seguridad y dirección.

En Juan 8:12, Jesús dijo que era la luz del mundo y que, si lo seguíamos, no tendríamos que caminar en la oscuridad. Él nos guiará a través de los desafiantes terrenos de esta vida. Pero al seguirlo, también debemos reflejar la belleza y brillantez de su misericordia y gracia, actuando como esa pequeña bombilla, mostrándole a otros el camino.

Señor, gracias por tu iluminante brillo de vida. Estoy agradecido de que tu corazón desee sacarnos de la oscuridad y llevarnos a tu maravillosa luz. Te agradezco hoy por tu provisión de gracia, y oro para que, por medio de tu Espíritu Santo, pueda ser utilizado hoy como un vehículo para reflejar tu vida a aquellos que viven en la oscuridad. Amén.

RESCÁTANOS DEL MALIGNO.

7 DE OCTUBRE

TRAER UNA OFRENDA ANTE SU PRESENCIA

¡Denle al Señor la gloria que merece! Lleven ofrendas y entren en su presencia. Adoren al Señor en todo su santo esplendor.

1 CRÓNICAS 16:29

Dios es el Creador de todas las cosas. No necesita nada. Es autónomo y autosuficiente. Si no le falta nada y lo posee todo, ¿qué regalo impresionante podríamos ofrecerle para agradecerle por su bondad? *¡Nosotros mismos!*

Nuestro libre albedrío es lo único creado por el Señor que se convierte en nuestra mejor ofrenda. Nos creó para la adoración, pero no nos obliga a adorarlo. En cambio, nos da el regalo de elegir. Nos ha permitido decidir cómo viviremos y a quién serviremos.

A través de Cristo, nosotros *elegimos* ofrecernos a adorar al único Dios de toda gloria, recibir arrepentimiento y su misericordioso don de la gracia, y amarlo con todo nuestro ser y servirlo de todo corazón. Podemos traer nuestra ofrenda —nosotros mismos— y entrar en su presencia con alegría y agradecimiento.

Te alabo, Señor, Dios de toda majestuosidad. Tú eres para siempre el Dios todopoderoso, el único que es digno de toda gloria y adoración. Amén.

TUYOS SON EL REINO Y EL PODER Y LA GLORIA POR SIEMPRE.

8 de octubre

Promesa paternal

¡Toda la gloria sea a Dios nuestro Padre por siempre y para siempre! Amén.
Filipenses 4:20

El pasaje bíblico de hoy es una declaración breve, pero ¡oh, qué profundidad, amplitud y majestuosidad reposan sólidamente en él! El corazón y el alma del lector solo pueden reaccionar con reverencia y asombro, totalmente perdidos en la maravilla de la promesa segura de Dios y su rica perspectiva.

¿De qué nos regocijamos en el corto versículo de hoy? ¡De la verdad de que Dios es nuestro Padre! Aún con lo maravilloso y edificante que es, es verdad: ¡el Padre de toda vida es *nuestro* Padre! Él es el Padre que nunca abandona ni ignora equivocada o injustamente a quienes están bajo su cuidado. Él ha prometido su constante presencia paternal, y nunca experimentaremos el dolor de la ausencia o el abandono en su perfecto amor.

Porque somos hijos e hijas de Dios, no solo nos promete su presencia a lo largo de nuestras vidas aquí en la Tierra, sino también que estaremos en su presencia por toda la eternidad.

¡Toda la gloria a ti, Dios! Te adoro y exalto tu nombre. Eres santo, y eres magnífico en todos tus caminos. Te alabo; mi corazón se siente abrumado de asombro y gratitud. Eres el Padre de la gloria, el Padre de la vida. Amén.

Padre nuestro que estás en el cielo, que sea siempre santo tu nombre.

9 de octubre

Compasión

Movido a compasión, Jesús extendió la mano y lo tocó.
—Sí quiero —dijo—. ¡Queda sano!
Marcos 1:41

Jesús estaba viajando por Galilea y se le acercó un hombre con lepra que, de rodillas, le rogó que lo curara. Jesús, movido por la compasión —porque era y es todavía "el Dios de compasión" (Éxodo 34:6)— sanó al hombre. Mientras vivía su vida en la Tierra, Jesús era la manifestación física de la compasión, y el ejemplo a seguir para sus discípulos, entonces y ahora.

La compasión de Jesús contiene cualidades que debemos adoptar y utilizar con los demás en nuestra vida diaria. La compasión no era algo que le costaba trabajo tener, desarrollar, o acordarse de extender a los demás. Era parte de su ser. La compasión era su corazón, entrelazada con sus otras características de amor, misericordia, gracia, abnegación y santidad.

Debido a su estrecha relación con su Padre, el discernimiento de Jesús era agudo y afinado. Caminaba por la Tierra espiritualmente consciente, alerta y guiado por las buenas gracias del reino de Dios. Sabía cómo y cuándo responder a cada situación.

Cristo nos ha encomendado continuar su misión, y ha enviado su Espíritu Santo para guiarnos y capacitarnos. A medida que caminamos, guiados por su Palabra, Dios nos guiará para que sepamos cuándo y cómo responder a cada situación con su compasión.

Espíritu Santo, haz que mis ojos y mi corazón sean dirigidos por tu compasión mientras transcurre mi día. Cuando vea una necesidad y pueda ofrecer ayuda, que siga tu guía y me acerque a quienes están frente a mí. Amén.

Que tu reino venga pronto. Que se cumpla tu voluntad en la tierra como se cumple en el cielo.

10 de octubre

La provisión de comunión fraternal de Dios

Todos los creyentes se dedicaban a las enseñanzas de los apóstoles,
a la comunión fraternal, a participar juntos en las comidas
(entre ellas la Cena del Señor), y a la oración.
Hechos 2:42

Cada corazón tiene la necesidad y el deseo de comunidad. La Trinidad —Dios Padre, Dios Hijo y Dios Espíritu Santo— vive en comunidad. Sí, la Trinidad es un misterio, pero aun así, la humanidad ha sido creada a imagen de Dios y una de sus características es vivir en comunidad.

Mi esposa y yo nos hicimos cristianos en una pequeña iglesia en Louisville. El pastor y algunas personas nos invitaron a participar en comidas, al café y a reuniones de grupos. Cada ocasión era una oportunidad para ser testigo de diferentes dinámicas de la experiencia cristiana. Fue parte muy importante para nuestro crecimiento espiritual.

La Iglesia es el plan de Dios para que los suyos formen parte de una comunidad. En esta comunidad, recibimos apoyo mientras crecemos en nuestro amor por Cristo.

Dentro de la comunidad de la Iglesia, practicamos la devoción, el compromiso y la consagración a los principios y enseñanzas de la Palabra de Dios. También practicamos una profunda comunión centrada en Cristo y nos reunimos para orar unos por otros y por aquellos fuera de nuestra iglesia local. Estas son algunas de las maneras en que podemos apoyarnos y ayudarnos mutuamente mientras vamos por el mundo realizando la obra de Dios.

Padre, gracias por proporcionar genuina comunión fraternal para mi bienestar espiritual y el éxito continuo de tu misión y tu llamado. Que pueda participar sabiamente en este organismo santo, no faltando a sus reuniones y agradeciendo sus beneficios. Amén.

Danos hoy el alimento que necesitamos.

11 DE OCTUBRE

Perdonar lo impensable

Mientras lo apedreaban, Esteban oró: "Señor Jesús, recibe mi espíritu". Cayó de rodillas gritando: "¡Señor, no los culpes por este pecado!". Dicho eso, murió.
Hechos 7:59-60

Podemos perdonar a una persona que apresuradamente se nos adelanta en la caja del supermercado. Podemos perdonar declaraciones falsas y perjudiciales en contra de nuestro carácter. Podemos perdonar la crítica y el chisme. Podemos perdonar el robo, las palabras duras y el fuerte enojo. ¿Pero podemos perdonarlo todo?

Nos resulta difícil ofrecer el perdón cuando se cometen injusticias crueles y atroces en contra de personas inocentes. Hay consecuencias para aquellos que transgreden las leyes y para el corazón no arrepentido, pero cuando hay un arrepentimiento verdadero por parte del agresor, debemos perdonar.

Como cristianos, no tenemos la opción de no extender el perdón cuando hay arrepentimiento —sin importar la intensidad o la gravedad de la infracción. No pasamos por alto las injusticias, y no negamos el rescate a aquellos en peligro cuando tenemos la capacidad de hacerlo. Y debemos perdonar a los que pecan contra nosotros. No hay ninguna evidencia en la Biblia que indique que podemos negar el perdón por los pecados que consideramos deplorables e impensables cuando el agresor busca perdón. Ofrezcamos el perdón libremente a quienes se arrepientan, justo como Cristo nos lo ofreció a nosotros.

Padre, perdona mis pecados como perdono a otros que han pecado contra mí. Ayúdame a ser más como tú, abundante en misericordia y perdón, para que pueda mostrar mejor tu amor a todos. Amén.

PERDÓNANOS NUESTROS PECADOS, ASÍ COMO HEMOS PERDONADO A LOS QUE PECAN CONTRA NOSOTROS.

12 DE OCTUBRE

La clave de la vida

Hijo mío, escúchame y haz lo que te digo, y tendrás una buena y larga vida. Te enseñaré los caminos de la sabiduría y te guiaré por sendas rectas. Cuando camines, no te detendrán; cuando corras, no tropezarás. Aférrate a mis instrucciones; no las dejes ir. Cuídalas bien, porque son la clave de la vida.

Proverbios 4:10-13

Se nos alienta en Proverbios 4:5 a obtener sabiduría y desarrollar el buen juicio o entendimiento. Se nos dice que la sabiduría de Dios contiene una riqueza mucho mayor que el oro, la plata y las piedras preciosas de este mundo.

Luego, aquí en Proverbios 4:110-13, vemos que la sabiduría de Dios ofrece principios y directrices para guiarnos hacia sus caminos preferidos y acertados. Estos principios y pautas son aprobados, verdaderos, infalibles, y producen buen fruto para nosotros. Más importante aún, honran y glorifican a Dios.

Se ha escrito mucho sobre cómo encontrar las claves para una vida abundante, próspera y exitosa en el mundo. La sección de autoayuda en las librerías está llena de consejos sobre cómo ganar y tener éxito durante nuestro tiempo aquí en la Tierra. Sin embargo, la *verdadera* clave para la vida se encuentra en seguir la sabiduría del Señor. Todos los consejos fuera del liderazgo de Dios conducirán a la decepción al final. El tesoro más rico para el alma consiste en buscar y vivir la vida en Cristo.

Rezo por tu guía, Señor, y rezo para que me ayudes a seguir tu sabiduría y caminar por tus caminos rectos. Tu sabiduría y liderazgo son las claves para la vida. Amén.

No permitas que cedamos ante la tentación.

13 de octubre

Permanece fiel

Por lo tanto, mis amados hermanos, manténganse fieles al Señor. Los amo y anhelo verlos, mis queridos amigos, porque ustedes son mi alegría y la corona que recibo por mi trabajo.

Filipenses 4:1

La última defensa y escape en contra de la tentación y el mal permanecen fielmente fuertes mientras nos mantenemos al amparo de la obra redentora de nuestro Salvador y Redentor, Jesucristo. El autor de Hebreos nos exhorta con firmeza a fijar nuestra mirada en Jesús, el perfeccionador de nuestra fe (Hebreos 12:2), pues el Señor nunca dejará de proteger lo que compró con su propia vida.

Aquí en Filipenses 4:1, Pablo insta a sus amigos en Cristo a permanecer fieles al Señor. Cristo se mantendrá fiel como nuestro Salvador y Redentor, y a cambio, nosotros debemos esforzarnos por permanecer fieles como hijos e hijas de Dios.

La gracia de Dios nos transforma espiritualmente cuando nos arrepentimos y confesamos nuestra fe en Cristo, y nos pone en el lugar impenetrable de rescate y refugio de Dios. ¡Estas son, en efecto, las buenas nuevas del reino de Dios! No hay poder o plan que tenga la capacidad de separarnos de la protección del Señor. Permanezcamos verdaderamente fieles al Señor y a su obra en la cruz, y difundamos valerosamente las buenas nuevas del evangelio de Cristo sin temor para que todos puedan llegar a conocer su fidelidad.

Grande eres tú, Señor, para librarnos de las peores artimañas. Gracias por tu cuidado inquebrantable, tu protección divina y tu orientación impecable. Amén.

Rescátanos del maligno.

14 DE OCTUBRE

Dios de toda la creación

Dios, el Señor, creó los cielos y los extendió; creó la tierra y todo lo que hay en ella. Él es quien da aliento a cada uno y vida a todos los que caminan sobre la tierra.

Isaías 42:5

Una vez, cuando estaba en Nuevo México, tuve la oportunidad de ver a un pequeño grupo de antílopes echarse a correr repentinamente a través de una gran llanura cubierta de hierba. Siguieron su carrera a lo largo del amplio borde de un barranco y desaparecieron detrás de una colina. Todo esto con las Montañas Rocosas cubiertas de nieve como telón de fondo.

Casi siempre tengo un profundo aprecio por los momentos en la naturaleza, como el que experimenté en Nuevo México, que reflejan visualmente la vasta imaginación creativa y la majestuosidad de Dios. Sin embargo, las ardillas comunes en los árboles fuera del rincón donde escribo me resultan igualmente impresionantes. Estas pequeñas criaturas ágiles se desplazan rápidamente a través de las piedras y suben sin ningún esfuerzo por los troncos de los árboles. ¡Sus talentos me asombran!

Ninguno de estos momentos asombrosos de la naturaleza existiría si no fuera por el Dios creador de toda vida. Él imaginó la creación, le dio existencia con su palabra y la sostiene. Adorémosle por todos los momentos misteriosos, asombrosos, hermosos, inspiradores, naturales *y* sobrenaturales que ha creado.

Gracias, Dios de toda vida, por despertar en mí el sentido de apreciación por ti y tus habilidades ilimitadas para crear, sostener y dar vida. Digno eres tú, Señor, de recibir todas las alabanzas. Amén.

Tuyos son el reino y el poder y la gloria por siempre.

15 DE OCTUBRE

EL PAPEL QUE DESEMPEÑA LA PATERNIDAD

Miren con cuánto amor nos ama nuestro Padre que nos llama sus hijos, ¡y eso es lo que somos! Pero la gente de este mundo no reconoce que somos hijos de Dios, porque no lo conocen a él.
1 JUAN 3:1

Hace algunos años, varios amigos me ayudaron a comenzar un ministerio para ayudar a personas denominadas "niños en riesgo" por nuestra cultura. Ya sea que trabajemos para servir a niños en países desarrollados que tienen comodidades y acceso a agua limpia, o niños que viven en países en vías de desarrollo en aldeas carentes de sistemas de plomería modernos, noté que casi todos los niños comparten una necesidad común: la influencia de una paternidad positiva.

Los creyentes en Cristo tenemos la bendición de recibir la mejor experiencia de paternidad. Dios es nuestro Padre, y es el Padre de toda vida. Él es la fuente suprema de amor; su provisión y guía —en y a lo largo de la vida— son insuperables. Su consejo es perfecto, sus decisiones son perfectas y su sabiduría es perfecta. Siempre desea lo que es correcto, lo que es puro y lo que es mejor para todos los que están bajo su cuidado.

No hay padres terrenales perfectos; cada uno se equivocará en cierta medida, pero encontramos seguridad en la paternidad sanadora y redentora de Dios Padre, quien es perfecto en todos los sentidos.

Te alabo, mi Padre celestial. Amén.

PADRE NUESTRO QUE ESTÁS EN EL CIELO, QUE SEA SIEMPRE SANTO TU NOMBRE.

16 de octubre

Todos somos sembradores

Contó muchas historias en forma de parábola como la siguiente: "¡Escuchen! Un agricultor salió a sembrar. A medida que esparcía las semillas por el campo, algunas cayeron sobre el camino y los pájaros vinieron y se las comieron. Otras cayeron en tierra poco profunda con roca debajo de ella. Las semillas germinaron con rapidez porque la tierra era poco profunda; pero pronto las plantas se marchitaron bajo el calor del sol y, como no tenían raíces profundas, murieron. Otras semillas cayeron entre espinos, los cuales crecieron y ahogaron los brotes; pero otras semillas cayeron en tierra fértil, ¡y produjeron una cosecha que fue treinta, sesenta y hasta cien veces más numerosa de lo que se había sembrado! El que tenga oídos para oír, que escuche y entienda".

Mateo 13:3-9

Los sermones y los textos escritos sobre esta conocida parábola del sembrador son abundantes. Las enseñanzas sobre este pasaje a menudo se centran en los diversos resultados de la siembra, y es importante que entendamos esas variables. Sin embargo, el énfasis de este día no está en esos resultados, sino en entender que *todos* debemos sembrar esta semilla vivificante del reino de Dios.

La voluntad de Dios para nosotros es primero adorarle y luego sembrar la verdad de su reino entre las poblaciones del mundo. Cada nación, cada grupo étnico, cada comunidad y cada hogar necesita escuchar las buenas nuevas. Somos los sembradores de este mensaje.

Esta es la voluntad de Dios. Este es el mandato de nuestro Salvador Jesucristo.

Rey Jesús, que tu reino venga y se haga tu voluntad. Que las personas del mundo se conviertan en el pueblo de Cristo. Cuando vuelvas por nosotros, Señor, que estemos sembrando semillas y trabajando en los campos de la cosecha. Amén.

Que tu reino venga pronto. Que se cumpla tu voluntad en la tierra como se cumple en el cielo.

17 DE OCTUBRE

ESPERANZA PARA EL MUNDO

Y su nombre será la esperanza de todo el mundo.
MATEO 12:21

Si bien los médicos, terapeutas y consejeros son recursos legítimos que pueden ayudarnos con las dolencias de la mente, el cuerpo y el corazón, con el tiempo nuestro mundo ha minimizado y marginado la única fuente de esperanza verdadera: el Hijo de Dios, Jesucristo.

Él es la única esperanza confiable y duradera del mundo. Estamos agradecidos por las ciencias médicas y los avances para mejorar la condición humana, pero aun así son fuentes limitadas en sus capacidades ya que no pueden igualar el poder viviente de Dios. Dios es la esperanza para los desesperanzados, los fracasados, los débiles, los olvidados, los rechazados, los perseguidos y los marginados.

Para quienquiera que esté desesperanzado, y dondequiera que haya desesperanza, el nombre de Jesucristo es el camino de la esperanza. Él es la esperanza para el mundo. Para acceder a esta esperanza duradera, todo lo que tenemos que hacer es invocarlo. Él nunca falla.

Cuando me enfrento a la desesperanza, me recuerdas tu fidelidad y tu capacidad ilimitada para proporcionarme esperanza. En tu poder y amor, mis preocupaciones y miedos se disuelven. Gracias por tu bondad y provisión. Amén.

DANOS HOY EL ALIMENTO QUE NECESITAMOS.

18 de octubre

Evitar peligros

Cuídense unos a otros, para que ninguno de ustedes deje de recibir la gracia de Dios. Tengan cuidado de que no brote ninguna raíz venenosa de amargura, la cual los trastorne a ustedes y envenene a muchos.

Hebreos 12:15

El perdón es la ruta de escape de la oscuridad del cautiverio espiritual, mental y emocional. Quienes reciben el perdón de Dios pueden dar testimonio de su poder liberador para el corazón y el alma. Por medio del poder de Cristo, el perdón reemplaza nuestros miedos por valentía, cambia nuestra angustia por alegría, y transforma nuestra ira en paz.

La versión más rica del perdón es el perdón de Dios comprado con la sangre de su Hijo, Jesucristo. Su perdón reemplaza el odio y el desprecio por amor —y su amor cubre una multitud de pecados. El perdón es la esencia de Dios, y su deseo es que todos lo experimentemos.

Una vez leí un dicho de origen desconocido que dice que "la amargura es rencor fermentado".[23] La advertencia es estar alerta con respecto a la falta de perdón y sus efectos, porque no perdonar se convierte en una raíz de amargura, y la amargura es venenosa para quienes la albergan y para los demás. El antídoto para este veneno es perdonar.

Padre, gracias por perdonarme aunque no era digno de tu gracia y misericordia. Por favor, guarda mi corazón, y por la sabiduría y la fuerza de tu Espíritu Santo, que yo perdone a otros como tú me has perdonado. Amén.

Perdónanos nuestros pecados, así como hemos perdonado a los que pecan contra nosotros.

19 DE OCTUBRE

ÉL PUEDE SALVAR

Sadrac, Mesac y Abednego contestaron:
—Oh Nabucodonosor, no necesitamos defendernos delante de usted. Si nos arrojan al horno ardiente, el Dios a quien servimos es capaz de salvarnos. Él nos rescatará de su poder, su majestad; pero aunque no lo hiciera, deseamos dejar en claro ante usted que jamás serviremos a sus dioses ni rendiremos culto a la estatua de oro que usted ha levantado.
DANIEL 3:16-18

Frente a los intensos peligros y desafíos, Mesac y Abednego nos dieron un ejemplo y nos inspiraron con sus convicciones de compromiso, valor, fe y profunda confianza en Dios. Este pasaje nos recuerda que el Señor es capaz de librarnos de las intenciones más oscuras del maligno. Se nos anima a orar para ser librados del mal, y debemos hacerlo.

Sin embargo, las palabras de estos tres hombres, en su compromiso y fidelidad inquebrantable a Dios, son inquietantes para la mayoría de nosotros, ya que nos preguntamos si seríamos tan valientes como ellos en una situación similar. Ellos les dicen claramente a sus captores que Dios los rescatará. Especifican que el Señor tiene el poder de protegerlos y nada puede impedirle intervenir, pero incluso si no interviene, pase lo que pase, ellos solo servirán a Jehová Dios.

Que confiemos en la suficiencia de la gracia de Dios para cada situación que se presente, independientemente de su dificultad, y que exhibamos la misma fe y confianza a prueba de fuego en el Señor Dios y en su capacidad para rescatarnos, redimirnos y restaurarnos en toda circunstancia. Él realmente puede salvar.

Padre, por tu gracia y el poder de tu Espíritu Santo, haz que sea resoluto en mi fe para el honor de tu gloria y nombre, sin importar el costo. Amén.

NO PERMITAS QUE CEDAMOS ANTE LA TENTACIÓN.

20 de octubre

El claro liderazgo de Dios

Guiaste a nuestros antepasados mediante una columna de nube durante el día y una columna de fuego durante la noche para que pudieran encontrar el camino.
Nehemías 9:12

En este versículo, Nehemías reflexiona sobre la fidelidad de Dios en el pasado para guiar claramente a su pueblo mediante columnas de nube y fuego. Nehemías más tarde pasa de reflexionar sobre la fidelidad de Dios hacia Israel a pedir nuevamente la intervención de Dios en favor de su pueblo. Durante cuarenta años, el Señor guio a los israelitas con una columna de nubes durante la luz del día y una columna de fuego en la noche. ¿Por qué? Porque quería que supieran su voluntad, la dirección que quería que tomaran.

El Señor todavía lidera con claridad hoy día, aunque quizás no con columnas de nubes y fuego. Nos ha dado la guía inequívoca de su Espíritu Santo. Cuanto más tiempo pasamos tratando de aprender sobre sus atributos, sus modos de actuar y su voz, podemos reconocer más claramente cómo el Espíritu Santo nos guía.

Nuestro Dios siempre nos guiará hacia los lugares que cumplen su voluntad, y su voluntad es que lo amemos con todo nuestro corazón, alma, mente y fuerza. Su voluntad es que llevemos las buenas noticias de su gracia a todos los rincones del mundo. Su voluntad es que seamos desinteresados, que ayudemos y alentemos a los demás. Su voluntad es que valoremos las cosas eternas y no las cosas temporales de esta tierra. Su liderazgo es claro, y el Señor nos mostrará su camino.

Guíame, Señor, de cualquier manera que elijas. Amén.

Rescátanos del maligno.

21 DE OCTUBRE

Honra al Señor por medio de la alabanza

Honren al Señor por la gloria de su nombre; adoren al Señor en la magnificencia de su santidad.
Salmos 29:2

Me encantan los días de mucho viento, en que los árboles se doblegan a su voluntad. Estos días ventosos me recuerdan que toda la creación fue hecha por Dios y existe para su gran gloria. Él nos ha hecho para honrarlo llevando una vida de adoración, sometida a los vientos de su voluntad, su Espíritu.

Debemos estar siempre agradecidos por su obra de redención. En Cristo, somos alejados de nuestra condición de debilidad, fragilidad y muerte para convertirnos en robles de justicia, comisionados y comprometidos a honrar al Señor y glorificar su santo nombre.

El llamado más alto y el privilegio más profundo del cristianismo es la adoración de Dios. Adorar significa atribuir valor, por lo que la adoración de Dios es atribuirle el valor que le corresponde, porque solo el Señor es la fuente de santidad. Solo a través de Cristo experimentaremos santidad. Este versículo nos exhorta a atribuir nuestro valor a pertenecer únicamente a Dios y a mostrar nuestro agradecimiento en una adoración de todo corazón.

Que tu nombre sea alabado; ¡que tu nombre sea honrado! Te adoro, Señor, porque eres santo. Sí, te adoro y me inclino ante mi Rey, el Padre de la vida. Amén.

Tuyos son el reino y el poder y la gloria por siempre.

22 de octubre

Reúnanse para la adoración

Ellos serán mi pueblo, y yo seré su Dios. Les daré un solo corazón y un solo propósito: adorarme para siempre para su propio bien y el bien de todos sus descendientes.
Jeremías 32:38-39

La humanidad fue creada por Dios para glorificarlo y honrarlo en alabanza. El tesoro supremo en la historia humana no se encuentra en un poder global, una filosofía definitiva, o avances tecnológicos para el mejoramiento (o lo que se considera como mejoramiento) de la humanidad.

No, el tesoro supremo por descubrir es el amor de Dios por el mundo y la verdad de que amó tanto al mundo que envió a su Hijo, Jesucristo, para morir por nuestros pecados y reconciliarnos en una relación amorosa con nuestro Padre celestial. Esto es por lo que nos reunimos para adorar: para celebrar el tesoro supremo de la muerte y resurrección de Cristo, la máxima muestra del amor de Dios.

La más grande de las historias, la más pura de las verdades, la más santa de las motivaciones residen en el anhelo de Dios de poseer un pueblo cubierto por su amor y que lo alabe por siempre.

Padre de nuestro Señor Jesucristo, tu nombre es santo, tu nombre es sagrado, tu nombre es eternamente alabado. Gracias por el regalo de tu Hijo. Que pueda adorarte por siempre y para siempre por tu glorioso amor. Amén.

Padre nuestro que estás en el cielo, que sea siempre santo tu nombre.

23 de octubre

La perfecta voluntad de Dios

A partir de entonces, Jesús empezó a decir claramente a sus discípulos que era necesario que fuera a Jerusalén, y que sufriría muchas cosas terribles a manos de los ancianos, de los principales sacerdotes y de los maestros de la ley religiosa. Lo matarían, pero al tercer día resucitaría. Entonces Pedro lo llevó aparte y comenzó a reprenderlo por decir semejantes cosas.
—¡Dios nos libre, Señor! —dijo—. Eso jamás te sucederá a ti.
Jesús se dirigió a Pedro y le dijo:
—¡Aléjate de mí, Satanás! Representas una trampa peligrosa para mí. Ves las cosas solamente desde el punto de vista humano, no desde el punto de vista de Dios.
Mateo 16:21-23

Los principios del reino de Dios a menudo son, opuestos a los principios del mundo, y por lo tanto, son difíciles de aceptar y entender para aquellos que adoptan los valores del mundo. Por ejemplo, la Biblia dice que debemos dar nuestra vida para ganarla, y dar para recibir. Por supuesto, estos mandamientos parecen contradictorios.

Incluso para los creyentes, la voluntad de Dios a menudo parece irracional e ilógica. En el pasaje de hoy, el mismo Pedro pensó que el anuncio de Jesús de su crucifixión era impensable. De hecho, Pedro fue tan reacio a lo que acababa de escuchar que se apresuró a desafiar a Jesús. Pensó que estaba interviniendo para rescatar al Mesías de un destino cruel, pero la respuesta de Pedro no era la voluntad de Dios.

La voluntad de Dios a menudo parece irracional desde nuestro punto de vista, pero es perfecta.

Señor, oro para que venga tu reino y se haga tu voluntad. Ayúdame a ver tu camino, escuchar tu voz y obedecer tu voluntad en este día y en todo momento. Amén.

Que tu reino venga pronto. Que se cumpla tu voluntad en la tierra como se cumple en el cielo.

24 DE OCTUBRE

Todo lo que necesitas

Busquen el reino de Dios por encima de todo lo demás,
y él les dará todo lo que necesiten.
Lucas 12:31

Dios no promete cuidar a aquellos que le pertenecen y luego abandonarlos cuando se encuentren con dificultades al llevar a cabo su voluntad. Ese no es su carácter. No es necesario resolver un acertijo difícil ni una fórmula especial para recibir su provisión.

Él es un buen Padre y un Rey justo, así que si nos llama a realizar su voluntad, proveerá lo que necesitamos para completar la tarea. Junto a su generosidad y gracia está su deseo de enseñarnos los principios y modos de su reino, y debemos buscar el reino de Dios sobre todas las cosas. Al buscarle primero, Dios nos dará todo lo que necesitamos.

Quizás su provisión ya está ante nosotros, pero no es de nuestro agrado. Una vez observé a un pequeño pájaro comiendo de un comedero lleno de una variedad de semillas. El pájaro estaba tirando algunas semillas al suelo mientras parecía estar buscando una semilla en particular en la mixtura. No descartemos ninguna parte de la provisión del Señor, sino regocijémonos en toda ella, contentos con su bondad y fidelidad.

Eres un Padre generoso. Eres el Dios de lo posible. Mientras busco tu reino y tu voluntad sobre todas las demás cosas, me proporcionarás todo lo que necesito. No tengo por qué temer. Amén.

Danos hoy el alimento que necesitamos.

25 DE OCTUBRE

Elimina la falta de perdón

Si ustedes perdonan a este hombre, yo también lo perdono. Cuando yo perdono lo que necesita ser perdonado, lo hago con la autoridad de Cristo en beneficio de ustedes, para que Satanás no se aproveche de nosotros. Pues ya conocemos sus maquinaciones malignas.
2 Corintios 2:10-11

El maligno es experto en encubrir la falta de perdón en nuestras relaciones. Jesús nos dijo que perdonáramos a los demás tal y como nos perdonó. Sin embargo, con demasiada frecuencia, cuando el perdón se pronuncia, es acompañado con un pensamiento adicional: *los perdono, pero ya no confiaré en ellos.*

Aunque hay casos graves en los que con justa razón no podemos confiar más en un ofensor, debemos asegurarnos de que esto no sea un obstáculo para extender el perdón o evitar la amargura. Cuando un cáncer no se elimina por completo del cuerpo humano, las células cancerosas residuales se reproducirán para atacar de nuevo. Albergar la falta de perdón a cualquier nivel causará daño a nuestra salud espiritual.

En el pasaje de hoy, Pablo escribe que cuando los destinatarios de su carta perdonan a una persona, él también perdona a esa persona. De igual manera como se elimina completamente el cáncer del cuerpo, aquí el perdón ofrecido es completo e incluye múltiples relaciones "para que Satanás no se aproveche de nosotros". Esto incluye eliminar la falta de perdón del cuerpo eclesiástico. Eliminemos juntos la falta de perdón para derrotar a nuestro enemigo: el maligno que procura impedir la obra de Cristo en el mundo.

Examina mi corazón, Espíritu Santo, y revela cualquier falta de perdón. Luego lléname de tu fuerza y sabiduría para que pueda perdonar como tú perdonas. Amén.

Perdónanos nuestros pecados, así como hemos perdonado a los que pecan contra nosotros.

26 de octubre

Guíame

Enséñame cómo vivir, oh Señor. Guíame por el camino correcto,
porque mis enemigos me esperan.
Salmos 27:11

Cuando mi hijo mayor estaba en sexto grado, su escuela patrocinó un evento llamado *Campamento de padre e hijo.* Desafortunadamente, yo ya tenía programado estar fuera de la ciudad y no pude acompañarlo, pero uno de los padres invitó amablemente a mi hijo a unirse a él y a su hijo.

Una vez que llegaron al área de acampada, mi hijo y dos de sus amigos preguntaron si podían ir a dar una breve caminata antes del almuerzo. Se marcharon, pero no regresaron para el almuerzo y aún no se sabía nada de ellos. Con la caída de la noche aproximándose, y sin que pudieran localizarlos, el grupo comenzó a preocuparse. Dos grupos se alistaron para comenzar la búsqueda. Finalmente, al anochecer, los chicos llegaron al campamento contando cómo se habían perdido en el bosque.

Los chicos comenzaron a explorar más allá de los caminos familiares, se desorientaron y no pudieron encontrar el camino de regreso hasta mucho después. Esta historia terminó bien y sin incidentes, excepto por unas pocas horas de inquietud por parte de los preocupados padres.

Podemos ser tentados fácilmente a desviarnos del camino que Dios nos ha proporcionado. Nos llega la curiosidad, y olvidamos que por algo hay señales en los caminos. Pero afortunadamente, no solo el Señor nos muestra el camino, sino que nos guía a lo largo de él si sabiamente lo seguimos.

Señor, guíame por tus caminos y enséñame tus verdades.
Guíame lejos de las cosas que me tientan y me distraen
de tus planes fructíferos, buenos y justos. Amén.

No permitas que cedamos ante la tentación.

27 de octubre

El rescate supremo

Jesús entregó su vida por nuestros pecados para rescatarnos de este mundo de maldad en el que vivimos. ¡A Dios sea toda la gloria por siempre y para siempre! Amén.
Gálatas 1:4-5

La palabra *derrotar* significa "superar en batalla y subyugar completamente". Esta palabra describe muy bien y de manera precisa la victoriosa batalla de Cristo en nuestro favor. Su crucifixión, muerte y resurrección expusieron y cancelaron la estrategia del enemigo para la destrucción de la humanidad. En otras palabras, la victoria de Cristo venció el plan del maligno para destruirnos.

El resultado de la obra redentora de Cristo no fue una victoria parcial, no solo un aplazamiento temporal de la ejecución, no una batalla ganada dentro de una guerra, sino una victoria completa. Cada puerta de cada prisionero ha sido abierta, desprendida de la celda, y los guardias han salido huyendo.

Cada persona en la humanidad puede parecer que ha sido conquistada por el plan del maligno, pero solo es necesario decir sí a la oferta de vida nueva de Cristo para ver cómo Dios derrota los efectos de la estrategia de Satanás contra nosotros.

A través del poder de la cruz, somos rescatados del mal y liberados para seguir el destino y la aventura divina que ha planeado para nosotros el Padre celestial.

Gracias, Señor Jesús, por tu amor y el don gratuito de la gracia. Gracias por tu sacrificio de amor. Gracias por la victoria redentora para el corazón y las almas de todos los que se arrepienten de sus pecados y te reciben como Salvador y Señor. Gracias por eliminar el miedo a la muerte y al mal y por proporcionar vida plena por siempre. Amén.

Rescátanos del maligno.

28 DE OCTUBRE

GLORIA FUTURA

Entonces volví a oír algo que parecía el grito de una inmensa multitud o el rugido de enormes olas del mar o el estruendo de un potente trueno, que decían: "¡Alabado sea el Señor! Pues el Señor nuestro Dios, el Todopoderoso, reina. Alegrémonos y llenémonos de gozo y démosle honor a él, porque el tiempo ha llegado para la boda del Cordero, y su novia se ha preparado. A ella se le ha concedido vestirse del lino blanco y puro de la más alta calidad". Pues el lino de la más alta calidad representa las buenas acciones del pueblo santo de Dios.

APOCALIPSIS 19:6-8

Esta vida es un vapor, un breve momento en el tiempo. Una flor brota brevemente y se abre para ser vista, luego desaparece repentinamente. Los calendarios demasiado llenos y las preocupaciones diarias hacen que incluso las personas redimidas de Dios olviden la brevedad de esta experiencia terrenal.

El nuestro es un destino moldeado por la belleza creativa de nuestro santo Dios. Somos creados y ungidos para su honor, gloria y adoración. Debemos glorificarlo con todo nuestro ser.

En el pasaje de hoy, Juan vislumbra lo eterno y describe, de la mejor manera posible, esta futura reunión que espera a los hijos e hijas de Dios. Cuando este evento suceda, marcará el comienzo sin fin de la adoración eterna de Cristo.

Padre, tú gobiernas y reinas con toda autoridad y dominio eterno. Tuyo es el reino, el poder y la gloria por siempre y para siempre. Santo es tu nombre. Amén.

TUYOS SON EL REINO Y EL PODER Y LA GLORIA POR SIEMPRE.

29 DE OCTUBRE

Singularmente Dios

¡Nadie es santo como el Señor! Aparte de ti, no hay nadie;
no hay Roca como nuestro Dios.
1 Samuel 2:2

Puro. Completo. Perfecto. Sagrado. Divino. Hermoso. Consagrado. Impecable. Santo. Recto. Justo.

¿Qué palabra, frase u oración humana, sin importar cuán cuidadosamente elaborada y escrita, podría describir adecuadamente a Dios Yahvé? La naturaleza, el carácter y la persona de Dios son en última instancia indefinibles por medio de esfuerzos y recursos humanos. Hay muestras visibles de su presencia en la creación, aprendemos de su carácter y sus promesas en su Palabra, y vemos su amor en la vida, muerte y resurrección de Cristo, pero aún así es indescriptible.

Él es Dios, y no hay nadie como Él. Nadie es santo como el Señor. Él es singularmente Dios. No hay Roca como Él —y con agradecimiento, honor y alabanza, podemos llamarlo nuestro Padre.

Asombroso en poder y en sabiduría eres tú, Padre Dios. Estoy quieto ante ti mientras me siento aquí maravillado por tu bondad, oh, Dios. Gracias por invitarme a tener una relación contigo como tu hijo. Amén.

Padre nuestro que estás en el cielo, que sea siempre santo tu nombre.

30 DE OCTUBRE

VISIÓN VERDADERA

Por lo tanto, rey Agripa, obedecí esa visión del cielo. Primero les prediqué a los de Damasco, luego en Jerusalén y por toda Judea, y también a los gentiles: que todos tienen que arrepentirse de sus pecados y volver a Dios, y demostrar que han cambiado, por medio de las cosas buenas que hacen.

HECHOS 26:19-20

Optasia es la palabra griega para la palabra *visión.* La palabra *optasia* se encuentra cuatro veces en el Nuevo Testamento (Lucas 1:22, 24:23; Hechos 26:19; y 2 Corintios 12:1) y literalmente significa "el acto de ver cosas que están saliendo a la luz".[24]

La voluntad del Señor es la verdadera visión de todo creyente genuino en Cristo. Lo vemos como la sustancia de la vida, el facilitador de la vida y el propósito de la vida. Como hijos e hijas de Dios, lo vemos como el centro de todas las cosas —no a nosotros mismos. Vemos a Dios como el Creador de los humanos y, después de la caída de la humanidad, lo vemos como el Redentor de la humanidad, el que nos restauró a nuestro destino previsto.

Su visión para nosotros es que no veamos ninguna otra visión además de esta y declarar las buenas nuevas de su reino. Su visión consiste en nosotros, sus hijos, obrando en su misión.

Llena todo mi corazón, alma, mente y fuerza con la visión de ti, tu reino y tu propósito, Señor. Amén.

QUE TU REINO VENGA PRONTO. QUE SE CUMPLA TU VOLUNTAD EN LA TIERRA COMO SE CUMPLE EN EL CIELO.

31 DE OCTUBRE

Recordar la fidelidad de Dios

Vengan y escuchen, todos ustedes que temen a Dios,
y les contaré lo que hizo por mí.
Salmos 66:16

En un momento determinado de mi vida, yo estaba preocupado por la provisión futura en medio de una gran transición. Mientras oraba con respecto a esta preocupación una mañana, tuve la impresión de que el Señor me estaba haciendo la siguiente pregunta: *¿Cuándo no he provisto para ti y tu familia durante las últimas cuatro décadas?* ¡Nunca ha dejado de hacerlo!

Cuando reflexioné sobre el pasado, el Señor rápidamente restauró mi fe en su propia fidelidad. Es cierto, nunca ha dejado de proporcionarme lo que necesito para cumplir lo que me pide.

Las transiciones de vida —ya sean causadas por trabajos, reubicaciones geográficas, desafíos familiares o cambios políticos nacionales e internacionales— pueden causar preocupación e incluso sobresalto por nuestra provisión y seguridad futuras. Para el creyente, reflexionar sobre la provisión de Dios en el pasado traerá aliento y confianza en su provisión futura. Recordar la fidelidad de Dios trae esperanza, especialmente si recordamos y comprendemos que el objetivo último del Señor para nosotros es la eternidad en su presencia —y Él logró eso por nosotros en la cruz.

Gracias, Señor, por tu provisión pasada y presente. Proporcióname hoy lo que necesito para hacer tu voluntad y ayúdame a confiar plenamente en ti. Amén.

Danos hoy el alimento que necesitamos.

1 DE NOVIEMBRE

¿QUÉ DEBEMOS HACER?

Las palabras de Pedro traspasaron el corazón de ellos,
quienes le dijeron a él y a los demás apóstoles:
—Hermanos, ¿qué debemos hacer?
Pedro contestó:
—Cada uno de ustedes debe arrepentirse de sus pecados y volver a Dios, y ser bautizado en el nombre de Jesucristo para el perdón de sus pecados. Entonces recibirán el regalo del Espíritu Santo. Esta promesa es para ustedes, para sus hijos y para los que están lejos, es decir, para todos los que han sido llamados por el Señor nuestro Dios.
Entonces Pedro siguió predicando por largo rato, y les rogaba con insistencia a todos sus oyentes: "¡Sálvense de esta generación perversa!".
HECHOS 2:37-40

Hace muchos años, estaba compartiendo la historia de Cristo con un hombre de unos treinta años. Estábamos sentados en lados opuestos de una mesa de picnic, en un parque de la ciudad. Escuchó muy atentamente, interpuso algunas preguntas y, luego, compartió su historia de conflictos internos, drogadicción, disfunción familiar y desesperanza. Al concluir preguntó si acaso Dios podría perdonarlo, y de ser así, ¿cómo?

Dios ha despejado el camino del perdón para todos. Su propósito desde la creación de la humanidad ha sido tener comunión, amistad y compañerismo profundos y genuinos con nosotros.

Por lo tanto, sí, el joven en la mesa del parque es bienvenido al perdón y la libertad del Señor cuando entrega su vida a Cristo. Y es lo mismo para ti y para mí.

Padre, gracias por tu regalo más grato y hermoso de gracia, amor y misericordia. Tu gran amor fue el catalizador del rescate de la humanidad a través del acto redentor de tu Hijo, Jesucristo. Amén.

PERDÓNANOS NUESTROS PECADOS, ASÍ COMO HEMOS PERDONADO A LOS QUE PECAN CONTRA NOSOTROS.

2 de noviembre

Él todavía nos habla

Vengan, adoremos e inclinémonos.
Arrodillémonos delante del Señor, nuestro creador,
porque Él es nuestro Dios.
Somos el pueblo que él vigila,
el rebaño a su cuidado.
¡Si tan solo escucharan hoy su voz!
Salmos 95:6-7

En la oscuridad de una fresca mañana de otoño, escuché el sonido inconfundible de un pequeño grupo de gansos que se acercaba y luego pasaba muy cerca en lo alto. Ya que he pasado mucho tiempo al aire libre a lo largo de los años, he aprendido a identificar a muchas aves por el sonido de su canto o su voz. Cualquiera puede aprender; el único requisito es darse tiempo para escuchar.

El Señor también tiene características inconfundibles y fácilmente identificables en su voz. Muchos experimentan y expresan dificultades para escuchar la dirección de Dios en la vida, y yo mismo he luchado con esto en el pasado —y aún me pasa en ocasiones. Cuando tengo dificultades para escuchar al Señor, generalmente descubro que o bien no me he tomado el tiempo para escucharlo, o aún no es el momento para el próximo paso.

Nuestro Padre no priva a sus hijos del sonido de su voz. Él les habla a quienes están dispuestos a escuchar. Su voz se escucha a medida que dedicamos tiempo a leer la Biblia, orar y escuchar con un corazón abierto y dispuesto. Él todavía nos habla.

Señor, no has silenciado tu voz. Nunca has dejado de revelar tus intenciones. Tu voz me guía y me dirige para que pueda seguirte de todo corazón. Espíritu Santo, ayúdame a discernir la voz de mi Padre celestial de todas las demás voces mientras aprendo a escuchar plenamente. Amén.

No permitas que cedamos ante la tentación.

3 de noviembre

Incalculables lúmenes

Oh Señor, tú eres mi lámpara; el Señor ilumina mi oscuridad.
2 Samuel 22:29

El Diccionario de la Lengua Española define *lumen* como "Unidad de flujo luminoso del sistema internacional, que equivale al flujo luminoso emitido por una fuente puntual uniforme situada en el vértice de un ángulo sólido de 1 estereorradián y cuya intensidad es 1 candela".[25] Aunque suena complicado, simplemente un lumen es una de las formas en que medimos la luz.

Mi caminata matutina hasta el Rincón —el lugar donde leo, oro y estudio— está a solo unos treinta pasos de la casa; sin embargo, he encontrado muchos tipos diferentes de criaturas, tanto mamíferos como reptiles, en este corto paseo antes del amanecer, por lo que la luz es útil por razones de seguridad. En el pasado, cuando no me he podido servir de la luz de la luna para guiarme en la oscuridad, he usado una tenue linterna de bolsillo con unos cuantos lúmenes. Después compré una pequeña, pero muy brillante linterna de trescientos cincuenta lúmenes. La diferencia es increíble.

Aunque aquí en la Tierra usamos los lúmenes como un indicador para la intensidad de la luz, la capacidad de Dios para traer luz a las situaciones más oscuras no puede ser calculada o medida. Su luz espiritual es brillante y deslumbrante y elimina el poder de la oscuridad. Todas las cosas en nuestro camino que están listas para atacar y cuyo propósito es causarnos daño son expuestas por la gloriosa luz del Señor.

Luz de Dios, inunda cada situación oscura con tu brillo iluminador. Amén.

Rescátanos del maligno.

4 de noviembre

Por siempre glorioso

¡Toda la gloria, la majestad, el poder y la autoridad le pertenecen a él desde antes de todos los tiempos, en el presente y por toda la eternidad! Amén.
Judas 25

Estas dos poderosas frases estallan la verdad de todos los tiempos por todo nuestro entorno terrenal, declarando a nuestro Salvador Jesucristo como el Gobernante y Redentor supremo. Él es la máxima autoridad sobre todas las cosas existentes. Él es el único Dios.

Gracias a la obra de Cristo, somos capaces de conocer a Dios íntimamente y entrar en su presencia. Esta es una verdad asombrosa y capaz de cambiar el mundo. El Rey de reyes y Señor de señores, quien posee toda gloria, majestuosidad, poder y autoridad, nos da la bienvenida no solo a su reino, sino también a su *familia* a través de la sangre de Cristo Jesús. Esto debería ser un motivo de alabanza y celebración para todo cristiano —y no solo los domingos.

Este es nuestro Dios, que es perfecto en todos los sentidos. Este es nuestro Dios, que es majestuoso desde el pasado hasta el futuro. Él es eternamente glorioso. Toda la gloria a su nombre, toda la gloria a su reino, ¡toda la gloria, toda la gloria al Señor por siempre!

¡Te adoro, Señor, con cada aliento y cada momento que tengo! Amén.

Tuyos son el reino y el poder y la gloria por siempre.

5 de noviembre

Adopción espiritual

Ora de la siguiente manera: Padre nuestro que estás en el cielo, que sea siempre santo tu nombre.
Mateo 6:9

De los siete temas encontrados en el padrenuestro, este es seguramente el más generoso. Aquí, Cristo mismo define nuestra relación con el Altísimo como la de un hijo amado, y nos dirige a tratar al Señor con el más dulce e íntimo de sus nombres: *Padre*.

Como cristianos, valoramos la paz y la seguridad encontradas en la verdad de que ya no somos huérfanos, indigentes o marginados que mendigan y se defienden por sí mismos en este mundo oscuro. En cambio, a través de la obra de Cristo, el creyente en Jesús es un hijo o hija adoptado de Dios Padre. Él es siempre fuerte, siempre sabio, y siempre competente en todos los aspectos y en todas las cosas —y tiene en su mano planes perfectos para todos sus hijos adoptivos, a quienes también considera sus herederos.

Charles Spurgeon escribió lo siguiente sobre las palabras de apertura del padrenuestro: "Esta oración comienza donde toda verdadera oración debe comenzar, con el espíritu de adopción, 'Padre nuestro'. No hay oración aceptable hasta que podamos decir, 'Me levantaré e iré a mi Padre'".[26] Él es nuestro Padre y nosotros somos sus hijos, una verdad que debe ser atesorada por toda la eternidad.

Padre Celestial, gracias por tu amor, misericordia, y adopción a través del sacrificio redentor de Cristo. Gracias porque ya no soy un huérfano. Eres mi Padre, perfecto en tu proceder, y me has colocado en tu familia para permanecer allí para siempre. Amén.

Padre nuestro que estás en el cielo, que sea siempre santo tu nombre.

6 de noviembre

La casa del alfarero

El Señor le dio otro mensaje a Jeremías:
"Baja al taller del alfarero y allí te hablaré".
Jeremías 18:1-2

Imagina a un alfarero, un maestro artesano, enfocado en un gran pedazo de arcilla sin forma mientras gira en el torno. La arcilla no tiene voluntad propia ni voz en el proceso de moldeo, está completamente a merced del maestro artesano.

Antes de que siquiera aplique la primera presión a la arcilla, el alfarero ve el recipiente terminado y su propósito previsto. Cuidadosamente elimina el material excedente, no deseado e innecesario, que no tiene cabida en el diseño final. Continúa dándole forma y moldeando la arcilla a la imagen de su elección, trabajando diligentemente hasta que el recipiente haya sido terminado.

Dios es el alfarero; nosotros somos su arcilla (Isaías 64:8). Él nos moldea para sus propósitos y sus planes. Nos forma a la imagen que mejor se adapta a sus intenciones y deseos. Sin embargo, nos ha dado el regalo del libre albedrío. Es nuestra elección rendirnos al alfarero y a su proceso de formar vasijas que honren y glorifiquen su nombre.

Moldéame, fórmame y úsame para tu gloria, Señor.
Hágase tu voluntad. Amén.

Que tu reino venga pronto. Que se cumpla tu voluntad en la tierra como se cumple en el cielo.

7 DE NOVIEMBRE

Maná

Y los israelitas comieron maná durante cuarenta años, hasta que llegaron a la tierra donde se establecerían. Comieron maná hasta que llegaron a la frontera de la tierra de Canaán.
Éxodo 16:35

Dios proveyó milagrosamente al pueblo de Israel mientras viajaban durante cuarenta años a través del desierto. No hubo largos periodos para detenerse y asentarse, arar campos, sembrar semillas y cosechar cultivos. No hubo visitas a ciudades o pueblos establecidos abundantes en confortables alojamientos, establecimientos para comer u organismos de socorro. No hubo caravanas de asistencia alimentaria de otras naciones.

En los cuarenta años que los israelitas pasaron vagando de un lugar desolado a otro, ¿qué o quién fue su fuente y sustento? El Anciano de los Días, Yahvé. Ni una sola vez falló en proveer para ellos. Con cada nuevo día, el Señor proporcionaba exactamente lo que necesitaban para continuar su viaje.

Dios sigue siendo el proveedor y cumplidor de promesas para aquellos que voluntariamente lo siguen en el camino que elige para ellos. Él todavía provee sobrenaturalmente para nuestras necesidades. Él sigue siendo, y siempre será, Jehová Jireh, el Señor nuestro proveedor.

Gracias, Señor, por mi pan de cada día. Gracias por proveerme todo lo que necesito para continuar haciendo tu voluntad en esta vida. Ayúdame a confiar en que las necesidades de cada día serán cubiertas por tu provisión. Amén.

Danos hoy el alimento que necesitamos.

8 de noviembre

Una oración

Una oración ofrecida con fe sanará al enfermo, y el Señor hará que se recupere; y si ha cometido pecados, será perdonado.
Santiago 5:15

El peso del pecado es más pesado de lo que el corazón puede soportar. La culpa y la condena que produce el pecado aplasta el alma y sofoca la vida, y nuestros intentos de ocultar e ignorar el pecado finalmente llevarán a la muerte eterna.

Sin embargo, el pecado no es una prisión ineludible; es una caverna de oscuridad en la que el maligno usa la insensatez, el miedo y el engaño para mantener a sus víctimas cautivas, confundidas, desesperanzadas y aterrorizadas.

En el pasaje de hoy, se nos recuerda que una oración puede librarnos de la muerte y la oscuridad. Una oración proporciona la vía de escape. Una oración proporciona una vida de libertad. Dios dio a su Hijo como la propiciación por nuestro pecado, y cuando nos arrepentimos y buscamos el perdón del Señor, Jesús reconcilia totalmente cualquier responsabilidad incurrida por nuestro pecado. Y este regalo está disponible para todos.

Por tu abundante gracia, la oración de confesión y arrepentimiento ha liberado tu misericordia amorosa, ha extendido tu generoso perdón y ha hecho tu libertad disponible en mi vida. Gracias, Señor Jesucristo, por liberarme. Amén.

Perdónanos nuestros pecados, así como hemos perdonado a los que pecan contra nosotros.

9 DE NOVIEMBRE

UNA CUESTIÓN DE CONFIANZA

El Señor dirige nuestros pasos, entonces,
¿por qué tratar de entender todo lo que pasa?
PROVERBIOS 20:24

En nuestras vidas, nos enfrentaremos a la frase "si quieres". Aunque esta frase a menudo parece inocente, hay ocasiones en que se usa con malas motivaciones. Los fariseos y los escribas la utilizaron para desafiar a Jesús en su ministerio cuando decían cosas como: "Si quieres mostrarnos una señal", "Si quieres hacer un milagro", y "Si puedes responder a esta pregunta". Esta breve frase puede desalentar al corazón espiritualmente aventurero. Aunque la pregunta puede parecer razonable al principio, puede ocultar otras intenciones.

Por ejemplo, "Te seguiré, si primero me permites ocuparme de mis asuntos personales", o "Te seguiré, si primero provees los recursos". Estos no son enunciados expresados desde una postura de confianza y fe; suenan como resoluciones definitivas.

A menudo, el uso de esta frase proviene del miedo al cambio, a la incomodidad, a la falta de control, o porque la voluntad del Señor está fuera de los límites de la razón natural. ¿Qué hubiera pasado si Abraham, cuando Dios le pidió que dejara la tierra de sus padres, hubiera dicho: "Iré si provees todas mis necesidades antes de que me vaya"? ¿Y si David, al saber que sería rey de Israel, hubiera dicho: "Si prometes que no habrá desafíos por parte de Saúl, lo haré"?

Seguir los pasos del Señor y experimentar la belleza de su voluntad es una cuestión de confianza. Cuando lo seguimos de todo corazón, comprobaremos que Dios nunca falla.

Señor, oro para que mi confianza esté en ti hoy mientras me guías, incluso en las cosas que no veo y no entiendo. Amén.

NO PERMITAS QUE CEDAMOS ANTE LA TENTACIÓN.

10 DE NOVIEMBRE

RESCATADOS MUCHAS VECES

No obstante, apenas tenían paz, volvían a cometer maldades ante tus ojos, y una vez más permitiste que sus enemigos los conquistaran. Sin embargo, cada vez que tu pueblo volvía y nuevamente clamaba a ti por ayuda, desde el cielo tú lo escuchabas una vez más. En tu maravillosa misericordia, los rescataste muchas veces.

NEHEMÍAS 9:28

El Antiguo Testamento contiene repetidos ejemplos de cómo el pueblo de Dios clama por su ayuda. Sus problemas eran a menudo causados por sus propias malas decisiones, que los conducían al mal, la tiranía y la opresión. Sin embargo, cuando el pueblo de Dios se encontraba en circunstancias difíciles causadas por su propia desobediencia, la disposición y capacidad de Dios para extenderles misericordia y liberación nunca acababan.

Su bondadosa misericordia va más allá de nuestra capacidad de comprensión, y una y otra vez, nos la extiende. Para aquellos que necesitan de su misericordia, Dios claramente manda que fijen sus ojos y sus corazones resueltamente en Él y que no vuelvan a sus malos hábitos.

Esforcémonos por ser obedientes a su Palabra y a su llamado, y agradezcamos que —incluso cuando nosotros le fallamos y aun cuando somos infieles— Dios *nunca* falla y *siempre* es fiel. ¡Alabado sea el Señor en las alturas, porque nos ha rescatado muchas veces!

Gracias, Padre, por tu rescate del maligno. Gracias por tu continua liberación y tu misericordia que es nueva cada mañana. A través de tu maravillosa misericordia y gracia, dame la convicción de querer cumplir tus deseos y tu voluntad con todo mi ser. Amén.

RESCÁTANOS DEL MALIGNO.

11 DE NOVIEMBRE

MERECEDOR DE TODO HONOR

Oh Señor, honraré y alabaré tu nombre, porque tú eres mi Dios. ¡Tú haces cosas maravillosas! Las planeaste hace mucho tiempo, y ahora las has realizado.
ISAÍAS 25:1

Honrar a alguien es mostrar respeto, agradecimiento y valor sincero hacia ellos. Entendemos de la Biblia que solo Dios debe ser adorado y ninguna otra persona, lugar o cosa es digna de adoración fuera del Señor. Toda vida, todas las cosas, sin la menor excepción, existen por Él y para Él.

El Señor merece todo honor y alabanza por todas las maravillosas cosas que ha hecho, las cosas que ha planeado hace mucho tiempo y ha logrado, y por todas las maravillosas cosas por venir. Solo Dios es digno de nuestra mayor gratitud. Solo Dios es digno de nuestro más profundo respeto. Solo Dios es digno de ser apreciado como valioso tesoro.

La palabra *honor* encuentra su propósito supremo en referencia a honrar a Dios en su infinito valor. Solo… —Padre, Hijo y Espíritu Santo— es digno del más alto puesto de honor.

Señor, parece que nunca puedo encontrar suficientes palabras para expresar completamente el asombro y la maravilla que siento en mi corazón por ti. Tu magnificencia es mayor que mi habilidad para sentir que te he valorado adecuadamente con la adoración y el honor que mereces. Sin embargo, este siervo agradecido viene humildemente esta mañana a honrarte. ¡Alabo tu nombre! Tú solo eres mi Dios. Amén.

TUYOS SON EL REINO Y EL PODER Y LA GLORIA POR SIEMPRE.

12 DE NOVIEMBRE

UN PADRE TIERNO Y COMPASIVO

El Señor es como un padre con sus hijos, tierno y compasivo con los que le temen.
SALMOS 103:13

Hay un padre que entiende cada momento de soledad que hemos experimentado. Hay un padre que ha visto nuestros fracasos y aún nos ama, un padre que nos alienta con palabras perfectas de consuelo y guía. Hay un padre que es consciente de las injusticias y rechazos que se nos han impuesto y de las heridas que llevamos como resultado. Este padre es consciente de las inseguridades y cicatrices emocionales que oprimen nuestros espíritus, y entiende los delicados e intrincados compartimientos de nuestros corazones. Él sabe cuando estamos asustados y confundidos, y nos da consuelo.

Dios, nuestro Padre celestial, nunca llega tarde cuando nos dice que estará ahí a cierta hora. Siempre cumple sus promesas. El Señor tiene un camino para nuestras vidas, nos alienta a seguirlo y se asegura de que lleguemos hasta el final.

Nuestra relación con nuestro Padre celestial es muy diferente a nuestra relación con nuestro padre terrenal, porque nuestro Padre celestial es perfecto en todo su proceder. Él es el dador de verdadera misericordia, verdad y paz. Es fiel, se hace presente y es amoroso siempre. Siempre es tierno y compasivo. Tenemos el honor y el privilegio absoluto de llamarlo nuestro Padre.

Padre celestial, eres maravilloso en todas tus maneras de proceder. Cuando pienso en ti como padre en tu carácter perfecto, cuidándome más de lo que ciertamente merezco y más de lo que jamás sabré o imaginaré en esta tierra, mi agradecimiento va más allá de lo que las palabras pueden expresar. Amén.

PADRE NUESTRO QUE ESTÁS EN EL CIELO, QUE SEA SIEMPRE SANTO TU NOMBRE.

13 DE NOVIEMBRE

LLA GLORIA VENIDERA

Entonces verán al Hijo del Hombre venir en las nubes con gran poder y gloria. Y él enviará a sus ángeles para que reúnan a los elegidos de todas partes del mundo, desde los extremos más lejanos de la tierra y del cielo.
MARCOS 13:26-27

Con todos los eventos históricos ocurriendo en el planeta y el increíble progreso de la tecnología, no debemos olvidar el evento más supremo y glorioso que se acerca: la segunda venida de Cristo. Aunque nadie puede predecir cuándo o dónde sucederá, este momento avanzará con una precisión inalterada y llegará del modo más oportuno. Los redimidos esperan este evento con gran expectativa y anticipación —y los cielos también.

Hay un tiempo señalado en el que Cristo vendrá a reunir a todos los suyos. Muchos creen que esto es un anticuado relato para los ignorantes e ingenuos. Pero no debemos equivocarnos: el día se acerca y, para el cristiano, este será esplendoroso.

El reino de Dios está aquí con nosotros, pero también está por llegar en su mayor gloria, porque el reino comenzó a desplegarse desde la primera venida de Cristo a la Tierra. Pero también llegará gloriosamente en su segunda venida. No nos dejemos engañar, Cristo regresará en toda su gloria para la culminación de las edades. Estemos allí con la vestidura apropiada: el manto de justicia de Cristo.

Señor, que tu reino venga pronto, y que yo esté listo para ese momento. Vísteme con tu justicia. Amén.

QUE TU REINO VENGA PRONTO. QUE SE CUMPLA TU VOLUNTAD EN LA TIERRA COMO SE CUMPLE EN EL CIELO.

14 DE NOVIEMBRE

Los pasos de los buenos

Por lo tanto, sigue los pasos de los buenos y permanece en los caminos de los justos.
Proverbios 2:20

Aunque Cristo es el ejemplo definitivo que debemos seguir para cumplir exitosamente su voluntad, el Señor también nos proporciona excelentes ejemplos de hombres y mujeres cristianos que nos han precedido y han vivido en honor a Cristo. Además de los ejemplos del pasado y la orientación presente del Espíritu Santo, debemos seguir a aquellos que en la actualidad obran con integridad y viven con el objetivo supremo de honrar al Señor.

El apóstol Pablo, al escribir a la iglesia de Corinto, alentó a sus hermanos y hermanas en Cristo a imitarlo a él como él imitaba a Cristo (1 Corintios 11:1). ¿Estás viviendo tu vida de tal manera que los otros puedan ver tu diligencia para vivir como Cristo, y puedan imitarte y hacer lo mismo? Dicho de otra forma, sígueme como yo sigo a Jesús.

Cristo es el Hijo de Dios y la imagen definitiva sobre la cual somos formados para la gloria de Dios Padre. Adquiere un conocimiento de la naturaleza y el carácter de Cristo a través de las páginas de la Biblia, identifica a hombres y mujeres —tanto del pasado como del presente— que están dedicados a Jesús y a sus causas, y síguelos a medida que siguen a Dios. Sigamos todos el camino de los buenos.

Gracias, Señor, por aquellos que son discípulos fieles de Jesús, y gracias por esos mentores piadosos que me has dado para guiarme en una vida que te glorifique y honre. Amén.

Danos hoy el alimento que necesitamos.

15 de noviembre

Por amor

Pero Dios es tan rico en misericordia y nos amó tanto que, a pesar de que estábamos muertos por causa de nuestros pecados, nos dio vida cuando levantó a Cristo de los muertos. (¡Es solo por la gracia de Dios que ustedes han sido salvados!). Pues nos levantó de los muertos junto con Cristo y nos sentó con él en los lugares celestiales, porque estamos unidos a Cristo Jesús. De modo que, en los tiempos futuros, Dios puede ponernos como ejemplos de la increíble riqueza de la gracia y la bondad que nos tuvo, como se ve en todo lo que ha hecho por nosotros, que estamos unidos a Cristo Jesús.

Efesios 2:4-7

Por un gran amor —cuya profundidad nunca entenderemos completamente durante nuestros días en esta tierra— nos ha sido perdonada la deuda de nuestro pecado. Este pecado, si hubiera permanecido inalterado, desatendido y sin reconciliación, nos hubiera costado la vida eterna.

El Dios de toda la creación se conmovió tan profundamente por la insondable calidad y pureza de su amor que se sometió a una crueldad mental y física injustificada e inimaginable; a detestables e infundadas mentiras; a la burla despectiva y desdeñosa; y al más vil desprecio de hombres despiadados, insensibles e indiferentes.

El camino hacia nuestro perdón hizo que el Hijo del Hombre quedara expuesto ante la inmundicia y la oscuridad de un mundo corrupto. Él era la posesión santa y más preciosa del Padre, su único Hijo, Jesucristo. Pero debido a este gran amor, la humanidad recibió el mayor regalo: ¡la gracia!

Señor, me he quedado sin palabras ante el regalo de tu gracia, pero mi corazón está lleno de luz, esperanza, gratitud y vida gracias a ti, Jesucristo. Amén.

Perdónanos nuestros pecados, así como hemos perdonado a los que pecan contra nosotros.

16 DE NOVIEMBRE

DEBEMOS SEGUIR SUS PASOS

Pues Dios los llamó a hacer lo bueno, aunque eso signifique que tengan que sufrir, tal como Cristo sufrió por ustedes. Él es su ejemplo, y deben seguir sus pasos.
1 PEDRO 2:21

Hace muchos años, estaba haciendo senderismo con un grupo de hermanos australianos a través de una densa región forestal del sur de Australia. La copa de los árboles era relativamente alta, y el suelo del bosque estaba cubierto por helechos altos y espesos. Antes de partir de la estación de guardabosques para la caminata, se nos dijo que estuviéramos atentos y que vigiláramos el suelo debido a algunas serpientes muy venenosas en la región. Para evitar las serpientes, el mejor consejo del guardabosques era permanecer en el camino y seguir los pasos del guía.

Los cristianos tienen a Cristo como su líder, guía y el ejemplo perfecto de cómo vivir. Dios ama y se complace en su Hijo, y cuando nos esforzamos por vivir como Jesús, el Padre está complacido con nosotros.

Cristo es el camino, conoce el camino, y nos ha mostrado el camino que debemos seguir. La selección y ubicación de sus pasos son sumamente acertadas. Nunca estuvo confundido, desorientado o perdido, y continúa guiándonos con esa misma perfección y precisión santa. Para evitar las trampas peligrosas del enemigo, debemos seguir los pasos del guía.

Señor Jesús, sé que este día tiene muchas opciones, direcciones y caminos. Eres mi ejemplo y eres el que me guiará correctamente para tu gloria. Abre mis ojos para ver cada uno de tus pasos, y que mi corazón los siga sabiamente. Amén.

NO PERMITAS QUE CEDAMOS ANTE LA TENTACIÓN.

17 de noviembre

Ningún mal se apoderará de nosotros

Si haces al Señor tu refugio y al Altísimo tu resguardo, ningún mal te conquistará; ninguna plaga se acercará a tu hogar.
Salmos 91:9-10

Mientras veía unas imágenes de vida silvestre que mostraban a una osa madre defendiendo a su único cachorro de los lobos, noté que era superada en número por la manada de estos. Cuando los lobos avanzaron para intentar llevarse a su joven cachorro, la madre se convirtió instantáneamente en una fuerza defensora feroz e implacable.

Si los lobos se hubieran lanzado colectivamente sobre la osa, podrían haberla superado en poder, pero la osa se mantuvo firmemente en su sitio para proteger al cachorro. Rápidamente convenció a los agresores hambrientos de que esta no era una batalla que debieran iniciar y logró disuadir a los atacantes con éxito.

Nuestro enemigo es repugnante, detestable, engañoso y letal. Siempre está al acecho con la intención de dañar y, si es posible, destruir por completo a los inocentes, desprotegidos y débiles. Solo hay una fuerza que posee la fortaleza necesaria para frenar el plan más astutamente ideado del maligno. ¡Es el poder del único Dios, *Yahvé*! Como una osa madre protegiendo a su cachorro, Dios es verdaderamente una fuerza defensora feroz e inquebrantable, y teniéndolo de nuestra parte, ningún mal nos vencerá.

En ti, Todopoderoso, está mi fuerza, aliento y seguridad.
Eres mi liberación del mal, eres mi victoria, eres mi conquistador,
y eres mi Dios. Amén.

Rescátanos del maligno.

18 de noviembre

Cantad su alabanza

Que el mundo entero glorifique al Señor; que cante su alabanza.
Isaías 42:12

Dios es creador de todas las cosas, y creó todas las cosas para sí mismo. Ha hecho todo lo que vemos, oímos y sentimos. Ha diseñado la profundidad de tono en cada color y meticulosamente configurado cada forma, vista y sonido en el mundo para adaptarlos a sus preferencias divinas. Ha proveído al mundo de magníficas experiencias físicas, mentales, emocionales y espirituales.

De todas las cosas que Dios creó para la humanidad y para su agrado, quizás las acciones tonales y rítmicas de la música proporcionan la opción más satisfactoria para honrar y glorificar a Dios. Una cita de Martín Lutero en las *Obras de Lutero,* vol. 53, dice: "La experiencia nos confirma que después de la Palabra de Dios, la música merece la más alta alabanza".

Debemos cantar canciones —canciones de su perdón, canciones alegres, canciones nuevas. Debemos cantar de su amor, su justicia. Cantemos alabanzas a su nombre mientras vivamos. De todas las formas de honrar a Dios, la música es una gran ofrenda jubilosa y profundamente espiritual.

Señor, gracias por la habilidad de cantar y unirme a toda la creación para glorificar tu nombre por toda la eternidad. Amén.

Tuyos son el reino y el poder y la gloria por siempre.

19 DE NOVIEMBRE

UNA ESPERANZA, UN HOGAR, UN SEÑOR

"Pero tú eres mi testigo, oh, Israel —dice el Señor—. Tu eres mi siervo. Tú has sido escogido para conocerme, para creer en mí y comprender que solo yo soy Dios. No hay otro Dios; nunca lo hubo y nunca lo habrá. Yo, sí, soy el Señor, y no hay otro Salvador.

ISAÍAS 43:10-11

Estas palabras recogidas en Isaías, que describen la indiscutible y absoluta superioridad de Dios, son precisas, inequívocas y enfáticas. Son declaraciones de profunda esperanza y seguridad perdurable para el hijo de Dios.

El corazón que sabiamente se aventura más allá de sí mismo, es un corazón en busca de la verdad para consolar el alma. Tarde o temprano, esta búsqueda genuina conduce al Señor. Aunque inicialmente parece que las influencias mundanas pueden ser apaciguadoras, todo lo que está aparte de Dios resultará ser una ilusión una vez que sea puesto a prueba, porque solo Jehová es la fuente de la vida genuina para el alma de la humanidad. Al final, todo lo demás será dado a conocer como ídolos de algún tipo.

Ser creados por y para Dios nos sitúa para encontrar la paz perfecta solo cuando estamos en relación con nuestro santo Dios. El verdadero descanso para el corazón y el alma se encuentra en una sola fuente: el único Dios, y su nombre es Jesucristo.

Toda la gloria sea dada a tu nombre, Padre celestial. Eres Dios desde la eternidad pasada hasta la eternidad futura. Los cielos y la tierra declaran tu majestuosidad y el corazón redimido te proclama agradecidamente como Salvador y Señor. Amén.

PADRE NUESTRO QUE ESTÁS EN EL CIELO, QUE SEA SIEMPRE SANTO TU NOMBRE.

20 DE NOVIEMBRE

UN REINO INQUEBRANTABLE

Ya que estamos recibiendo un reino inconmovible, seamos agradecidos y agrademos a Dios adorándolo con santo temor y reverencia.
HEBREOS 12:28

A lo largo de la historia de la civilización, imperios y poderes mundiales que eventualmente acabaron en la ruina en algún momento se sintieron invencibles. Su confianza provenía de su capacidad para conquistar e intimidar a otros con la fuerza de su ejército, el alcance de su riqueza o su determinación para dominar.

Los romanos, por ejemplo, pensaban en un momento que su posición, poder e influencia eran irrefrenables. Conquistaron países y territorios utilizando la diplomacia hábil, o simplemente superándolos por la fuerza. Por grande, poderosa y famosa que fuera Roma, su imperio se derrumbó. Su destino se lee en los libros de historia, y sus ruinas son visitadas por turistas.

Aunque los poderes mundiales, líderes y naciones se derrumban, el reino de Dios es firme, inmutable y eterno. Y el reino de Dios no es limitado, restringido ni puede ser conquistado. Ningún aspecto de la autoridad de Dios puede ser manipulado o comprometido. El reino de Dios mantiene fielmente sus promesas, ahuyenta ataques y resiste sin esfuerzo. ¡El reinado del Señor es un reino inquebrantable!

Rey Altísimo, es con reverencia, respeto y honor que te doy gracias. Has habilitado a quien una vez fue indigno para que pueda ser ciudadano de tu eterno reino inconmovible a través de la obra de Cristo. Amén.

QUE TU REINO VENGA PRONTO. QUE SE CUMPLA TU VOLUNTAD EN LA TIERRA COMO SE CUMPLE EN EL CIELO.

21 de noviembre

Palabra de vida

Les anunciamos al que existe desde el principio, a quien hemos visto y oído. Lo vimos con nuestros propios ojos y lo tocamos con nuestras propias manos. Él es la Palabra de vida.
1 Juan 1:1

El regalo más valioso que Dios nos ha dado es el regalo de la vida. Oramos por muchas cosas a lo largo de nuestra vida. Pedimos por nuestro alimento diario, dinero para pagar las cuentas, buena salud, transporte, orientación divina, protección, un gobierno justo para que podamos vivir en paz, y auxilio para ayudar a los demás.

Todas estas son cosas buenas que pedir cuando el propósito es cumplir la voluntad del Señor —declarar su gloria, honrar su nombre y cumplir el mandato de amarlo con una pasión santa creciente. Y su mandato es difundir las buenas noticias de su redención y su amor a todas las personas en este planeta.

La vida, sin embargo, es la provisión más preciada de Dios, porque la vida que Dios da es la vida *verdadera*. Nuestra alma busca una vida abundante, y esta solo se encuentra en Dios Padre a través de Cristo su Hijo. Fuera de Dios no hay vida *verdadera*. La búsqueda de la vida en una filosofía o estilo de vida aparte de Cristo es una travesía vana, una búsqueda que termina en dolor y deja el corazón vacío y solitario. Cristo es la única verdadera Palabra de vida y da vida en abundancia.

Señor, tú eres el Dios de la vida, vida eterna que se extiende más allá del tiempo y hasta la eternidad. Te alabo, Señor Dios, proveedor de la vida en su esencia más pura y abundante. Amén.

Danos hoy el alimento que necesitamos.

22 DE NOVIEMBRE

PERDONADOS POR SU NOMBRE

Y él nos ordenó que predicáramos en todas partes y diéramos testimonio de que Jesús es a quien Dios designó para ser el juez de todos, de los que están vivos y de los muertos. De él dan testimonio todos los profetas cuando dicen que a todo el que cree en él se le perdonarán los pecados por medio de su nombre.

HECHOS 10:42-43

Para aquellos que han escarnecido, cuestionado o negado la verdad de Cristo, hay perdón. Para aquellos que han sido egoístas, demasiado indulgentes o pendencieros, hay perdón. Para aquellos que han juzgado mal, condenado a otros, criticado o cotilleado, hay perdón.

Para aquellos que han sido ladrones, impostores y mentirosos, hay perdón. Para aquellos que han sido vanidosos, celosos y orgullosos, hay perdón. Para aquellos que han odiado, asesinado o cometido injusticias perversas, hay perdón.

Gracias a Dios, todos tenemos la capacidad de ser perdonados. Jesús no tiene límites para el alcance de su perdón, pues aquellos en búsqueda de su poderosa gracia lo recibirán abundantemente. Él extiende una misericordia motivada por un amor inconmensurable hacia todos y cada uno de los que confiesen y se arrepientan. Todos los pecados son perdonados en su nombre.

Gracias por la gracia que cubre los pecados que nos separan de la comunión contigo, Santo Señor. Y gracias porque está disponible para todos, incluyéndome a mí. Amén.

PERDÓNANOS NUESTROS PECADOS, ASÍ COMO HEMOS PERDONADO A LOS QUE PECAN CONTRA NOSOTROS.

23 DE NOVIEMBRE

EL CAMINO RECTO

El camino de los íntegros lleva lejos del mal; quien lo siga estará a salvo.
PROVERBIOS 16:17

Una vez, en una caminata otoñal tardía, por un sendero en la montaña Ozark, llegué a un área que contenía varias señales que indicaban la importancia de permanecer en el camino por razones de seguridad personal. No vi un peligro inminente, pero unos pasos más adelante, a solo unos pies fuera del sendero y un poco escondido, había un acantilado alto y peligroso. Las señales no eran para restringir el disfrute del sendero de la montaña, sino para garantizar la seguridad en el camino.

La ruta a la que se le llama *segura* nos aleja de las trampas del mal y está claramente marcada con señales que confirman el camino. Hay muchas señales que muestran el camino: dicen *bondad*, *rectitud*, *honor*, *integridad*, *moralidad* y *honestidad*.

No se puede confundir este camino con cualquier otro que no sea el camino de la luz, el camino de Cristo. Las personas en este camino valoran la misericordia, la gracia y el amor. Saben que su mayor privilegio, su más preciada alegría, es adorar al Altísimo en todo lo que hacen.

Al final del camino, el trofeo que espera a estos fieles viajeros es uno de profunda virtud: el cálido e inclusivo saludo de Dios Todopoderoso cuando dice: "Bien hecho".

Padre, guíame en tus caminos. Guíame en tu verdad. Guíame lejos del mal para que pueda rendir el honor que tu nombre merece: Poderoso. Amén.

NO PERMITAS QUE CEDAMOS ANTE LA TENTACIÓN.

24 DE NOVIEMBRE

SALVADOR

El Señor dice: "Rescataré a los que me aman; protegeré a los que confían en mi nombre".
SALMOS 91:14

Miré cómo un video de noticias mostraba los momentos desesperados de una persona que era arrastrada irremediablemente por un arroyo inundado. Hubo varios intentos de rescate desde la orilla. Una persona tomó una rama de árbol y se estiró tanto como pudo para alcanzar a la víctima, pero falló. Otro utilizó un largo palo para intentar hacer lo mismo pero, nuevamente, sin éxito.

Sin embargo, un grupo de personas más abajo en el arroyo habían lanzado una cuerda a otros en la orilla opuesta. Con la cuerda estirada a través del agua, la víctima pudo agarrar la línea mientras varias personas lo sacaban a salvo de la furia mortal del agua. Me alegré por el rescate exitoso de esa persona.

Como creyentes, somos receptores de la promesa divina de rescate y protección mientras ponemos nuestra confianza en Dios. Él es el único que puede cumplir todas las promesas que extiende. No tiene que hacer múltiples intentos de rescate, porque sus esfuerzos son perfectos y exitosos en cada ocasión. Él es el único que está cien por ciento comprometido con nuestro bienestar, y es el único que posee los recursos y es capaz de contrarrestar exitosamente *todo* plan malvado contra nosotros, derrotando todos y cada uno de los pasos que llevarían a la destrucción.

Gracias, Señor, por tu rescate y tu cuidado constante y mirada vigilante sobre mi vida. En ti pongo mi esperanza, y en ti deposito mi confianza. Amén.

RESCÁTANOS DEL MALIGNO.

25 DE NOVIEMBRE

NUESTRO REY POR SIEMPRE

El Señor gobierna como rey para siempre.
SALMOS 29:10

Una breve mirada a las noticias globales revela rápidamente la inestabilidad en varias naciones alrededor del mundo. Además, el nivel de recelo y falta de confianza en muchos líderes políticos actualmente es muy alto, lo cual deja a muchos preguntándose quién podría hacer que vuelva alguna apariencia de estabilidad. La pregunta más importante es: ¿quién tiene la integridad, el carácter y la habilidad en que podamos depositar nuestra confianza?

Ten la seguridad de que no importa quién sea la autoridad actual de tu país, el control definitivo permanece donde siempre ha estado: en las manos del Dios Todopoderoso. Él está en el trono, incluso cuando las personas en el poder nos fallan, nos avergüenzan o llevan a nuestro país por mal camino. Él restaurará, resolverá, reparará y, algún día, hará nuevas todas las cosas. Podemos depositar con seguridad nuestra confianza en la autoridad del Dios Altísimo.

Cuando se produzca la culminación de las edades, la verdad prevalecerá. Y la verdad es que —independientemente de nuestros puestos e influencias terrenales, todos algún día doblarán la rodilla y confesarán que Jesucristo es el Señor. Él gobernará como rey para siempre.

Tu gloria, Señor Jesús, no tendrá fin. Amén.

TUYOS SON EL REINO Y EL PODER Y LA GLORIA POR SIEMPRE.

26 DE NOVIEMBRE

Sólo tú eres el Señor

Solo tú eres el Señor. Tú hiciste el firmamento, los cielos y todas las estrellas; hiciste la tierra, los mares y todo lo que hay en ellos. Tú los preservas a todos, y los ángeles del cielo te adoran.
Nehemías 9:6

El Señor es digno de adoración, pues solo Él imaginó la luz y luego la introdujo sin esfuerzo con el sonido de sus labios. Cuando habló, liberó nuevos elementos, componentes, formas, colores y aromas. Y una vez más, su voz apareció y creó innumerables variedades de vida, grandes y pequeñas, cada una con una belleza y complejidad notables.

Es digno de adoración, pues solo Él podía imaginar, crear y dar vida a seres a su imagen: la humanidad. Nos proporcionó la libertad de elección dentro de su diseño —nuestro libre albedrío— incluso cuando elegimos la desobediencia. Y luego nos proporcionó bondadosamente redención total en Cristo.

Dios preserva todas las cosas creadas, y aún en la separación y caída de la humanidad, su provisión fue establecida a través de Jesucristo; fuimos reconciliados con Él y se evitó la destrucción eterna.

Tú solo eres Señor. Eres digno de toda adoración y honor como Creador del universo y preservador de toda vida. Amén.

Padre nuestro que estás en el cielo, que sea siempre santo tu nombre.

27 DE NOVIEMBRE

DISCERNIMIENTO

Miren más allá de la superficie, para poder juzgar correctamente.
JUAN 7:24

Este versículo es de un pasaje de Juan sobre el momento en que Jesús fue acusado de transgredir la ley al sanar a alguien en el Sabbat. Sus acusadores intentaban deshacerse de quien desafiaba la legitimidad de su sistema religioso y su propio comportamiento. Bajo la superficie, sin embargo, se encontraba el Hijo del Hombre, motivado por una auténtica compasión que ellos mismos habían pasado por alto. Bajo la superficie, estaba la voluntad del Padre celestial, manifestada en la carne, y a quien se le había asignado la tarea más trascendental de todos los tiempos: superar el pecado de la humanidad y reconciliarnos con Dios.

El designio de Cristo no era promover el incumplimiento de la ley ni incitar a la rebelión, no era un rebelde sin causa. Su propósito era sanar, restaurar y liberar a los solitarios, oprimidos y encarcelados. Los acusadores de Cristo mostraban celos egoístas y ansias de autoridad, poder y control. Sin embargo, Cristo mostraba abnegación y el deseo de liberar y fortalecer a los demás. Su finalidad era curar a los heridos y mostrarles el amor y la vida genuinos que existen en la voluntad de Dios.

Si sus acusadores hubieran discernido apropiadamente, habrían considerado a Jesús como alguien con un amor y servicio genuinos al Padre, y como alguien que demostraba las características del Padre. Si hubieran mirado más allá, habrían reconocido al Hijo de Dios.

Padre, donde haya ceguera necia en mi vida, por favor trae visión. Por tu Espíritu Santo, por favor hazme ver cuando haya crítica negativa, intransigencia, egoísmo y orgullo dentro de mí. Que pueda discernir correctamente y actuar justamente. Amén.

QUE TU REINO VENGA PRONTO. QUE SE CUMPLA TU VOLUNTAD EN LA TIERRA COMO SE CUMPLE EN EL CIELO.

28 DE NOVIEMBRE

El poder de la comunidad

Dios ubica a los solitarios en familias; pone en libertad a los prisioneros y los llena de alegría. Pero a los rebeldes los hace vivir en una tierra abrasada por el sol.
Salmos 68:6

La soledad es un enemigo formidable. Metódica, persistente y sigilosa, la soledad puede llevarnos a sentirnos vacíos, olvidados, no amados, desvalorizados o insignificantes. Muchos de nosotros hemos experimentado la soledad incluso dentro de nuestras propias familias.

Aunque las familias y los amigos terrenales pueden fallarnos, Dios mismo existe en comunidad perfecta como Padre, Hijo y Espíritu Santo. Esta profunda y santa comunión existe desde el pasado atemporal hasta el futuro sin fin. Hemos sido diseñados para tener una relación con el Señor y con los demás, y el Señor creó un antídoto para la soledad: la comunidad con Él y con un cuerpo sano de creyentes.

Dios, conocedor y deseoso de comunidad para y con nosotros, nos proporcionó una familia, tanto biológica como espiritual. Cuando aceptamos a Cristo como Salvador y Señor, la relación no solo nos proporciona perdón y esperanza eterna, sino que también nos proporciona una amistad sin igual, la amistad con Dios mismo. Él nos saca de la soledad y nos lleva a una comunidad como ninguna otra: la familia de Dios.

Gracias, Señor, por la provisión de la familia —tu familia, la familia de Dios. Amén.

Danos hoy el alimento que necesitamos.

29 DE NOVIEMBRE

LIBERTAD PARA CORRER

...pero ahora quedaron libres del poder del pecado y se han hecho esclavos de Dios. Ahora hacen las cosas que llevan a la santidad y que dan como resultado la vida eterna.
ROMANOS 6:22

Una mañana mientras caminaba al aire libre, noté un mapache muy joven atrapado sin remedio en una trampa. Estas criaturas a veces son bastante molestas y destructivas, así que cuando la población aumenta alrededor de nuestra casa, a veces los traslado a áreas boscosas remotas. Sin embargo, este pequeño me miró a través de la jaula de alambre con ojos oscuros y lastimeros y emitió un triste gemido.

Bien, pensé para mis adentros, *estás perdonado.* Abrí la puerta de la jaula. Una vez fuera de la jaula, miró hacia atrás y luego corrió tan rápido como pudo hacia el bosque y lejos de mi vista. Mientras que la libertad de la cautividad genera variadas respuestas de alegría, normalmente no genera el deseo de reingresar a la cautividad, particularmente cuando la cautividad está asociada con el término *esclavitud.*

Pero cuando el término *esclavitud* se asocia con Dios, nuestro buen Padre y la fuente de amor, misericordia, bondad y gracia, estamos ante un significado diferente. Cuando uno está atado y esclavizado a Cristo, se habita en una libertad sin límites. Es una verdad tal vez incomprensible, pero en el ámbito del reino de Dios de opuestos inusitados, ser esclavo de Dios es también ser hijo de Dios. Esta es una invitación abierta a correr libremente, sin trabas, y a vivir una vida de santidad en honor a Cristo.

Padre, me has liberado del calabozo del pecado y me has comprado con la sangre de Cristo. Estoy atado a ti para siempre por tu amor. Amén.

PERDÓNANOS NUESTROS PECADOS, ASÍ COMO HEMOS PERDONADO A LOS QUE PECAN CONTRA NOSOTROS.

30 de noviembre

El camino a seguir

Muéstrame la senda correcta, oh Señor; señálame el camino que debo seguir. Guíame con tu verdad y enséñame, porque tú eres el Dios que me salva. Todo el día pongo en ti mi Esperanza.

Salmos 25:4-5

Un día de verano, mi esposa y yo viajamos por una de las carreteras montañosas de Colorado. La mayoría de nuestro tiempo lo pasamos en caminos de tierra y grava, con escasos señalamientos direccionales. Después de varias horas, estábamos listos para regresar a nuestro hotel, así que revisamos el mapa. Descubrimos que a solo unas pocas millas de distancia había una carretera principal que reduciría sustancialmente nuestro tiempo de viaje.

Seguimos el camino estrecho durante aproximadamente una hora, pero justo un par de millas antes de que finalmente nos cruzáramos con la carretera principal, nos encontramos con una barricada y un guardabosques. Nos informó que la carretera era intransitable debido a un deslizamiento de tierra.

Le pregunté cómo llegar a la carretera principal y nos dijo que volviéramos por donde habíamos venido. Esto habría sido un viaje de tres horas. Luego, después de una pausa, sonrió y dijo: "O pueden tomar un corto viaje a la autopista por ese carril", y señaló un pequeño camino escondido por una curva.

El Señor conduce por caminos distintos que contienen sus verdades intachables. No quiere que tomemos equivocadamente desvíos, por lo que aclara qué camino seguir. Señala el camino para quienes lo buscan sinceramente y guía con perfección a aquellos que desean ser guiados. En ello radica nuestra esperanza.

Gracias, Señor, por salvarme. Gracias por tu verdad, enseñanza espiritual y liderazgo. Eres Dios de mi esperanza. Amén.

No permitas que cedamos ante la tentación.

1 DE DICIEMBRE

SUS PASOS GUIADOS

Guía mis pasos conforme a tu palabra, para que no me domine el mal.
SALMOS 119:133

La Palabra de Dios es confiable. Los pasos de quienes la leen, que escuchan y obedecen son guiados por la perspicacia y la previsión. Aquellos que siguen los pasos del liderazgo de Dios son guiados con fuerza, resistencia y principios validados. Su camino es de pureza y rectitud.

Estos pasos están firmemente cimentados en misericordia, verdad y compasión. Estos pasos dejan huellas de amor, alegría, paz, paciencia, gentileza, bondad, fidelidad, mansedumbre y autocontrol.

Completamente guiados por la Palabra de Dios, estos pasos nos alejan de las intenciones del mal. Son pasos elegidos y ordenados por Dios y facultados por el Espíritu Santo, y superan el intento del maligno de causar tropiezos y errores.

Padre, tuyos son los pasos que llevan a la vida. Anhelo seguirte de cerca en todo lo que hago. Amén.

RESCÁTANOS DEL MALIGNO.

2 DE DICIEMBRE

POR SIEMPRE HONRADO, POR SIEMPRE GLORIOSO

¡A él sea la gloria por siempre y para siempre! Amén.
Hebreos 13:21

La gloria misma, en sustancia y carácter, existe y está mejor reservada para honrar solo a Dios. La palabra *gloria*, según el diccionario Merriam-Webster, significa "alabanza, honor o distinción" y "alabanza, honor y agradecimiento dignos de adoración"[27]. Toda la gloria se debe a Dios porque la esencia de la gloria es la alabanza, el honor y el agradecimiento. El acto de glorificar no tiene un objetivo más alto ni un propósito más noble que honrar al Divino.

Como pueblo redimido de Dios, podemos unirnos a toda la creación, adorándolo y glorificándolo con todo nuestro ser. Dejemos de lado nuestros ídolos falsos, las celebridades de nuestra cultura y nuestras búsquedas personales, y dediquémonos a honrarlo en todo lo que hacemos y a darle todo nuestro corazón. ¡Debemos glorificar solo a Dios con gusto, con entusiasmo incluso, ya que solo Dios es digno de recibir adoración para siempre!

La gloria misma es un regalo profundo, místico y preciado que proviene de Dios para que aquellos creados por Dios lo utilicen como un vehículo para exaltarlo y honrarlo todos nuestros días.

¡Toda la gloria a Dios en las alturas! ¡Amén y amén!

TUYOS SON EL REINO Y EL PODER Y LA GLORIA POR SIEMPRE.

3 DE DICIEMBRE

El corazón del padre

Sin embargo, cuando se cumplió el tiempo establecido, Dios envió a su Hijo, nacido de una mujer y sujeto a la ley. Dios lo envió para que comprara la libertad de los que éramos esclavos de la ley, a fin de poder adoptarnos como sus propios hijos; y debido a que somos sus hijos, Dios envió al Espíritu de su Hijo a nuestro corazón, el cual nos impulsa a exclamar "Abba, Padre". Ahora ya no eres un esclavo sino un hijo de Dios, y como eres su hijo, Dios te ha hecho su heredero.

Gálatas 4:4-7

No existe un instrumento para medir el amor y la compasión del corazón de nuestro Padre celestial. Sin embargo, sí hay evidencia, y esta se encuentra en la obra de Cristo en la cruz y en cada uno de sus hijos adoptivos.

Una vez fuimos esclavos, condenados a la oscuridad del pecado, pero fuimos liberados a través del poder redentor del Hijo de Dios, Jesucristo. Éramos culpables de todas las acusaciones, pero fuimos exonerados y liberados por el amor, la misericordia y el sacrificio del Cordero inmaculado.

Fuimos perdonados y —además de ese regalo— el Señor nos otorgó bendiciones insondables: Aquel a quien ofendimos y traicionamos nos adoptó en su propio hogar, en su reino eterno, y nos hizo coherederos suyos.

Te adoro, Padre, porque eres digno de adoración.
Te amo y estoy agradecido por el regalo de tu misericordia. Amén.

Padre nuestro que estás en el cielo, que sea siempre santo tu nombre.

4 DE DICIEMBRE

Cuidar de los huérfanos y las viudas

La religión pura y verdadera a los ojos de Dios Padre consiste en ocuparse de los huérfanos y de las viudas en sus aflicciones, y no dejar que el mundo te corrompa.
Santiago 1:27

Una de las evidencias de la auténtica cristiandad y de vivir una vida centrada en el evangelio es cuidar a los huérfanos y a las viudas. Al cuidar de ellos, expresamos nuestro deseo y compromiso de amar y servir a Dios como espera, y reflejamos el carácter de su corazón y de su reino.

Cuidar de los huérfanos y las viudas es claramente uno de los deberes y privilegios bíblicos de todo creyente en Cristo. Al hacerlo, demostramos el cristianismo en una forma pura y genuina. A los ojos de Dios, cuidar de las personas necesitadas refleja su propia compasión. Esta es una de las formas en que demostramos que el reino de Dios está obrando hoy en el mundo a través de los cristianos.

La Iglesia a menudo es presionada por la cultura popular para que muestre evidencias de la autenticidad cristiana. Esta es una de las evidencias, ya que la religión pura y genuina se encuentra en el cuidado de los marginados, los solitarios, los sin hogar, las viudas, los huérfanos, los desatendidos y los que sufren de angustia.

Que yo vea con tus ojos, Señor, escuche con tus oídos y sienta con tu corazón. Indícame por tu Santo Espíritu cómo debo cuidar a las viudas, huérfanos y demás necesitados en mi propia comunidad. Amén.

Que tu reino venga pronto. Que se cumpla tu voluntad en la tierra como se cumple en el cielo.

5 DE DICIEMBRE

TODO LO NECESARIO

Y ahora, que el Dios de paz —quien levantó de entre los muertos a nuestro Señor Jesús, el gran Pastor de las ovejas, y que ratificó un pacto eterno con su sangre— los capacite con todo lo que necesiten para hacer su voluntad. Que él produzca en ustedes, mediante el poder de Jesucristo, todo lo bueno que a él le agrada. ¡A él sea toda la gloria por siempre y para siempre! Amén.

HEBREOS 13:20-21

No se preocupen por el día de mañana. Este mandamiento fue pronunciado por Jesús a sus seguidores (Mateo 6:34). Él tenía plena confianza en su Padre para proveer plenamente a aquellos en su misión. Nada de lo necesario para cumplir la voluntad del Señor se nos es negado.

Sin embargo, la inquietud sigue acechando a aquellos que depositan su confianza en el Señor, lo que nos lleva a cuestionar o dudar de la voluntad de Dios. Para algunos, la preocupación es un problema momentáneo que se desecha rápidamente cuando se recuerda la fidelidad de Dios. Para otros, sin embargo, la preocupación parece ser una batalla interminable.

La voluntad de Dios es que no nos preocupemos. Cuando lo hacemos, perdemos tiempo y energía preocupándonos por cosas que tiene completamente bajo su control. Dios ha prometido cuidar de los suyos. Como creyentes en Cristo, soportamos el peso de buscar su voluntad y vivirla, y si buscamos primero el reino de Dios, se manifestará la provisión para nuestra trayectoria en la Tierra.

Gracias por tu provisión, Señor. Muéstrame tu camino, tu voluntad y tus sendas. Que mis ojos estén fijos en la misión encomendada y mi corazón en tu reino por venir. Ayúdame a ser un buen administrador de todos los dones que ya me has proporcionado. Amén.

DANOS HOY EL ALIMENTO QUE NECESITAMOS.

6 DE DICIEMBRE

GUARDAR RENCOR

No busques vengarte, ni guardes rencor contra tus hermanos israelitas, sino ama a tu prójimo como a ti mismo. Yo soy el Señor.
LEVÍTICO 19:18

El término *guardar rencor* define apropiadamente un corazón enfermo y problemático. El fruto del rencor es trágico, ya que el rencor impide a su víctima experimentar plenamente la libertad de Dios. Aquel que guarda rencor puede mostrar una apariencia de salud espiritual, pero por debajo de todo hay deterioro y cautiverio.

El orgullo a menudo nos impide liberar completamente los rencores, perdonar libremente y caminar en la plenitud de Dios. Muchos cristianos pueden llevar rencores, y a menudo permanecen escondidos y guardados en lugar de ser completamente liberados.

El perdón es una parte activa del plan de Dios para nuestra propia libertad interna y nuestra paz. Sin importar a lo que tú o yo nos estemos aferrando, la voz de Dios sigue ofreciendo su llamado de sabiduría: *déjalo ir, ya no dejes que te aprisione.*

Por ti, Señor Jesús, estoy perdonado. Por tu Espíritu Santo, revela cualquier lugar en mi corazón que esté albergando rencor. Amén.

PERDÓNANOS NUESTROS PECADOS, ASÍ COMO HEMOS PERDONADO A LOS QUE PECAN CONTRA NOSOTROS.

7 DE DICIEMBRE

Todo lo que Él planea sucederá

Solo yo puedo predecir el futuro antes que suceda. Todos mis planes se cumplirán porque yo hago todo lo que deseo.
Isaías 46:10

El Dios de toda sabiduría y poder espera listo para guiarnos en cada uno de nuestros pasos aún no dados. Él se adelanta en la próxima curva de nuestro viaje para exponer los peligros ocultos en la oscuridad que buscan causarnos fracaso y derrota. Dios espera allí para apoyarnos y animarnos mientras escalamos la siguiente colina. Aunque nuestras extremidades puedan cansarse del esfuerzo, su objetivo es desarrollar resistencia; no nos permitirá caer.

Antes de que un evento se dé en nuestras vidas, el Señor de misericordia y compasión ya ha planeado el camino. Ha trazado y planeado el futuro para el bien de aquellos bajo su cuidado y para su gran gloria. Hemos elegido caminar por el camino del Señor, quien nos guía en él y lo conoce bien.

Todo lo que ha planeado hasta el más mínimo detalle, en efecto, sucederá. Como hijos e hijas de Dios, no hay necesidad de preocuparse, no hay necesidad de alarmarse, no hay necesidad de temer mientras atravesamos los senderos pedregosos de este mundo. No fallaremos, porque somos suyos y *nunca* fallará.

La seguridad se encuentra en confiar en ti, la victoria se encuentra en confiar en ti, y la vida se encuentra en confiar en ti, Señor Jesús. Tú eres a quien seguiré, porque me guías por el camino seguro y cierto. Amén.

No permitas que cedamos ante la tentación.

8 DE DICIEMBRE

IMPERTURBABLE

Después, David fue con todo Israel a Jerusalén (o Jebús, como solían llamarla anteriormente), donde vivían los jebuseos, los habitantes originarios de esa tierra. El pueblo de Jebús se mofaba de David: "¡Jamás entrarás aquí!"; pero David tomó la fortaleza de Sión, la que ahora se llama Ciudad de David.

1 CRÓNICAS 11:4-5

Los jebuseos una vez controlaron Jerusalén y, en ese momento, la ciudad se llamaba Jebús. Un día, David y todo Israel se reunieron y contemplaron la fortaleza de Sion, preparados para ponerla en manos de sus legítimos propietarios. Los jebuseos pensaron que eran impenetrables. En su excesiva autoconfianza, se burlaron de David y su ejército y gritaron: "¡Jamás entrarás aquí!".

Sin miedo, decidido e imperturbable, David emprendió lo que sabía que era la voluntad de Dios. Enfrentó a los jebuseos en batalla y lo siguiente que se registra es la caída de Jebús, junto con la presentación del nuevo nombre de la ciudad: la Ciudad de David.

Independientemente de la fuerza del enemigo que se nos opone, independientemente de su amenaza, intimidación, ventajas tácticas o estrategias utilizadas para infundir miedo, si el Señor ha declarado su voluntad, la victoria está asegurada. Dios declara su voluntad y la conquista le sigue. Él es el Libertador y el Vencedor. Él es el vencedor sobre todo mal.

Padre, eres todo poderoso y todo glorioso.
¡Eres el conquistador, el Señor de Todo!
En ti pongo mi confianza. Amén.

RESCÁTANOS DEL MALIGNO.

9 DE DICIEMBRE

PARA SU GLORIA

La tierra es del Señor y todo lo que hay en ella; el mundo y todos sus habitantes le pertenecen.
SALMOS 24:1

Hoy en día, más de siete mil millones de personas viven en el planeta en grupos únicos, dispersos en cientos de países, hablando miles de idiomas, y todos le pertenecen al Señor. La tierra en la que vivimos, la semilla que plantamos en el suelo, y la comida que cosechamos y consumimos, todo es posesión del Señor. Desde la montaña más alta hasta el mar más profundo, cada criatura viviente es propiedad de Dios y tiene un propósito para su beneplácito.

La humanidad se considera a sí misma superior. Valoramos mucho nuestras habilidades, recompensamos nuestros logros, presumimos de nuestro dominio, y exigimos elogios por grandes hazañas. Sin importar lo avanzados y nobles que podamos parecer, somos pequeños e insignificantes a la luz del Divino Propietario. Cada logro que alardeamos como propio fue una idea concebida en la mente del Creador, tomada de su lienzo creativo.

La Tierra es del Señor y todo lo que hay en ella. Nada existente de forma independientemente, ningún humano es autónomo, auto-existente o autosuficiente. Dios es el Hacedor, Dios es el Dueño, y la gloria de Dios es el propósito de todo.

Que todo lo que respira te alabe, Señor, incluyéndome a mí, porque tú eres Dios y eres glorioso. Amén.

TUYOS SON EL REINO Y EL PODER Y LA GLORIA POR SIEMPRE.

10 DE DICIEMBRE

El Señor vive

¡El Señor vive! ¡Alabanzas a mi Roca! ¡Exaltado sea el Dios de mi salvación!
Salmos 18:46

Sin duda, todos podemos estar de acuerdo en que el planeta en el que vivimos tiene más lugares, cosas y vida de lo que podríamos posiblemente visitar en toda una vida. Incluso nuestro mundo lleno de tecnología que permite el acceso instantáneo y la información aparentemente ilimitada no nos permite aprehender todo lo que la Tierra contiene —simplemente está más allá de nuestra capacidad para asimilarlo todo.

Considera, sin embargo, que nuestro planeta —con todos sus vastos, cambiantes, expansivos y móviles elementos— obtiene toda su energía, belleza y capacidad regenerativa de una única fuente: ¡el Dios viviente! Las personas pueden intentar controlar o encauzar los recursos de la Tierra, pero el Señor vivo dio origen a todo el universo y sigue generando su capacidad de continuar. Él solo está en control.

El Señor es eterno: vive, ha vivido y siempre vivirá. Antes de la creación del mundo, estaba allí, tan fuerte y amoroso como siempre ha sido. Él es la roca inamovible, el fundamento de la certeza, el Dios que ofrece vida eterna. Él es el Dios de mi salvación, el Dios de nuestra salvación. Porque Él vive, la vida continúa. Él lo tiene todo en sus manos.

Vives, Señor; vives y reinas, para siempre. Eres mi Roca, el Dios de mi salvación. Amén.

Padre nuestro que estás en el cielo, que sea siempre santo tu nombre.

11 DE DICIEMBRE

Relación

"¡Ahora acérquense y desayunen!", dijo Jesús. Ninguno de los discípulos se atrevió a preguntarle: "¿Quién eres?". Todos sabían que era el Señor. Entonces Jesús les sirvió el pan y el pescado. Esa fue la tercera vez que se apareció a sus discípulos después de haber resucitado de los muertos. Después del desayuno, Jesús le preguntó a Simón Pedro:
—Simón, hijo de Juan, ¿me amas más que estos?
—Sí, Señor—contestó Pedro—, tú sabes que te quiero.
—Entonces, alimenta a mis corderos—le dijo Jesús.

Juan 21:12-15

Una mañana después de su resurrección, Jesús se unió a sus discípulos en una playa al amanecer. Preparó el desayuno y comió con ellos. Jesús estaba consciente de la importancia y el valor de cada momento con sus discípulos, sabiendo que su ascensión estaba cerca. Sabía que cada momento con ellos era de vital importancia, debido a que fortalecería su conocimiento y el propósito de su reino, toda vez que pronto emprenderían la misión más monumental de la historia.

Esta historia refleja cuánto valoraba Jesucristo las relaciones, y las relaciones son uno de los objetivos principales de su reino. En medio de un tiempo muy limitado e importante, Jesús hizo una pausa y descansó con sus amigos para compartir un simple desayuno a la orilla de la playa.

Relación, amistad, familia, todas estas son palabras asociadas con el reino de Dios. El propósito de la obra de Cristo fue reparar la relación rota entre la humanidad y Dios, y restaurar la santa comunión con el Creador mismo.

En tu reino, Señor, las relaciones prosperan.
Úsame para avanzar los propósitos de tu reino aquí en la tierra. Amén.

Que tu reino venga pronto. Que se cumpla tu voluntad en la tierra como se cumple en el cielo.

12 DE DICIEMBRE

EL REGALO DE LOS OTROS

A cada uno de nosotros se nos da un don espiritual para que nos ayudemos mutuamente.
1 CORINTIOS 12:7

La gracia de Dios abunda, cubriendo y llenando a los destinatarios dispuestos que son humildes y de corazón abierto. Los cubre con amor, misericordia sin medida y, por supuesto, perdón. Como ahora estamos unidos al Padre a través de Cristo el Hijo, somos parte de su familia global. También somos ahora parte de la misión familiar, que es vivir y compartir el mensaje de la vida en Cristo.

A cada miembro de la familia se le da un don, un don divino, diseñado y elaborado de manera única. Un don que, cuando se utiliza junto con los que han recibido los demás hijos e hijas de Dios, crea efectos alentadores y edificantes. Este es el designio de Dios: que disfrutemos del crecimiento espiritual a medida que cada persona utiliza sus dones para contribuir al desarrollo saludable de la iglesia en todos los aspectos.

Esta es la razón por la que el apóstol Pablo se refiere a los cristianos, la Iglesia, como el cuerpo de Cristo. El cuerpo físico funciona mejor cuando cada parte está sana y contribuye, y esto también sucede con la Iglesia, el cuerpo espiritual de Cristo.

La familia espiritual de Dios, cuando está sana y funciona de manera óptima, es una fuerza misionera multifacética que difunde el amor y la vida del reino a un mundo muy necesitado. La intención de Cristo es que operemos como un equipo dedicado a sus mandatos: el Gran Mandamiento y la Gran Comisión. ¡Adelante, Iglesia!

Gracias por la provisión que nos has dado en tus dones distribuidos por toda la Iglesia, el cuerpo de Cristo. Que los usemos sabiamente bajo la guía de tu mano. Amén.

DANOS HOY EL ALIMENTO QUE NECESITAMOS.

13 DE DICIEMBRE

MARAVILLOSO

También se escribió que este mensaje se proclamaría con la autoridad de su nombre a todas las naciones, comenzando con Jerusalén: "Hay perdón de pecados para todos los que se arrepientan".
LUCAS 24:47

El don más *asombroso* es brindado por Dios a través de Cristo: el perdón de los pecados. Primero, este don del perdón es asombroso porque Dios no tenía necesidad de nosotros —sin embargo, actuó en nuestro favor para rescatarnos cuando nosotros mismos cometimos la ofensa. En nuestro pecado, éramos culpables y merecedores de la sentencia de muerte, pero por su misericordia proporcionó un camino a la libertad.

Segundo, este don es asombroso porque el perdón no está limitado a unas pocas personas favorecidas, una nacionalidad específica o una edad determinada; está disponible para todos los que se arrepientan de su pecado.

Por último, este don es maravilloso porque el Señor no solo libera a todos los que se arrepienten, sino que los invita a convertirse en miembros de su propio hogar. ¡Qué regalo de verdad!

Señor, estoy asombrado y agradecido por la profundidad de tu misericordia y amor, tu acto de perdón, y la vida que reside en tu maravillosa gracia. Amén.

PERDÓNANOS NUESTROS PECADOS, ASÍ COMO HEMOS PERDONADO A LOS QUE PECAN CONTRA NOSOTROS.

14 de diciembre

Guía con precisión

Él renueva mis fuerzas. Me guía por sendas correctas,
y así da honra a su nombre.
Salmos 23:3

La tecnología moderna nos ha dado, con una precisión casi perfecta, fácil acceso a direcciones en cualquier ubicación geográfica. Sin embargo, la precisión de la tecnología no es completamente infalible. Por ejemplo, un viaje en coche a un nuevo restaurante en la ciudad usando mi GPS me llevó a un campo abierto y vacío a un par de millas de mi destino.

Aunque se agradece una orientación casi exacta, es preferible, sin duda, una orientación perfecta. Como seres humanos, no solo deseamos y esperamos precisión en la mayoría de las cosas que hacemos, sino que la precisión es a menudo vital para su éxito. A menudo tenemos que contar con precisión por cuestiones de seguridad. La precisión es necesaria cuando se diseña un rascacielos, se construye un vehículo o una casa, o se realiza una cirugía.

Si bien la precisión desarrollada por manos humanas es impresionante, nos quedamos extremadamente cortos ante la exactitud y precisión de Dios. Él desea guiar y dirigir a sus hijos por los caminos correctos con precisión divina por nuestra seguridad, nuestro bien, y para dar honor a su nombre.

Padre, tú me guías con tu cuidado y habilidad.
Guíame por tu Espíritu Santo para vivir mi vida dando honor a tu nombre. Amén.

No permitas que cedamos ante la tentación.

15 DE DICIEMBRE

JESÚS SIN LÍMITES

Así que se lo llevaron. Cuando el espíritu maligno vio a Jesús, le causó una violenta convulsión al muchacho, quien cayó al piso retorciéndose y echando espuma por la boca.
—¿Hace cuánto tiempo que le pasa esto? —preguntó Jesús al padre del muchacho.
—Desde que era muy pequeño—contestó él—. A menudo el espíritu lo arroja al fuego o al agua para matarlo. Ten misericordia de nosotros y ayúdanos si puedes.
—¿Cómo que "si puedo"? —preguntó Jesús—. Todo es posible si uno cree.
MARCOS 9:20-23

En su desesperación, un padre amoroso que no pudo ayudar a su hijo recurrió a Jesús y le suplicó: "Si puedes hacer algo, ¡ten compasión de nosotros y ayúdanos!". Jesús respondió rápidamente: "¿Qué quieres decir con 'si puedo'?".

Algunos consideran que el tono de Jesús aquí es de frustración o reproche. Quizás. Pero yo escucho un tono confiado y resuelto: "¡Por supuesto que puedo y lo haré!". Luego, con compasión y abrumadora certeza en el poder de su Padre, pone fin al largo sufrimiento del hijo del hombre.

La autoridad de Cristo no tiene límites. Toda la autoridad en el cielo y en la tierra es suya. Cuando Dios determina que algo se haga, no hay un *si*; solo hay un *todo es posible si la persona cree.* El mismo Salvador que rescató a un muchacho de las garras de la oscuridad, puede liberarte de cualquier mal.

Padre, tu Palabra es clara: puedo confiar en que me librarás del maligno.

Aun así, hay momentos en los que se cuela la duda. Sí creo, pero ayúdame en mi incredulidad. Eres el Señor; contigo todo es posible. Amén.

RESCÁTANOS DEL MALIGNO.

16 de diciembre

Lo exaltaré

El Señor es mi fuerza y mi canción; él me ha dado la victoria. Él es mi Dios, y lo alabaré; es el Dios de mi padre, ¡y lo exaltaré!
Éxodo 15:2

El Señor es muchas cosas. Él es el Diseñador y Creador de todo. Él es el Sustentador; sin su apoyo, su dirección y su gobierno, la vida no existiría. Él es Salvador; conquistó y detuvo la destrucción de la humanidad por el maligno. Él es el Libertador: santo, justo, omnisciente, siempre presente y que nunca cambia, el Rey de todos los tiempos.

No solo es todas estas cosas, sino que también es nuestro Padre que nos ama y nos llama sus hijos e hijas, sus herederos. Podemos llamarle con confianza y orgullo nuestro Dios, nuestro Padre. Debido a quién es Dios y debido a su gran misericordia, su amor y gracia para con nosotros, es merecedor de toda adoración, honor y alabanza.

Por todas sus innumerables y maravillosas características, será glorificado. Él es nuestro Dios, ¡y lo exaltaremos para siempre!

Señor, tú eres verdaderamente mi fuerza, mi canción y mi propia fuente de vida en toda su plenitud. Te alabo y glorifico, Dios Todopoderoso. Amén.

Tuyos son el reino y el poder y la gloria por siempre.

17 DE DICIEMBRE

SU PERFECTA SANTIDAD

Oh Dios, tus caminos son santos.
¿Existe algún dios tan poderoso como tú?
SALMOS 77:13

Somos invitados a la presencia de nuestro Padre Dios a través de la obra de Cristo. Y es en verdad el Padre bueno y perfecto. Ama a sus hijos y desea una comunión enriquecedora, genuina e íntima con ellos. Nuestro Dios ama y vive en comunidad y nos permite entrar en su comunidad.

Nuestro Padre exhibe todas las cualidades de amor enumeradas en 1 Corintios 13, ya que es amor. Pero nuestro Dios es más que la esencia del amor. Él es donde comienza la esencia del amor. Él es su manantial, la fuente de la que procede todo amor.

En el amor de nuestro Padre está su perfecta santidad; es digno de nuestro mayor respeto, honor y adoración. Dios es santo, y lo adoramos porque es santo. Nadie es santo ni tan poderoso como el Señor.

Señor, antes de pedirte algo, antes incluso de darte las gracias por algo, permíteme primero presentarme ante ti para adorarte en el esplendor de tu santidad. Eres el que es Santo; eres el Señor Dios. Amén.

PADRE NUESTRO QUE ESTÁS EN EL CIELO, QUE SEA SIEMPRE SANTO TU NOMBRE.

18 de diciembre

El reino venidero

Pero nosotros esperamos con entusiasmo los cielos nuevos y la tierra nueva que él prometió, un mundo lleno de la justicia de Dios.
2 Pedro 3:13

¡El reino de Dios es eterno! Para aquellos cuya esperanza está en Dios, ninguna palabra podría expresar correctamente la emoción del cristiano por la llegada de los nuevos cielos y la nueva tierra. Seremos capaces de ver, oír y sentir lo tangible y lo místico, lo natural y lo sobrenatural, simultáneamente.

Aunque la curiosidad y la especulación abundan sobre cómo será la experiencia en el ámbito sin límites de Dios, sabemos que ya no habrá más muerte, enfermedad o discordia. No nos cansaremos, no experimentaremos dolor, no seremos tentados por el enemigo. Y las actuales leyes y principios físicos de la Tierra serán gobernados por el poder y la habilidad infinitos e ilimitados de Dios.

Sin embargo, ninguna de estas cosas asombrosas es el principal atractivo para el creyente en Cristo. Lo que nos llena de emoción es la promesa de su presencia eterna, de experimentar la adoración en su futuro reino, de estar eternamente donde su justicia llena cada espacio. Señor, ¡que venga tu reino!

Padre, espero con ansias el momento en que tu justicia y tu presencia llenen los nuevos cielos y la nueva tierra eternamente. Deseo que me utilices como un vehículo para llevar hoy a mi comunidad un atisbo de este tipo de paz, esperanza y bondad. Amén.

Que tu reino venga pronto. Que se cumpla tu voluntad en la tierra como se cumple en el cielo.

19 DE DICIEMBRE

¿QUÉ ES LA VERDAD?

Pilato le dijo:
—¿Entonces eres un rey?
—Tú dices que soy un rey —contestó Jesús—. En realidad, yo nací y vine al mundo para dar testimonio de la verdad. Todos los que aman la verdad reconocen que lo que digo es cierto.
—¿Qué es la verdad?—preguntó Pilato.
Entonces salió de nuevo adonde estaba el pueblo y dijo:
—Este hombre no es culpable de ningún delito.
JUAN 18:37-38

La verdad —la auténtica verdad— es procurada en todo el mundo. Se busca la verdad para poder conocer y entender lo que es auténtico sobre algo, alguien o sobre nuestro mundo. Sin embargo, la verdad se ha vuelto una rareza en estos días. Hay mucha falsedad exhibida diariamente en las arenas políticas, comerciales, educativas y, sí, desafortunadamente, incluso dentro de la esfera de la Iglesia. No es de extrañar que la duda y el escepticismo entre nosotros surja en proporciones épicas.

Los auténticos buscadores de la verdad finalmente se descubrirán a sí mismos en la historia de Jesús. Quizás no todas las respuestas serán de su agrado, pero un auténtico buscador de la verdad se sentirá atraído por la historia de Jesús.

Pilato hizo preguntas, pero solo para cumplir con su deber políticamente asignado. Lo que falta en esta historia es el deseo sincero de Pilato de escuchar con sus oídos y con su corazón. Si Pilato hubiera querido realmente conocer la verdad, pudo haber tenido una epifanía y declarado no solo la inocencia de Jesús, sino que Jesús es la verdad, el camino y la vida.

Señor Jesús, sé que dices la verdad, las palabras mismas de vida. Guíame en tu verdad todos los días. Amén.

DANOS HOY EL ALIMENTO QUE NECESITAMOS.

20 de diciembre

El conocedor de corazones

Dios lo habría sabido, porque conoce los secretos de cada corazón.
Salmos 44:20-21

Kardiognostes se usa dos veces en el Nuevo Testamento. Esta palabra griega significa "conocedor de los corazones". Los discípulos la usaron cuando estaban orando por un reemplazo para Judas, "Oh Señor, tú conoces cada corazón" (Hechos 1:24).

Nadie conoce nuestros corazones como Dios, y ciertamente nadie se preocupa por nuestros corazones como Dios. Incluso las cosas que pueden estar tan ocultas y son secretos guardados al mundo entero, no están ocultas al Padre celestial.

No solo es el conocedor de cada detalle, hecho y pensamiento, sino que también es el que cuidadosamente vigila el desarrollo del corazón. Nuestros corazones significan más para Dios que lo que significan para nosotros. Sus intenciones son cultivar los corazones más saludables y completos posibles, corazones libres de enfermedades espirituales, fortalecidos por su provisión espiritual, y latiendo en sincronía con el suyo.

El Espíritu Santo nos traerá a la mente cualquier cosa oculta en nuestros corazones que pueda debilitar, poner en peligro y causarnos daño a nosotros o a la voluntad del Señor. La falta de perdón es uno de estos peligros, así que nos hará saber gentilmente las cosas que equivocadamente tenemos en contra de los demás, pues la falta de perdón es una enfermedad espiritual desagradable y perjudicial. Dejemos que nuestros corazones sean puros ante el Señor.

Señor, tú eres el conocedor corazones, el conocedor de mi corazón. Examina mi corazón continuamente y, por favor, mantenlo libre de cualquier acción o pensamiento malsano. Amén.

Perdónanos nuestros pecados, así como hemos perdonado a los que pecan contra nosotros.

21 DE DICIEMBRE

LA ORACIÓN DE LOS AMIGOS

...porque sé que la oración de ustedes y la ayuda del Espíritu de Jesucristo darán como resultado mi libertad.
FILIPENSES 1:19

Una carta de Pablo a sus amigos reveló su confianza en el poder de sus oraciones, un poder que conduciría a su liberación. Pablo había sido falsamente acusado de incitar un motín en Filipos y había sido enviado a prisión, pero su estancia fue corta, ya que el Señor lo liberó milagrosamente (Hechos 16:20-25). Sus oraciones no fueron en vano.

Todo cristiano que ha enfrentado desafíos ha llamado a amigos fieles para que oren por ellos en medio de las tribulaciones. Cuando otros interceden en nuestro nombre, surge una confianza inigualable en el corazón del creyente en Cristo. Nuestro amor, nuestra fe y oraciones compartidas nos fortalecerán los unos a los otros en tiempos de necesidad.

Yo he sido ciertamente el alegre receptor de oraciones que me han dado ánimo en el pasado, y sin duda necesitaré de ellas de nuevo en el futuro. Estas oraciones en grupo son una fuerte y efectiva arma que Dios nos ha dado para fortalecer nuestra fe y guiarnos, pues como el mismo Cristo nos lo enseñó, "Si dos de ustedes se ponen de acuerdo aquí en la Tierra con respecto a cualquier cosa que pidan, mi Padre que está en el cielo la hará. Pues donde se reúnen dos o tres en mi nombre, yo estoy allí entre ellos" (Mateo 18:19-20).

Padre, estoy verdaderamente agradecido por los hermanos y hermanas en Cristo que has puesto en mi vida. Estoy agradecido por su amistad, su aliento y sus oraciones por mí. Gracias por hacernos parte de tu familia y por el vínculo que compartimos como comunidad espiritual. Gracias por escuchar nuestras oraciones cuando oramos los unos por los otros. Amén.

NO PERMITAS QUE CEDAMOS ANTE LA TENTACIÓN.

22 DE DICIEMBRE

La ausencia del mal

No se permitirá la entrada a ninguna cosa mala ni tampoco a nadie que practique la idolatría y el engaño. Solo podrán entrar los que tengan su nombre escrito en el libro de la vida del Cordero.
Apocalipsis 21:27

Se acerca a nosotros una fuerza imparable, designada para llegar en un momento específico en el tiempo, una fecha solo conocida por el Anciano de los Días. No existen poderes para detener o retrasar este evento; los efectos serán irreversibles, y el cambio será permanente.

Todo el tiempo, el espacio y las cosas creadas pasarán por un umbral, y todo cambiará. El mal dejará de existir, ya que no pasará por este umbral. Solo aquellos cuyos nombres están escritos en el Libro de la Vida del Cordero entrarán.

De una vez para siempre, el Señor pondrá fin a la fuerza e influencia del maligno sobre la creación. Por toda la eternidad, los redimidos hijos e hijas de Dios vivirán en la presencia de la santidad, en la presencia del Señor para siempre.

Anhelo estar en tu presencia, sin ser afectado por ninguna influencia, excepto la tuya, mi Rey. Amén.

Rescátanos del maligno.

23 DE DICIEMBRE

PODERÍO

Tuyos, oh Señor, son la grandeza, el poder, la gloria, la victoria y la majestad. Todo lo que hay en los cielos y en la tierra es tuyo, oh Señor, y este es tu reino. Te adoramos como el que está por sobre todas las cosas.

1 CRÓNICAS 29:11

La palabra *poderío* a veces es difícil de entender, ya que implica la presencia de un dominio sin restricciones. Supone la existencia de un gobernante de titularidad suprema, que posee control total e inmutable, de una fuerza imparable, ineludible, eterna, inamovible y que está más allá de cualquier esfuerzo humano o de una combinación de esfuerzos para dominar, suprimir o escapar. Este ser divino es Dios soberano.

El Señor tiene todo el poderío, y si el carácter de Dios fuera tiránico por naturaleza, esta verdad produciría un estado de espanto y terror en todos los súbditos bajo su dominio. Sin embargo, esta no es la forma en que Dios gobierna o la manera en que es conocido. Si bien Dios es verdaderamente santo y justo, y espera que los que le siguen sean de naturaleza semejante con la ayuda de Cristo, se le conoce por su amor inconmensurable y su corazón redentor.

Desde el primer aliento hasta la novedad de una vida en Cristo, desde la muerte aquí en la Tierra hasta nuestra acogida en su presencia eterna, su reino y poderío no tienen fin. Y nosotros disfrutamos del privilegio de vivir como hijos e hijas de Dios en su potestad para siempre —¡asombroso, realmente asombroso!

Señor, tú reinas a través de toda la eternidad y tu dominio es para siempre. Tuyo es el reino, el poder y la gloria. Amén.

TUYOS SON EL REINO Y EL PODER Y LA GLORIA POR SIEMPRE.

24 DE DICIEMBRE

El Altísimo

Pues nos ha nacido un niño, un hijo se nos ha dado; el gobierno descansará sobre sus hombros, y será llamado: Consejero Maravilloso, Dios Poderoso, Padre Eterno, Príncipe de Paz. Su gobierno y la paz nunca tendrán fin. Reinará con imparcialidad y justicia desde el trono de su antepasado David por toda la eternidad. ¡El ferviente compromiso del Señor de los Ejércitos Celestiales hará que esto suceda!

Isaías 9:6-7

El mayor regalo que nos ha dado nuestro Padre celestial es Cristo Jesús, el único Hijo de Dios. Sin la introducción del Mesías a la Tierra, todo habría permanecido irremediablemente oscuro. Dios envió a su Hijo al mundo como la luz del mundo.

En y a través de Cristo, recibimos el regalo de la rectitud y la instrucción sobre cómo vivir una vida que agrade a Dios. En y a través de Jesús se nos dan todas las cosas necesarias para vivir según la voluntad de Dios: plena redención y libertad del pecado, fuerza, sabiduría y acceso al Padre.

En Cristo, encontramos paz, descanso y un hogar. Antes huérfanos, ahora somos hijos de Dios. Y como hijos e hijas en el reino de Dios, somos los receptores de una imparcialidad perfecta, una justicia sagrada y una paz divina para siempre.

Jesucristo, tener una relación con nuestro Padre celestial fue el mayor regalo de provisión. Gracias por traer tu reino a la tierra a través de tu victoriosa obra redentora. Tú, Señor, todo lo renuevas. Amén.

Padre nuestro que estás en el cielo, que sea siempre santo tu nombre.

25 DE DICIEMBRE

Paz

Ahora, que el mismo Señor de paz les dé su paz en todo momento y en cada situación. El Señor sea con todos ustedes.
2 Tesalonicenses 3:16

El cielo de la mañana apareció como un campo celestial de estrellas brillantes, la luz aún no había llegado, pero estaba anticipando que el amanecer pronto introduciría un día hermoso. Con el césped cubierto de escarcha y el aire nítido y fresco, todo estaba maravillosamente quieto y silencioso, excepto por lo que parecía el leve susurro de la paz.

Cuando nos desprendemos de nuestras apariencias y nos rendimos completamente a la honestidad, surge una necesidad; es la búsqueda de paz del corazón. La hermosa mañana que he descrito proporcionó una atmósfera de tranquilidad, pero aun así era solo una ofrenda temporal. La paz del corazón no es duradera en las riquezas mundanas, la prominencia o el espacio. Entonces, ¿dónde se encuentra la fuente para saciar la sed de paz del corazón?

La paz surge cuando nos rendimos al mayor deseo del amor, y el mayor deseo del amor es la reconciliación, la restauración de la comunión entre el corazón del caído y el corazón del arquitecto de la gracia, que es nuestro Padre celestial. Él es amor, y su hermosa voluntad perfecta es que el corazón permanezca en su paz. Su paz se manifiesta en su único Hijo Jesucristo, quien es por siempre, el Señor de la paz.

Gracias a ti, Señor Jesús, mi corazón descansa en paz verdadera. Tu paz duradera es algo que el mundo no puede dar, solo se encuentra en tu reino. Haz de mí una persona de paz, alguien que brille con tu bondad y gracia en todo lo que hago, y que siga tu voluntad diariamente. Amén.

Que tu reino venga pronto. Que se cumpla tu voluntad en la tierra como se cumple en el cielo.

26 DE DICIEMBRE

ADORACIÓN

Alabe al Señor todo lo que él ha creado, todo lo que hay en su reino. Que todo lo que soy alabe al Señor.
SALMOS 103:22

Adorar a Dios es lo más maravilloso para el alma liberada del oscuro calabozo del mal y transferida a la gloriosa relación con la esencia de la luz y la vida, Jesucristo. El cristiano no ve la adoración como labor y una obligación vana, sino todo lo contrario. El creyente ve la adoración como la cúspide del júbilo del corazón y la provisión que se nos ha concedido para glorificar al Señor.

El objetivo de Dios siempre ha sido y siempre será ser alabado por su creación. La adoración a Dios es la mayor ofrenda de la vida, el mayor logro de la vida. La adoración es el destino divino de Dios para nosotros, su regalo y recompensa para nosotros.

Nuestra adoración a Dios es la razón de nuestra existencia y es necesaria diariamente en nuestras vidas para nuestra salud espiritual. Nos acercamos a Dios para honrarlo, pero en el proceso nuestra alma también se renueva. La adoración llena el alma de alegría sin restricciones, y este privilegio continúa existiendo cuando pasamos de esta vida terrenal a la vida eterna.

Señor, me has hecho para adorarte. Gracias por tu provisión en el hermoso regalo de la adoración. Es el mayor honor, el uso máximo del don divino de la emoción, y el privilegio del corazón y del alma. ¡Glorifico tu nombre, oh, Dios! Amén.

DANOS HOY EL ALIMENTO QUE NECESITAMOS.

27 de diciembre

No de este mundo

Jesús contestó:
—Mi reino no es un reino terrenal. Si lo fuera, mis seguidores lucharían para impedir que yo sea entregado a los líderes judíos; pero mi reino no es de este mundo.
Juan 18:36

Muchos disfrutan de novelas y películas sobre lo misterioso, abstracto e intangible, pero pocos creen en reinos sobrenaturales reales, áreas de la creación fuera del ámbito natural en el que vivimos. La mayoría de nosotros creemos y aceptamos lo que entendemos, vemos, tocamos, olemos y escuchamos. Basamos nuestras elecciones y filosofías en lo práctico, medible, predecible, controlable y, por supuesto, lo que es cómodo.

El escritor A. W. Tozer, en su libro *La Búsqueda de Dios*, usó la frase "de otro mundo" en referencia a la sagrada singularidad del reino de Dios comparado con el mundo natural. Mientras que la Tierra representa un poco de su creación, la grandiosidad del reino de Dios se extiende inmensurablemente más allá de nuestra comprensión y más allá de lo de este mundo.

En este mundo, somos como niños a la orilla del mar, mirando a hacia el horizonte. Pensamos que podemos comprender el tamaño del océano por lo que nuestros ojos pueden ver, cuando, en realidad, solo podemos ver unas pocas millas por delante. Lo mismo es cierto de nuestra capacidad limitada para apreciar la plenitud del reino creado de Dios y su voluntad para nuestras vidas.

Padre, eres el Rey de reyes y Señor de todos los cielos y la tierra. Eres santo y majestuoso en todo tu proceder. Eres el Creador de todas las cosas visibles e invisibles, y me postro humildemente ante ti. Ayúdame a entender tus mandamientos, y ayúdame a cumplirlos para tu gloria, especialmente perdonando a otros como tú me has perdonado. Amén.

Perdónanos nuestros pecados, así como hemos perdonado a los que pecan contra nosotros.

28 DE DICIEMBRE

SU PERFECTO LIDERAZGO

Guía a los humildes para que hagan lo correcto;
les enseña su camino.
SALMOS 25:9

Solo tenemos una vida en la que podemos invertir. El camino de Jesús es el camino de la justicia, y el camino de la justicia conduce a hermosas ganancias para la honra de Dios. Hay alivio, determinación y consuelo cuando sabemos que la dirección en la que vamos es la correcta y la mejor. De forma sorprendente, entregarnos por completo a Cristo no solo nos lleva al camino recto, sino también al *buen* éxito y a una vida abundante.

La vida de Jesucristo es el único ejemplo perfecto que seguir, y el Señor desea guiarnos y enseñarnos el camino para honrar el corazón de nuestro Padre. Su liderazgo es incomparable.

Por medio de su Espíritu Santo, Cristo nos guía con una perfecta perspicacia, y su corazón está lleno de compasión hacia nosotros y lo que es mejor para nosotros. Él guía con el carácter de un amigo perfecto, un hermano perfecto y un padre perfecto. Permitamos sabiamente que el líder más perfecto nos guíe en su camino perfecto por la senda de rectitud.

Guíame en tu camino bueno y perfecto, Señor Jesús. Guíame a lo largo de tus caminos y en tu voluntad. Amén.

NO PERMITAS QUE CEDAMOS ANTE LA TENTACIÓN.

29 DE DICIEMBRE

Guerrero

El Señor es un guerrero;
¡Yahveh es su nombre!
Éxodo 15:3

Durante la temporada de vacaciones, celebramos el nacimiento del niño Jesús. La inmortalidad tomó forma mortal cuando Emmanuel, Dios con nosotros, vino a la Tierra. Las vacaciones, especialmente el tiempo durante Navidad, a menudo se asocian con la paz, la gentileza, la tranquilidad y la celebración del Mesías y todo lo que realizaría para el reino de Dios.

Cristo es gentil y humilde —el Príncipe de la Paz— pero nuestro Señor también es un guerrero. Él es valiente, noble, debidamente justificado e imparable. Es el Rey conquistador de reyes, firme en su santa misión.

Jesús se yergue victorioso contra todo obstáculo y arma que se formen en su contra. Y se mantiene firme en su posición para inhabilitar las armas formadas contra nosotros. Sus planes y tácticas de guerra difieren de los de los gobernantes del mundo, pero su poder para superar toda oposición a su reino es inflexible e inigualable. El Señor es un guerrero, es el Santo Conquistador y nuestro Libertador del maligno.

Señor, me libras de la destrucción de la oscuridad con tu poderoso poder. Las batallas pueden estallar, pero la guerra ya ha sido ganada. Ninguna arma formada contra mí prevalecerá. Amén.

Rescátanos del maligno.

30 DE DICIEMBRE

CONFIANZA

Confía en el Señor con todo tu corazón; no dependas de tu propio entendimiento. Busca su voluntad en todo lo que hagas, y él te mostrará cuál camino tomar.
PROVERBIOS 3:5-6

Con un nuevo año acercándose, nuestros pensamientos pasan de la reflexión sobre el año pasado al nuevo año que tenemos ante nosotros. Ante nosotros está un nuevo año y un futuro que se despliega bajo nuestra mirada. Hay nuevos compromisos que asumir, posibilidades por explorar, metas por alcanzar y propósitos que cumplir.

En todos los compromisos, posibilidades, metas y resoluciones que enfrentamos en el año que comienza, debemos tener en mente el reino de Dios. El carácter de Dios y su voluntad para nosotros deben estar en el centro de nuestros planes, y debemos buscarlo en todo lo que nos proponemos hacer. También debemos recordar: los valores del reino de Dios y los valores del mundo en el que vivimos a menudo son opuestos entre sí.

Aunque el mundo puede alentarnos a acumular riquezas para nuestra seguridad, estabilidad y placer terrenales, Dios nos anima a invertir en la eternidad y a dar de nosotros mismos a los otros por el bien de los demás. El mundo dice que nos desquitemos, pero Dios dice que debemos perdonar. El mundo nos aconseja confiar solo en lo que podemos ver, tocar y entender, pero Dios nos manda confiar solo en Él. El mundo nos lleva a hacer lo que queremos y lo que nos hará felices, pero Dios nos recuerda buscar su voluntad en todo lo que hacemos. Al final, su voluntad contiene un verdadero tesoro y una verdadera alegría.

Señor, oro para que mientras el futuro se desenvuelva, yo busque sabiamente tu corazón en todos los asuntos y confíe plenamente en ti. Tu voluntad para mí es perfecta y buena. Amén.

TUYOS SON EL REINO Y EL PODER Y LA GLORIA POR SIEMPRE.

31 DE DICIEMBRE

Rey por siempre

¡El Señor es rey!
¡Que se goce la tierra!
¡Que se alegren las costas más lejanas!
Salmos 97:1

En esta víspera de un nuevo año, cientos de millones de personas se reunirán para celebrar. Solo en Times Square de la ciudad de Nueva York, más de un millón se reunirán para alegrarse por el año que viene con posibilidades esperanzadoras.

Lo que le depara al futuro permanecerá incierto para todos excepto para uno: Yahvé, el único Dios verdadero. Los redimidos de Cristo se alegran al saber que tiene todo el tiempo en sus manos —podemos encontrar consuelo y descanso sabiendo que Dios está al mando y que es nuestro Padre perfecto. Sabemos que su reino *vendrá* y su voluntad *se hará*. Todo lo que ha deseado y todo lo que ha prometido se cumplirá, y nada le impedirá lograr su objetivo.

Mientras nos preparamos para el año venidero, enfoquémonos en las cosas más nobles, dignas y eternas, y ocupémonos activamente en ellas. Este es un buen momento para recordar que el Señor es rey y que fuimos creados por Dios y para Dios. Él es todo lo que necesitamos. Él es nuestro Padre, Salvador, Señor y Amigo —¡para siempre!

Soy tuyo, mi Señor y Rey. Eres todo lo necesito. ¡Me regocijaré en ti para siempre! Amén.

Padre nuestro que estás en el cielo, que sea siempre santo tu nombre.

Notas

1. "Blaise Pascal Biography", Biography.com, Abril 2, 2014, https://www.biography.com/scholars-educators/blaise-pascal#early-life%26awesm%3D~

2. Ken Drexler, "Treaty of Paris: Primary Documents in American History", Library of Congress, Febrero 11, 2021, https://guides.loc.gov/treaty-of-paris.

3. Juan 16:27, 33

4. Martin Luther, "A Mighty Fortress", trad. Frederick H. Hedge, Psalter Hymnal (Gray, 1987) Hymnary.org, https://hymnary.org/text/a_mighty_fortress_is_our_god_a_bulwark.

5. Ben Brumfield, "Moore, Oklahoma, Looks Back on Tornado that Killed 24 One Year Ago", Mayo 20, 2014, CNN.com, https://edition.cnn.com/2014/05/20/us/oklahoma-moore-tornado-anniversary/index.html

6. Norman, Oklahoma, Weather Forecast Office, "The Tornado Outbreak of May 20, 2013", Mayo 20, 2013, National Weather Service, https://www.weather.gov/oun/events-20130520.

7. Meredith Bennet-Smith, "Algerian Hostages Saved by iPhone Compass App", HuffingtonPost.com, https://www.huffpost.com/entry/algerian-hostages-saved-iphone-compass-app-saved-lives-escape_n_2536225, enero 23, 2013.

8. C.N. Trueman, "The Capture of Fort Eben", The History Learning Site, Abril 20, 2015, https://www.historylearningsite.co.uk/world-war-two/world-war-two-in-western-europe/the-attack-on-western-europe/the-capture-of-fort-eben/

9. "Shorter Catechism: Text and Scripture Proofs", The Westminster Standard, accesado el 3 de agosto, 2018, https://thewestminsterstandard.org/westminster-shorter-catechism/

10. Diane Dew, "Never Give Up: A Lesson from the Life of Lincoln", DianeDew.com, 1998, accesado el 8 de agosto, 2018, http://www.dianedew.com/lincoln.htm.

11. Abraham Lincoln, quoted in President George W. Bush, "A Proclamation: National Day of Prayer 2001", The White House Archives, 30 de abril, 2001, https://georgewbush-whitehouse.archives.gov/news/releases/2001/04/20010430-2.html.

12. "Gold Processing", Britannica, accesado el 29 de noviembre, 2021, https://www.britannica.com/technology/gold-processing.

13. Historia et Memoria, Luther's Works, Vol. 53, pp 321-322. https://wp.cune.edu/matthewphillips/2014/06/01/martin-luther-on-music/.

14. Hellen Phillips, "Introduction: The Human Brain", New Scientist, septiembre 4, 2006, https://www.newscientist.com/article/dn9969-intoduction-the-human-brain/#.UtHWWvvODSg.

15. Citado en Robert Krulwich, "Which Is Bigger: A Human Brain or the Universe?", NPR: Krulwich Wonders, julio 24, 2012, https://www.npr.org/sections/krulwich/2012/07/24/157282357/which-is-bigger-a-human-brain-or-the-universe.

16. "To be a Christian Means to Forgive the Inexcusable", The Wisdom of C.S. Lewis (blog), 16 de agosto, 2011, https://cslewiswisdom.blogspot.com/2011/08/to-be-christian-means-to-forgive.html.

17. Salmos 18:28, *La Santa Biblia, Nueva Traducción Viviente*, © Tyndale House Foundation, 2010. Todos los derechos reservados.

18. "Forgive", Merriam-Webster.com, accesado el 26 de octubre 2018, https://www.merriam-webster.com/dictionary/forgive.

19. "tob", P.C. Study Bible, W.E. Vine con eds. Merrill F. Unger y William White, An Expository Dictionary of Biblical Words (Nashville: Thomas Nelson, 1985).

20. Karen C. Fox, "NASA's Van Allen Probes Spot an Impenetrable Barrier in Space", NASA.gov, November 26, 2014, https://www.nasa.gov/content/goddard/van-allen-probes-spot-impenetrable-barrier-in-space.

21. Marcos 11:24, *La Santa Biblia, Nueva Traducción Viviente,* © Tyndale House Foundation, 2010. Todos los derechos reservados.

22. Juan 16:23, *La Santa Biblia, Nueva Traducción Viviente,* © Tyndale House Foundation, 2010. Todos los derechos reservados.

23. Dr. Gregory Popcak, https://catholicexchange.com/five-steps-to-begin-overcoming-bitterness.

24. "Optasia", The New American Standard New Testament Greek Lexicon, BibleStudyTools.com, accesado el 10 de febrero, 2019, https://www.biblestudytools.com/lexicons/greek/nas/optasia.html.

25. "Lumen", Diccionario de la lengua española, accedido el 19 de noviembre de 2023, https://dle.rae.es/lumen.

26. Charles Spurgeon's, Morning and Evening, https://www.biblegateway.com/devotionals/morning-and-evening/today.

27. "Glory", Merriam-Webster's Dictionary, accessed February 10, 2019, https://www.merriam-webster.com/dictionary/glory.

Agradecimientos

La mayoría de las visiones y proyectos, independientemente de su naturaleza, mejoran gracias a las aportaciones compartidas de colaboradores talentosos y cualificados que alinean sus esfuerzos para producir el máximo efecto fructífero. Aunque *Un año con Dios al amanecer* haya sido concebido de manera individual, lo que se presenta en estas páginas existe gracias a la labor de varias personas a las que estoy sumamente agradecido.

Amanda Johnson y Kate Etue, editoras. Paul Mills, compositor y productor de la música de acompañamiento de *Despertando al Amanecer*.

Greg Lucid, conector de personas y tejedor de visiones. Jenn David, ideas y diseño. Jonathan Merkh, Jennifer Gingerich, Billie Brownell y todo el equipo de Forefront Books. Dianna Smith, Hannah y Manit Attakul, Brian y Megan Barr, y una comunidad mucho más amplia y hermosa de familia y amigos espirituales.

Finalmente, quiero agradecer personalmente a Ana M. Romo Blas por ofrecerse como voluntaria para traducir el devocionario diario *Awake in the Dawn* [título original en ingles] al español. Sin su dedicación, habilidades y esfuerzo, esta traducción no habría sido posible. Los fondos recaudados de esta versión serán donados a iniciativas misioneras en la comunidad hispana.

Elogios

No siempre los músicos son también compositores. Craig Smith es ambos. No siempre los compositores de música son también letristas. De nuevo, Craig es ambos. Y raramente los compositores son también autores de libros. Una vez más, Craig es ambos. Añádase a todo esto las avezadas reflexiones de un pastor veterano, un hombre que ha seguido los pasos de Jesús día a día durante décadas. Estos componentes se unen en Despertando al amanecer, proporcionando un devocional incisivo que enriquecerá tu año y orientará cada día hacia verdades eternas. Estoy muy contento de que Craig haya abierto su corazón para compartir con nosotros su jornada diaria. Este es un libro que volverás a leer año tras año.

—David Shibley, Fundador de Global Advance

Acabo de terminar de leer el nuevo libro de Craig Smith, Despertando al amanecer, casi de principio a fin. Impresionante... es directo, está cargado de aliento, y es de una extensión perfecta para ayudarte a empezar con el pie derecho cada mañana. Conozco a Craig desde hace cuarenta años, y puedo testificar personalmente que es una fuente de poderosas perspectivas espirituales para tu mente y espíritu. Cuando consigas tu copia de Despertando al amanecer, por favor no dejes que sea uno de esos libros que simplemente se quedan olvidados por ahí en la casa. Asegúrate de leerlo, ya que puede ser la herramienta que has estado buscando para marcar una gran diferencia en tu vida espiritual.

—Rick Renner, Pastor, maestro, autor, locutor

Conozco a Craig Smith desde hace más de veinte años y después de leer este libro, puedo decirte que es un perfecto reflejo de su corazón y su ministerio. El espíritu y la vida de Craig reflejan una devoción y un corazón por Dios como pocas personas que he conocido. Necesito esta guía diaria, este momento diario, este recordatorio diario del corazón de Dios para mí mismo, y te animo a conseguir este libro y usarlo de acuerdo con su propósito... llevarte a la presencia de Dios e impregnar tu vida de Él diariamente.

—Chris Thomason, Presidente y CEO de in:ciite media

Estoy muy emocionado de tener una herramienta diaria para volver a fijar mi mirada en la verdad. Un buen día comienza con una buena mañana, y este devocional establece las pautas para todo lo que necesitas para estar espiritualmente enfocado y preparado para los desafíos de cada día. Craig es un hombre de profunda sabiduría, y sé que vive según los principios delineados en este libro.

—Shay Mooney, Cantante y compositor ganador de múltiples premios Grammy y de música

Conozco a Craig Smith desde que escuché por primera vez su maravillosa grabación Himnos. Más tarde me hizo el honor de participar en mis Canciones para el Culto Volumen II cantando en el coro donde su voz de tenor de oro se escucha claramente. Ha sido un placer presenciar su jornada hacia su llamado como pastor y ver cómo ayuda incansablemente a los huérfanos en África. Él los ha bendecido a ellos, y a mí también. Este devocional surge del corazón orante de Craig. No es otro tratamiento teológico del Padre Nuestro, del que ya han escrito magistralmente los Padres de la Iglesia y los grandes teólogos. Es una oración simple y bellamente escrita. Oro para que traiga al lector de vuelta al corazón de Dios Padre a través de Cristo Hijo en la unción del Espíritu Santo. En Jesús,

—John Michael Talbot, Fundador, padre espiritual y ministro general de The Brothers and Sisters of Charity Little Portion Hermitage

Recomiendo sumamente Despertando al amanecer porque puedo recomendar sumamente al autor, mi querido amigo Craig Smith. Alguien ha dicho que la verdadera devoción se demuestra no con años, sino con décadas. Conozco a Craig desde hace cincuenta años, y puedo decir que admiro profundamente su devoción honesta y verdadera a Jesús. No encuentra su identidad en lo que ha logrado, o en lo que está haciendo, sino más bien en ser un devoto hijo del Dios vivo. De esa raíz de integridad surge el fruto de este libro ungido —una llamada de vuelta a la sencillez de la devoción a Cristo, y a un primer amor imperecedero. Nos hace volver al fundamento seguro del Padre Nuestro, tanto para nuestras vidas como para nuestras oraciones. Que el Señor use esto en tu vida para hacer más visible la imagen de Jesús en tu vida y el poder de Jesús en tus oraciones.

—Rick Ridings, Fundador de Succat Hallel 24/7 Casa de Oración con vistas al Monte del Templo en Jerusalén, conferenciante internacional y autor de *Shifting Nations Through Houses of Prayer*

Despertando al amanecer es una maravillosa ofrenda y una herramienta para estimular momentos de devoción tranquilos y consistentes que tanto se necesitan.

—Jaci Velasquez, Reconocida cantante con discos de platino, galardonada artista discográfica, presentadora de radio/TV y oradora

Conozco a Craig Smith desde hace más de cuarenta años, y hemos trabajado en muchos proyectos juntos. Ninguno es más oportuno que su último, Despertando al amanecer, un libro de devocionales meditativos diarios basados en el Padre Nuestro, la primera oración que Jesús nos enseñó a orar. He visto el caminar de Craig con Dios a lo largo de nuestra amistad, su dedicación por encima de todo a la voluntad del Señor, y los sacrificios que ha hecho para llevar Cristo a los demás, alimentar a los hambrientos, dar hogar a los sin hogar, incluso arriesgar literalmente su vida para proteger a los miembros de su rebaño. Y sin embargo, incluso con todas esas experiencias asombrosas, lo que tenemos en Despertando al amanecer es Craig sentado en su porche trasero compartiendo, en su estilo sencillo y gentil, preceptos y enseñanzas esenciales que cambiarán nuestras vidas... ¡pero solamente si prestamos atención! Recomiendo encarecidamente que comiences todos tus días con este maravilloso libro.

—Paul Mills, Compositor/ingeniero de mezcla de War Room, Woodlawn, Overcomer, productor/mezclador de música I Can Only Imagine, I Still Believe, artistas Heather Headley, Twila Paris, Don Moen, Robin Mark, y Phillips, Craig y Dean

Jesús nos ofreció su mejor modelo para la oración en lo que llamamos la Oración del Señor. Despertando al amanecer usa este modelo para guiar a sus lectores a lo largo de un trayecto espiritual de un año en un sólido camino de oración bíblica, ya sea que alguien esté comenzando a aprender a orar o ya esté firmemente establecido en su tiempo de devoción.

—Mark Schultz, Artista de grabación y autor galardonado con platino y Dove

En un mundo que se ha visto desafiado por trastornos, agresiones, incertidumbres e inseguridades, Despertando al amanecer nos guía en un camino diario hacia la esperanza y la estabilidad a partir de los antiguos, pero ya comprobados fundamentos contenidos en la Oración del Señor.

—Rudy Pérez, 5 veces ganador del premio Grammy como compositor, productor, artista y autor

El cantante, compositor y autor Craig Smith ha escrito otra obra maestra. Despertando al amanecer es un devocional diario bellamente escrito con 365 recordatorios que invitan a la reflexión sobre lo que es verdadero en nuestras vidas y cómo el conocimiento de esa verdad nos cambia. Dedícale unos minutos cada día y encuentra paz, seguridad y sentido.

—Dennis Welch, Autor, compositor, animador, Presidente y CEO de Articula¯te, antiguo redactor sénior de Gallup

Sobre el autor

Craig Smith pasó muchos años utilizando la música como plataforma principal de su ministerio, escribiendo y grabando catorce proyectos musicales con varias canciones que estaban entre las diez primeras de las listas cristianas a nivel nacional. En una ocasión fue nominado al premio Dove al mejor álbum de adoración del año y fue nombrado Compositor inspirador del año por la SESAC.

Aunque durante años su música le llevó a viajar por todo el país y el extranjero, desde hace veinticinco años está firmemente arraigado e involucrado en la dirección espiritual de su familia eclesiástica local en Arkansas junto con su esposa, Dianna.

Craig es también el fundador de Village2Village, una organización sin fines de lucro cuya visión y misión consisten en inspirar y construir culturas de esperanza a través de Cristo para los niños desfavorecidos. El proceso para llevar a cabo esta visión es el establecimiento de campus llamados Hope Village (Aldeas de la esperanza).

Para obtener más información sobre el autor y su ministerio diríjase al sitio web: awakeinthedawn.com y www.village2village.co